Karl Alman

U 48

Karl Alman

U 48

Das erfolgreichste Boot des Zweiten Weltkrieges

Lizenzausgabe für
Manfred Pawlak Verlagsgesellschaft mbH,
Herrsching
© Druffel-Verlag, Leoni/Starnberger See
Alle Rechte vorbehalten
Umschlaggestaltung: Bine Cordes, Weyarn
Umschlagmotiv: Interfoto-Pressebild-Agentur, München
Kommandanten-Bilder: U-Boot-Archiv Möltenort (Westerland)
Horst Bredow
Alle anderen Aufnahmen aus dem Archiv des Autors
Printed in Germany
ISBN 3-88199-402-5

Inhaltsverzeichnis

DIE DEUTSCHE U-BOOT-WAFFE

Aufbau und Führung	9
Die erste U-Boot-Flottille	12
England als Gegner möglich!	14
Vorsorgliche Entsendung	16

DER BEGINN DES U-BOOT-KRIEGES

U 48 auf seiner ersten Feindfahrt	18
U 30 versenkt die „Athenia"	28
U 48 weiter auf Erfolgskurs	32
Flugzeugträger „Courageous" versenkt	35

DIE ZWEITE FEINDFAHRT VON U 48

Fünf Tage – fünf Versenkungen	40
Der Untergang der „Louisiane" und die Rettung der Besatzung	49
Schnelle Schüsse	54
Sonderauftrag Scapa Flow	66
Hitlers Besuch beim F. d. U. – Die ersten Torpedoversager	70
Das U-Boot-Bauprogramm	78
Die Verschärfung des U-Boot-Krieges	82

DIE DRITTE FEINDFAHRT VON U 48

„Kreuzer in Sicht!"	86
Der Kampf mit der U-Boot-Falle	91

„Boot greift wieder an!" 94
Erfahrungen und Gedanken nach drei Feindfahrten . 103

DIE VIERTE FEINDFAHRT VON U 48

Allgemeine Bemerkungen 115
Die Minenaufgaben im Überblick 116
Durchführung der Sperraufgabe 122
Die Sache mit der „Arc Royal" 129
Die „Sultan Star" wird versenkt 133

DIE HÖLZERNEN SCHWERTER

U 48 auf der fünften Feindfahrt – Vorbereitungen
zu „Hartmut" 141
U 48 im Norwegen-Einsatz 145
„Torpedoversager!" 148

DIE SCHLACHT IM ATLANTIK

U 48 unter neuem Kommando 156
Die 7. Feindfahrt – Sommerduell 171
Das Fazit des ersten Kriegsjahres 187

U 48 IM ZWEITEN KRIEGSJAHR

Allgemeine Übersicht 194
U 48 und sein neuer Kommandant – Am SC 3 . . . 198
Schepke am HX 72 214
Das Duell am SC 7 – Die Nacht der langen Messer . . 217
Britische U-Boot-Abwehr in der Entwicklung . . . 234

DAS GROSSE FINALE

Eine Ritterkreuzverleihung 245
Wieder mit „Vaddi" 247

Die 11. Feindfahrt – Schnelle Schüsse 251
Killer Group – 5th Escort Group am Werk 252
Die letzten Tankereinsätze 259
Rettungsaktionen für die „Bismarck" 263
Der große Schlag der zehn Tage 265

ANLAGEN

U 48 – Technische Daten 273
Die Erfolgsliste von U 48 274
Taktische Gliederung der Unterseeboot-Flottillen
vom 1. September 1939–1942 276
Taktische Gliederung der U-Boot-Schulflottille
vom 1. Oktober 1939 278
Taktische Gliederung des B.d.U.-Verbandes Stichtag
1. November 1939 278
U-Boot-Schulflottille 281
U-Boot-Ausbildungsflottille 282
Die 7. U-Boot-Flottille, Stand vom 15. April 1940 . . 283
Die 7. U-Boot-Flottille, Stand vom 1. Januar 1941 . . 283
Gliederung der U-Boot-Führung am 1./5. Januar 1941 285
Offiziers-Stellenbesetzung von U 48 am 1. Mai 1941 286
                        am 2. Juni 1941 286
Die versenkten und torpedierten Schiffe
des Geleitzuges SC 7 287
Versenkungserfolge am HX 79 vom 19. bis
20. Oktober 1940 287
Die Kommandanten von U 48 288
Die Ritterkreuzträger der U-Boot-Waffe 289
Einzelkämpfer der Kriegsmarine mit dem Ritterkreuz . 294
Mit dem Ritterkreuz ausgezeichnete italienische
U-Boot-Kommandanten 294
Die gegnerischen Handelsschiffsverluste im
Zweiten Weltkrieg 295
U-Boot-Erfolge gegen Kriegsschiffe 1939–1945 . . . 295

Die deutschen U-Boot-Verluste im Zweiten Weltkrieg . 296
Quellen- und Literaturverzeichnis 297
Danksagung des Autors 300
Abkürzungsverzeichnis 301

Die deutsche U-Boot-Waffe

Aufbau und Führung

Als am 18. Juni 1935 die Vertreter des Reiches und Großbritanniens ihre Unterschrift unter das deutsch-englische Flottenabkommen setzten, bedeutete dies die Verpflichtung Deutschlands, seine Flottenrüstung auf 35 % der englischen Seerüstung zu begrenzen. Diese Begrenzung war für jeden einzelnen Schiffstyp verbindlich. Eine einzige Ausnahme gab es; das waren die U-Boote.

Im U-Boot-Bau wurde die Heraufsetzung der deutschen Tonnage auf 45 % der englischen erlaubt. Das Abkommen ging sogar soweit, Deutschland nach zweiseitigen Beratungen die Ermächtigung zum Bau einer U-Boot-Flotte zu geben, die so groß sein durfte wie die britische.

Dieses Entgegenkommen wurde deshalb so bereitwillig gezeigt, weil England nur über eine begrenzte Zahl an U-Booten verfügte. Zum Zeitpunkt der Vertragsunterzeichnung waren es ganze 54 Einheiten. Noch im Jahre 1939 verfügte England nur über 57 U-Boote.

Die damalige Lage umschreibt der britische Großadmiral Sir Earl Beatty im britischen Oberhaus zutreffend wie folgt: „Ich bin der Meinung, daß wir den Deutschen Dank schuldig sind. Sie kamen zu uns mit ausgestreckten Händen und erklärten, daß sie im U-Boot-Bau mit einem Stärkeverhältnis von 35 zu 100 einverstanden seien. Wenn sie andere Vorschläge gemacht hätten, so wären auch diese von uns erfüllt worden. Daß wir nun wenigstens von *einem* Land der Welt *kein* Wettrüsten zu befürchten haben, ist wahrlich eine Sache, für die man dankbar sein muß."

Ein Jahr später wurde in London das U-Boot-Protokoll zwischen Deutschland und England unterzeichnet. Dieses Protokoll brachte einige Erschwernisse für den Kampf der U-Boote in einem möglichen Krieg. Eine dieser Vereinbarungen besagte, daß ein U-Boot beim Anhalten und Versenken eines Handelsschiffes wie ein Überwasserschiff vorzugehen habe. Selbst Geschütze, „die lediglich zur Verteidigung auf Handelsschiffen aufgestellt waren", durften nichts an dem vorgeschriebenen Verfahren ändern. Auch solcherart bewaffnete Schiffe genossen den Schutz, den sie im Völkerrecht als Handelsschiffe hatten.

Daraus folgerte: Die U-Boote mußten in einer bewaffneten Auseinandersetzung Handelskrieg nach Prisenordnung führen. Dies wiederum bedeutete, daß ein gestelltes Handelsschiff zunächst untersucht werden mußte, ob es Banngut transportierte. Erst wenn dies zutraf, durfte es versenkt werden.

Auf hoher See galten Rettungsboote jedoch nicht als ausreichende Sicherheit für die Besatzungen der versenkten Handelsschiffe. Die U-Boote hätten also die von ihnen auf hoher See versenkten Schiffe nur mit deren Besatzungen an Bord verlassen dürfen. Dies aber hätte *jede* Versenkung eines Handelsschiffes auf hoher See unmöglich gemacht.

Dennoch trat das Deutsche Reich am 23. November 1936 diesem U-Boot-Protokoll bei. Damit war der militärische Wert des U-Bootes etwa bei „Null angesiedelt".

Da Deutschland am 16. März 1935 bereits seine Wehrhoheit erklärt hatte, sollte es auf Wunsch Englands auch an der anstehenden Seekonferenz teilnehmen, denn es hatte sich mit dieser Erklärung wieder in die Gruppe der Seemächte eingereiht. Auf dieser Seekonferenz sollte nach dem Auslaufen der Flottenverträge von Washington aus den Jahren 1921–1922 ein neues Flottenabkommen erarbeitet werden. Frankreich widersetzte sich diesem englischen Vorschlag. England, so meinte Frankreich, sollte mit Deutschland getrennt verhandeln, was dann schließlich im November 1936 geschah.

Gleichzeitig mit der Bekanntgabe des Flottenbauplanes der Kriegsmarine wurde der deutschen Öffentlichkeit am 9. Juli 1935 die Indienststellung des ersten deutschen U-Bootes bekanntgegeben. In dieser Erklärung heißt es in bezug auf die U-Boote:

„Zum Aufbau der Kriegsmarine sind auf dem im Flottenabkommen mit England festgelegten Stand von 35 vom Hundert des englischen Deplacements folgende Neubauten auf Stapel gelegt worden oder werden im Laufe des Jahres auf Stapel gelegt:

a) 20 Boote zu jeweils 250 Tonnen.
b) 6 Boote zu jeweils 500 Tonnen.
c) 2 Boote zu jeweils 750 Tonnen."

Dies war zwar die erste Presseveröffentlichung über das Vorhandensein deutscher U-Boote, aber der Aufbau der deutschen U-Boot-Waffe hatte viel früher begonnen. Bereits in den Jahren 1930 und 1931 hatten Offiziere der deutschen Reichsmarine in der finnischen Hafenstadt Åbo ebenso wie im südspanischen Hafen Cadiz U-Boot-Fahrten unternommen. Und zwar auf Booten, die in niederländischen Werften von deutschen Konstrukteuren nach deutschen Konstruktionsplänen gebaut worden waren.

Überwiegend U-Boot-Kommandanten und -Techniker aus dem Ersten Weltkrieg nahmen unter Führung der bekannten U-Boot-Fahrer Bräutigam und Papenberg an diesen Fahrten teil und lernten es, die ersten Nachkriegs-U-Boote fahrtechnisch zu beherrschen.

Seit 1932 bereitete die deutsche Reichsmarineleitung den Bau von U-Booten vor, und am 1. Oktober 1933 wurde in Kiel-Wik die U-Boot-Abwehrschule aufgestellt. Hier erhielt das Stammpersonal der ersten U-Boote seine theoretische Ausbildung, die 1934 durch U-Boot-Fahrten von Åbo aus vervollständigt wurde.

Zur gleichen Zeit liefen auf der Germaniawerft in Kiel die Vorarbeiten zum Bau deutscher U-Boote. Ende September 1934 standen die ersten Boote von U1 bis U6 unter der Führung des ersten Flottillenchefs, Fregattenkapitän Slevogt, in der U-Boot-Schule bereit.

Die erste U-Boot-Flottille

Am 27. September 1935 wurde die 1. U-Boot-Flottille, die den Namen „Weddigen" nach dem bekannten U-Boot-Kommandanten des Ersten Weltkrieges führte, in Dienst gestellt. Chef dieser Flottille wurde Fregattenkapitän Dönitz, ein U-Boot-Kommandant des Ersten Weltkrieges, der zur Zeit seiner Einsetzung als Chef dieser Flottille gerade mit dem Schulkreuzer „Emden", dessen Kommandant er war, von einer Auslandsreise heimgekehrt war. (Siehe dazu: Alman, Karl: Großadmiral Karl Dönitz, vom U-Boot-Kommandanten zum letzten deutschen Staatsoberhaupt.)

Folgende Boote und Kommandanten bildeten diese 1. U-Boot-Flottille:

U 7 Kapitänleutnant Freiwald
U 8 Kapitänleutnant Grosse
U 9 Kapitänleutnant Looff
U 10 Oberleutnant zur See Scheringer
U 11 Kapitänleutnant Rösing
U 12 Oberleutnant zur See von Schmidt.

Diese sechs kleinen Boote bildeten den Kern der U-Boot-Flottille. Hinzu kam der Sonderverband der U-Boot-Schule, der nach wie vor von Fregattenkapitän Slevogt geführt wurde. Die ihm zur Verfügung stehenden Boote und Kommandanten waren:

U 1 Kapitänleutnant Ewerth
U 2 Oberleutnant zur See Michahelles
U 3 Oberleutnant zur See Meckel
U 4 Oberleutnant zur See Weingaertner
U 5 Oberleutnant zur See Dau
U 6 Oberleutnant zur See Mathes.

Der Erprobungsausschuß für den U-Boot-Neubau, der am 1. Juni 1935 ins Leben gerufen wurde, erhielt in Korvettenkapitän Bräutigam einen sachkundigen Vorsitzenden. Dieser Ausschuß firmierte ab dem 1. Februar 1937 als Erprobungsgruppe

U-Boote und wurde dem Erprobungskommando für Kriegsschiffsneubauten unterstellt.

In den folgenden Monaten kamen weitere U-Boote hinzu, so daß schließlich am 1. Januar 1936 die neue deutsche U-Boot-Waffe folgendes Aussehen hatte.

Führer der U-Boote: Kapitän z.S. und Kommodore Dönitz
1. U-Flottille („Weddigen"): Kapitän z.S. Loycke mit:
U 7 Kapitänleutnant Freiwald
U 9 Kapitänleutnant Looff
U 11 Kapitänleutnant Rösing
U 13 Kapitänleutnant von Stockhausen
U 14 Kapitänleutnant Oehrn
U 15 Kapitänleutnant von Schmidt
U 16 Kapitänleutnant Beduhn
U 17 Kapitänleutnant Fresdorf
U 18 Kapitänleutnant Pauckstadt
U 19 Kapitänleutnant Schütze
U 20 Kapitänleutnant Eckermann
U 22 Kapitänleutnant Grosse.

An Reservebooten, für die noch keine Kommandanten zur Verfügung standen, befanden sich U 8, U 10, U 12, U 21, U 23 und U 24 in der Flottille. Hinzu kamen folgende Einheiten für den Lehr- und Schießbetrieb:

Torpedoboot „Albatros" als Führerboot des F.d.U.
Fangboot T 155 Kapitänleutnant Bartsch
Fangboot T 156 Oberleutnant zur See Huber
Fangboot T 157 Oberleutnant zur See Hänig
Fangboot T 23 Oberleutnant zur See Bening.

U-Boot-Begleitschiff „Saar" unter Korvettenkapitän Schönermark stand ebenfalls zur Verfügung. Der Standort der U-Flottille „Weddigen" und ihrer Einheiten war Kiel. In Kiel wurde auch am 1. September 1936 die 2. U-Boot-Flottille „Saltzwedel" unter Fregattenkapitän Scheer in Dienst gestellt. Sie verfügte bald über 12 U-Boote von U 25 bis U 36.

Die von Kapitän z.S. Dönitz erprobte und durchgearbeitete *Rudeltaktik* der U-Boote machte die Zusammenarbeit möglichst vieler U-Boote im Einsatz erforderlich. Aus diesem Grunde wurde vom F.d.U. der Bau weiterer U-Boote in kürzester Zeit vorangetrieben. Allerdings stand er mit seiner Überzeugung über die Gestaltung eines zukünftigen U-Boot-Krieges allein auf weiter Flur. An höchster Stelle der Reichsmarineführung war man der Überzeugung, daß in einem nächsten Krieg U-Boote *einzeln und weiträumig* operieren würden. Kapitän z.S. Dönitz war da entgegengesetzter Überzeugung. Er forderte ein bewegliches, kampfkräftiges U-Boot mittlerer Größe. Allein damit sei er in die Lage versetzt, so argumentierte er, „in einem zukünftigen Krieg die Geleitzüge des Gegners, die mit Sicherheit wieder zusammengestellt werden würden, durch ganze U-Boot-Rudel anzugreifen und daraus Schiffe zu versenken".

Diese Auffassung setzte sich schließlich durch, *ohne* jedoch *auch* die Voraussetzungen zur Durchführung von Rudelangriffen gegen feindliche Geleitzüge, nämlich die Zusammenarbeit einer Vielzahl kampfkräftiger U-Boote, zu schaffen.

England als Gegner möglich!

Als Adolf Hitler Ende Mai 1938 dem Oberbefehlshaber der Kriegsmarine, Generaladmiral Raeder, mitteilte, daß in einem zukünftigen Krieg *auch* mit England als Gegner zu rechnen sei, eine solche Auseinandersetzung aber noch nicht bevorstehe, wurde vom Ob.d.M., Raeder, im Oktober 1938 ein Planungsausschuß gebildet, der die sich aus dieser Ankündigung ergebenden Aufgaben für die Marine und die zu ihrer Erfüllung notwendigen Kriegsmittel untersuchen sollte.

Das Ergebnis dieser Kommissionssitzungen war ein neuer Flottenbauplan mit einer Laufzeit von zehn Jahren. Sein Schwerpunkt lag auf dem Bau einer starken Überwasserflotte. Allerdings sollten bis zum Ende der Laufzeit dieses Programms im Jahre 1948 (!) auch 233 U-Boote gebaut werden.

Unter ihnen einige U-Kreuzer, deren Fertigstellung im Jahre 1943 erwartet wurde.

Kpt.z.S. Dönitz sah im Falle eines vorzeitigen Krieges gegen England die Gefahr, daß die Last der Seekriegsführung auf der U-Boot-Waffe liegen würde, weil die Insellage Englands keine andere Möglichkeit der Bekämpfung dieses Gegners zuließ.

Der Führer der U-Boote bat seinen Oberbefehlshaber, diese Befürchtungen auch Hitler zu melden.

Als sich am 22. Juli 1939 auf dem Aviso „Grille" das Offizierskorps der U-Boot-Waffe mit dem OB der Kriegsmarine zu einer Aussprache einfand, teilte Generaladmiral Raeder den versammelten Offizieren Hitlers Antwort auf die Befürchtungen ihres F.d.U. mit:

„Der Führer wird dafür sorgen, daß es keinesfalls zu einem Krieg mit England kommt. Das wäre das ‚finis Germaniae'. Sie, meine Herren, können völlig beruhigt sein." (Siehe Kurowski, Franz: Krieg unter Wasser.)

Noch keinen Monat später, am 15. August 1939, wurde Kpt.z.S. Dönitz aus seinem Urlaub zurückgerufen. Seine Aufgabe, die ihm der Ob.d.M. übertrug, lautete: „Durchführung des Aufmarsches der U-Boote für den Fall einer Mobilmachung."

Noch einmal legte Kpt.z.S. Dönitz dem Ob.d.M. eine Denkschrift vor. Sie trug den Titel: „Gedanken des Aufbaues der U-Boot-Waffe." In dieser Denkschrift teilte Dönitz dem Vorgesetzten mit, daß die U-Boot-Waffe noch nicht in der Lage sei, die ihr im Kriegsfalle zufallende Aufgabe zu erfüllen. Er forderte abermals den schnellsten Aufbau der U-Boot-Waffe und betonte, daß der Hauptträger des U-Boot-Kampfes im Atlantik das Boot der Klasse VII B sei und daß er über 300 Front-U-Boote verfügen müsse, wenn er ständig 100 Einheiten am Feind haben wolle. Dies aus dem Grunde, weil sich ja nur jeweils etwa ein Drittel aller U-Boote in See befinden werde. Ein weiteres Drittel sei auf dem Aus- oder Rückmarsch, und das letzte Drittel liege in den Werften zur Überholung und zur Neuausrüstung.

„Mit den vorhandenen U-Booten kann der Handelskrieg gegen England nur Nadelstiche erzielen", erklärte Dönitz und schloß seine Denkschrift mit den Worten:

„Die U-Boot-Waffe muß mit allen, auch außerhalb des normalen Rahmens liegenden Mitteln auf einen Stand gebracht werden, der sie befähigt, ihre Hauptaufgabe, die Niederringung Englands im Krieg, zu lösen."

Vorsorgliche Entsendung

Am 19. August 1939 wurde die U-Boot-Waffe, soweit sie dazu einsatzbereit war, vorsorglich in den Atlantik entsandt. Von den 57 in Dienst befindlichen Booten waren 49 zur operativen Verwendung zugeteilt worden, und zwar:
Im Atlantik 18 Boote:
2. U-Flottille mit U 26, U 27, U 28, U 29, U 30, U 33, U 34.
6. U-Flottille mit U 37, U 38, U 39, U 40, U 41.
7. U-Flottille mit U 45, U 46, U 47, U 48, U 52, U 53.
Im Bereich Gruppe West 21 Boote:
1. U-Flottille mit U 9, U 13, U 15, U 17, U 19, U 21, U 23.
3. U-Flottille mit U 12, U 16, U 20, U 24.
5. U-Flottille mit U 56, U 58, U 59.
U.-S-Flottille mit U 1, U 3, U 4, U 36; nach weiterer Ausbildung folgen vom 3. 9. an: U 2, U 8, U 10.
Im Bereich Gruppe Ost 10 Boote:
2. U-Flottille mit U 31, U 32, U 35.
3. U-Flottille mit U 14, U 18, U 22.
5. U-Flottille mit U 5, U 6, U 57.
U.-S-Flottille mit U 7.
Nicht eingesetzt waren zur Zeit acht Boote, und zwar: Rein materiell nicht kriegsbereit: U 25, U 51 und U 42 mit Gestellwechsel. Restarbeiten zum 17. Sept. 1939. Noch in der Erprobung und ausbildungsmäßig nicht einsatzbereit:
U 43 – am 26. August 1939 in Dienst gestellt.
U 49 – am 12. August 1939 in Dienst gestellt.

U 60 – am 22. Juli 1939 in Dienst gestellt.
U 61 – am 12. August in Dienst gestellt.
Zusammenfassung: Eingesetzt sind 49 Boote.
Nicht einsatzbereit sind 8 Boote.
Insgesamt in Dienst sind 57 Boote.
gez. Dönitz.
(Siehe RM 7/891 Seekrieg 1939 Heft 4 – 1 B.d.U.: Befehle und Absichten August 1939 bis Juli 1940.)

Am 22. August 1939 wurde der F.d.U. Ost bei der Kriegsmarine-Gruppe Ost in Swinemünde aufgestellt. Der Führungsstab setzte sich aus folgenden U-Boot-Offizieren zusammen:

C. op.   Fregattenkapitän Schomburg
A1:   Korvettenkapitän Godt
A2:   Kapitänleutnant von Stockhausen
A3:   Kapitänleutnant Oehrn
V.Ing.: Kapitänleutnant Zerpka
F.   Leutnant zur See Kuhnt.

Diese Dienststellung blieb bis zum 19. September bestehen und wurde nach Ende des Polenfeldzuges aufgelöst. (Siehe: RM 87/1 KTB F.d.U. Ost vom 22. August bis zum 19. September 1939.)

Der Beginn des U-Boot-Krieges

U 48 auf seiner ersten Feindfahrt

Am 19. August 1939 machten insgesamt 17 deutsche U-Boote des Typs VII Leinen los und liefen von ihren Stützpunkten Kiel und Wilhelmshaven aus nach Norden, um auf ihre zugewiesenen Wartepositionen zu gehen, die sich von der Südspitze Islands bis in den Raum der Biskaya hinein erstreckten.

Acht Tage darauf liefen sechs weitere U-Boote von 250 Tonnen in ihre Operationsgebiete aus, die in der Nordsee und vor der Küste Englands lagen. Am 29. August marschierten zehn weitere „Einbäume" (wie die kleinsten Boote genannt wurden) in ihre Einsatzräume. Schließlich liefen fünf weitere große Boote bis zum 30. August in die See-Enge zwischen den Orkney-Inseln und Island hinein, um die dortigen Positionen zu besetzen.

Am 1. September erhielten diese in See stehenden Boote über Funk Nachricht vom Ausbruch der Feindseligkeiten gegen Polen. Noch aber waren sie sich nicht darüber im klaren, ob auch England und Frankreich sich am Krieg beteiligen würden, indem sie Polen, mit dem sie Bündnisverträge abgeschlossen hatten, zur Hilfe eilten. Immerhin hatte wenige Wochen vorher noch Generaladmiral Raeder gesagt, daß England nicht in den Krieg eingreifen werde. Wenn es dies tue, dann allerdings würde dies das „finis Germaniae" bedeuten.

U 48 war eines jener Boote der 7. U-Flottille, die zur Gruppe Atlantik gehörten. Das Boot war am 22. April 1939 von Oberleutnant zur See Herbert Schultze in Dienst gestellt worden.

Schultze, ein Mann der Crew 30, führte dieses Boot auch im ersten Einsatz. Inzwischen Kapitänleutnant geworden, galt er bei der Besatzung als erfahrener Offizier, der die ganze strenge Schule der U-Boot-Ausbildung durchlaufen und auf U 2 seine ersten Tauch- und Angriffsversuche unternommen hatte. „Vaddi", so nannte ihn die Besatzung, wenn er nicht zuhörte, war für die Männer dieses Bootes *der* Kommandant. Die Besatzung vertraute ihm voll und ganz, und es sollte sich zeigen, daß sie nicht enttäuscht wurde.

Das Boot hatte ungesehen das vorsorglich eingenommene Operationsgebiet erreicht und stand hier auf und ab. Am 26. August schrieb Kapitänleutnant Schultze in sein KTB:

„Die Nachrichtenversorgung aus der Heimat erscheint sehr spärlich. Das Bild über die politische Lage ist unklar. Ich versuche durch Abnehmen der Nauener Presse und Abhören der Nachrichtendienste von Zeesen und London sowie anderer Sender ein ungefähres Bild der Lage zu gewinnen.

Ich rechne sehr stark mit der Wahrscheinlichkeit des Kriegsausbruchs bzw. der Eröffnung der Feindseligkeiten gegen England und Frankreich im Laufe der nächsten Woche, da Englands Haltung anscheinend fest ist. –

Andererseits scheint doch noch verhandelt zu werden und unsere Führung nach dem Prinzip des ‚wer bessere Nerven hat' die Sache bis auf des Messers Schneide zu treiben und dann einzulenken."

Diese Möglichkeit, die Schultze eigentlich entgegen seiner Beurteilung der Lage an den Schluß seiner Überlegungen gesetzt hatte, trat nicht ein. U 48 lief in der vorgegebenen Position auf und ab, und am Abend dieses 26. August notierte der Kommandant von U 48 in seinem KTB:

„Ich bin der Meinung, daß der ungesichtete Ausbruch aus der Nordsee jedenfalls für uns gelungen ist. Mein Kurs 193 Grad führt bei der größten Annäherung an die irische Küste noch mit 120 sm gut frei. Fahrzeuge werden fast gar nicht gesichtet. Lediglich auf der Bailey Bank stehen Fischerboote."

Diese Lage änderte sich rasch. Am 28. August mußte das Boot zweimal mit Alarmtauchen in den „Keller", um seinen Standort und seine Anwesenheit in diesem Seegebiet nicht zu verraten. Das erstemal vor einem englischen Segler, dann vor einem Handelsdampfer. Dieses Alarmtauchen setzte sich auch am 29. August weiter fort, als zweimal vor Handelsschiffen getaucht werden mußte. Am 30. und 31. August wiederholte sich dieses Schauspiel, das sich auch am 1. September fortsetzte.

An diesem Tag ging die See mit Stärken von 2 bis 3, es stand eine starke Dünung. Bei wolkigem Himmel mit Regenschauern war die Sicht nur als mittelmäßig zu bezeichnen.

Am Nachmittag dieses 1. September 1939 ging ein FT-Spruch des F.d.U. ein: „Beginn der Feindseligkeiten gegen Polen." Die Führerrede im Reichstag wurde abgehört. Herbert Schultze notierte wiederum ins KTB:

„Wir haben das Gefühl, arme Leute zu sein. Das Doppelwort ‚Atlantik-Streitkräfte', das gebraucht wurde, klingt so stark und ist doch nicht soviel, um dem britischen Löwen mehr als vielleicht zehn bis zwanzig Haare aus dem Fell zu reißen."

Dies sagte Schultze auch seinen Wachoffizieren, „in Anbetracht des Fehlens größerer U-Boot-Zahlen *und* fehlender Panzerschiffe, von denen ich wenigstens fünf bis sechs erwartet hatte".

„Wir liegen auf Wartestellung. Die zwei bis drei Dampfer vom Dienst erscheinen täglich. Schöne große Tanker und Frachtdampfer, auch ein Fahrgaster darunter", lautete die Eintragung ins KTB.

Am 3. September 1939 um 12.30 Uhr ging vom F.d.U. ein FT-Spruch ein: „Kriegszustand mit England." Am selben Tage ab 17.00 Uhr sah sich auch Frankreich „als mit Deutschland im Krieg befindlich" an.

U 48 war am Mittag dieses Tages vor leichtem Nordwestwind in das Planquadrat BE 64 hineingelaufen. Schultze schärfte der Brückenwache „hundertprozentigen Ausguck" ein. Von nun an war jede Rauchsäule, die in Sicht kam, sofort zu melden.

Den ganzen 4. September hindurch lief U 48 mit kleiner Fahrt durch die See und kreuzte auf der Suche nach Schiffen, die der Kommandant anzuhalten, zu untersuchen und möglicherweise zu versenken hatte. Herbert Schultze war voll angespannter Erwartung. Würde die Besatzung ihre Aufgabe auch im Krieg hundertprozentig erfüllen? Er war sich dessen sicher.

„Ich stehe", berichtete er, „mit Kurs Nord und Süd jetzt in meinem Gebiet auf und ab und mache mich bereit, Krieg nach Prisenordnung zu führen."

Aus dem KTB ist für diesen Tag weiter zu entnehmen: „Am 4. September zwei Tankdampfer gesichtet und angehalten. Erstens die ‚Abadan' mit 6230 t, die mit Ballast von Le Havre nach Mexiko läuft. Ihre Papiere sind in Ordnung. Wir lassen sie laufen.

Beim Anhalten des zweiten Dampfers wurde ein Mann der Bootsbesatzung für die Geschützbedienung durch die grobe See außenbords gespült. Er wurde glücklicherweise durch den angelegten Gurt gehalten." (Siehe: KTB U 48)

Am Morgen des 5. September um 8.15 Uhr horchte die Brückenwache südlich ihres Standortes ein dumpfes Geräusch, das sich wie eine Torpedodetonation anhörte. Kurz darauf fing der Funkmaat den ersten Erfolgs-Kurzspruch eines Kameradenbootes auf. Er stammte von U 47, das auf 45.29 Grad Nord und 9.45 Grad West einen Dampfer angehalten und versenkt hatte. U 48 lief weiter nach Westen.

Die frische Südwestbrise trieb eine lange Dünung vor sich her. Der Himmel wurde ab und zu von vorüberziehenden Wolken bedeckt; ansonsten herrschten gute Sichtverhältnisse.

„Dampfer zehn Grad Steuerbord voraus!" meldete einer der Wachgänger. „Buggeschütz besetzen und klar zum Schuß!" befahl Herbert Schultze.

Der Geschütz-Maat enterte mit der Geschützbedienung über den Turm auf Deck des Bootes ab. Die ersten 8,8-cm-Granaten wurden zum Turm hinauf und von dort über die Rutsche zum Geschütz befördert.

U 48 gewann rasch die richtige Position. Nun wurde es zum ersten Mal ernst. Mit der Klappbuchs ließ der Kommandant einen Blinkspruch abgeben: „Stoppen Sie! Senden Sie ein Boot mit dem Kapitän und den Ladepapieren!"

Es sah so aus, als seien alle Personen auf der Brücke des die schwedische Flagge führenden Dampfers blind. Der Dampfer lief, ohne irgendeine Reaktion zu zeigen, weiter.

„Bugkanone: einen Schuß vor den Bug des Dampfers setzen!"

Die Achtacht brüllte auf, eine lange Mündungsflamme stob aus dem Rohr, und die Granate schlug etwa 50 Meter vor dem Steven des Dampfers in die See, der daraufhin stoppte. Ein Boot wurde gefiert, während die Geschützbedienung des U-Bootes bereits die zweite Granate in die Kammer gemannt hatte und wieder schußbereit war. Aber der zweite Schuß brauchte nicht abgefeuert zu werden. Auf dem Dampfer wurde ein Boot ausgebracht und zum U-Boot hinübergepullt. Der Kapitän kam an Bord des U-Bootes. Er übergab Kptlt. Schultze die Papiere, die dieser überprüfte. Es war kein Zweifel möglich: ein Schwede mit Ladung für Oslo.

„In Ordnung", sagte Schultze, „den müssen wir laufen lassen. Geschützbedienung: Geschütz entladen und einsteigen."

Die Granaten, die an Deck gemannt worden waren, wanderten den gleichen Weg ins Innere des Bootes zurück. Ebenso die leere Kartuschenhülse.

Der schwedische Kapitän ließ zu seinem Schiff zurückrudern. Dort angekommen, ließ er die blaue Flagge mit dem gelben Kreuz dippen, ehe sein Schiff wieder Fahrt aufnahm.

Am späten Nachmittag des 5. September tauchten Masten über der Kimm auf. Der Kommandant wurde auf den Turm gerufen, und Herbert Schultze sah die ersten Aufbauten sichtbar werden. Er ließ tauchen, um nicht vorzeitig gesehen zu werden, denn dann bestand Gefahr, daß der Dampfer das U-Boot meldete und Zerstörer oder Flugzeuge auf U 48 aufmerksam machte.

In Sehrohrtiefe eingependelt, glitt das Boot mit sparsamer E-Maschinenfahrt im Gegenkurs auf das Schiff zu. Immer wieder ließ der Kommandant das Sehrohr zu einem sparsamen Rundblick ausfahren.

„Das Schiff führt keinerlei Nationalitätenabzeichen", berichtete der Kommandant, der im Sattelsitz des Angriffs-Sehrohrs hockte und sich durch Pedaldrucke um die Säule kreiseln ließ. Die Männer standen auf Gefechtsstationen. Durch den Kommandanten erfuhren sie, wie die Sache stand; ansonsten waren sie „blind" und mußten sich ganz darauf verlassen, was der Kommandant anordnete.

Als U 48 nahe genug herangekommen war, erfolgte der Befehl: „Klar zum Auftauchen! Brückenwache in den Turm. Geschützbedienung sich klarhalten zum Artillerie-Einsatz!" Nach einer kleinen Pause fuhr der Kommandant fort: „An Funkraum: Sofort melden, wenn der Dampfer funkt! – An LI: auftauchen!"

Schultze enterte in den Turm auf, blieb eine Sekunde neben dem Gefechtsrudergänger stehen und blickte diesem über die Schulter auf den anliegenden Kurs seines Bootes.

„Boot ist durch!" meldete der Leitende Ingenieur.

Schultze entriegelte das Turmluk und stieß es auf. Frische Luft strömte ins Boot. Der Kommandant erreichte die Vorderkante des Turmes und sah den Dampfer, der genau auf U 48 zuzulaufen schien.

„Brückenwache aufziehen!" Die Männer enterten auf den Turm. „Geschützbedienung Buggeschütz besetzen!"

Alles ging reibungslos vonstatten in der oft geübten Routine des U-Boot-Alltags. Die Granaten wurden auf den Turm gemannt und über die angebrachte Rutsche an Deck herabgelassen. Die erste lag bereits in der Kammer. Der Maat richtete das Schiff für alle Fälle an.

„Buggeschütz feuerbereit!" meldete er. Die Signalflaggen für den Stoppbefehl gingen am ausgefahrenen Luftzielfernrohr hoch. „Stoppschuß für den Fall, daß auch dieser Kapitän auf beiden Augen blind ist!" befahl Vaddi Schultze.

Die See ging mit Stärke 3, und als die ersten beiden Granaten dicht vor dem Dampfer in die See hieben, drehte dieser mit

Hartruderlegen ab und setzte die englische Flagge. Sekunden darauf hörte der Funkmaat auf U 48 den Notruf dieses Briten:

„SOS from ‚Royal Sceptre': chased and shelled by German Submarine, Position 46.23 Nord, 14.59 West."

„Dampfer funkt und setzt seinen Standort ab", meldete der Maat hinter dem Funkgerät.

Damit hatte sich der Dampfer nach internationalem Recht entgegen den gesetzmäßigen Bestimmungen verhalten. Das Funken des Standortes konnte feindliche Schiffe herbeirufen und stellte einen feindlichen Akt dar, durch den U 48 möglicherweise gezwungen wurde, mit Alarmtauchen zu verschwinden.

„Feuer frei auf den Dampfer! – Versuchen Sie die Funkerbude zum Schweigen zu bringen!"

Die Granaten schlugen nun in dichter Folge um dieses Schiff in die See. Die Geschützbedienung schuftete wie wild. Die ersten Treffer schlugen in das Schiff hinein, das sich als „Royal Sceptre" zu erkennen gegeben hatte.

„Funkraum ist verstummt!" meldete der eigene Funkmaat.

Schultze sah, daß jetzt die Boote des Dampfers gefiert wurden. Er befahl, das Feuer einzustellen, um der Besatzung die Chance zu geben, sich von dem nunmehr brennenden Schiff abzusetzen.

Wenige Minuten später begann der Funker des getroffenen Schiffes erneut zu rufen: „From ‚Royal Sceptre': chased and shelled by German Submarine. Leaving ship – Position 46.23 Nord und 14.59 West."

„Da hilft nichts anderes als ein Torpedo!" meinte der Kommandant, als ihm der erneute Hilferuf gemeldet wurde. „Torpedowaffe: Einzelschuß aus Rohr I fertigmachen!"

„Rohr I klar zum Überwasserschuß!" meldete der Torpedomaat aus dem Bugraum. – „Rohr I – lllos!"

Der Torpedo wurde durch die Preßluft der Ausstoßpatrone aus dem Rohr ausgestoßen und lief nach dem Eintauchen in die See selbständig weiter auf sein Ziel zu. Er trug 350 Kilogramm Trinitrotoluol zum Gegner hinüber, eine todbringende Dosis.

Nach wenigen hundert Metern Laufzeit schlug der Aal mittschiffs in den Dampfer hinein. Der Zentralmaat notierte den Zeitpunkt des Treffers: Es war genau 13.38 Uhr. Die 4853 BRT große „Royal Sceptre" sank sehr schnell. Nach wenigen Minuten unterschnitt sie und sackte in die Tiefe. Zum erstenmal hörten die Männer im Funkraum vor dem Gruppenhorchgerät die schlürfenden und brechenden Geräusche des Sinkens eines Schiffes, die sie auf diesem Boot noch mehr als fünfzigmal hören sollten.

Mit der „Royal Sceptre" versank auch der Funker, der im Schiff geblieben war und bis zuletzt um Hilfe gerufen hatte, um die Besatzung zu retten, die in ihren Booten auf der See lag.

„Hut ab, Männer!" sagte Herbert Schultze erschüttert. „Nun wißt ihr, wer unser Gegner ist! Er heißt Trotz, wenn es um die Fahne geht. Er wird uns nicht schonen, weil er bereit ist, sich in der größten Gefahr selbst zu opfern." (Siehe Brennecke, Jochen: Jäger – Gejagte.)

Wenige Minuten nach dem Sinken des Dampfers waren ein Rettungsboot mit Frauen und Kindern an Bord und ein zweites mit der Besatzung zu erkennen, die in Richtung England zu pullen versuchten, die Insel wahrscheinlich aber so nie erreichen würden.

In dieser Situation sichtete der backbordachtere Ausguck ein zweites Schiff. Zwischen zwei Böen kam dieses Schiff heraus. Es handelte sich um den britischen Dampfer „Browning".

Als das Schiff so nahe herangekommen war, daß man von seiner Brücke ein Flaggensignal sehen konnte, ließ Schultze mit den Signalflaggen den Spruch setzen: „Wenden Sie auf Südkurs! – 13 Seemeilen. Übernehmen Sie dort die Besatzung des Dampfers ‚Royal Sceptre'!"

Aber der Kapitän der „Browning" reagierte überhaupt nicht auf diese Aufforderung, sondern gab den Befehl, das Schiff zu verlassen, noch ehe er überhaupt feststellen konnte, daß er gar nicht beschossen wurde.

„Hinter den Booten her, wir müssen sie einholen und zum Dampfer zurückgeleiten, damit dieser die schiffbrüchigen

Frauen und Kinder und die Besatzung der ‚Royal Sceptre' aufnimmt."

„Wollen wir wirklich diesen fetten Bissen laufen lassen, Herr Kaleunt?" fragte der Torpedowaffen-Offizier.

„Wir führen Handelskrieg nach der Prisenordnung. Was denken Sie, was der Tommy für ein Geschrei anheben würde, wenn wir uns nicht streng nach den Vorschriften verhalten. Die Briten nehmen jedes unserer Boote kritisch unter die Lupe und werden den kleinsten Mißgriff zur Eröffnung einer Greuelpropaganda ausnutzen, die zum Himmel stinkt. Deshalb rennen wir wie ein fliegender Bettsack hinter den Kerlen her."

Das Boot war auf den befohlenen Kurs gegangen und lief mit AK hinter den wie wild davonpullenden Rettungsbooten her. Als sie die beiden Boote erreichten, winkte der Kapitän des Schiffes mit beiden Händen, und alle übrigen Männer in diesem Boot hoben die Arme weit über den Kopf. Das deutsche U-Boot legte sich quer vor die beiden Rettungsboote und ließ sie nahe herankommen.

„Hören Sie, Kapitän", rief Schultze dem aufrecht im vordersten Boot stehenden Skipper wütend zu, „wir haben nicht weit von hier in diese Richtung die Besatzung eines soeben versenkten Schiffes zurückgelassen. Sie rudern jetzt zu Ihrem Schiff zurück, gehen wieder an Bord, steuern die Liegestelle der Rettungsboote an und nehmen die Schiffbrüchigen an Bord."

Der Kapitän stand eine Weile wie versteinert da. Fast eine Minute lang starrte er zu dem U-Boot-Kommandanten hinauf. Sein Blick glitt über den Turm von Mann zu Mann. Er schien unfähig zu begreifen, was hier vor sich ging. Er witterte möglicherweise eine Schweinerei der Deutschen, wußte nur nicht, worin diese bestehen konnte.

„Zum Teufel!" brüllte Vaddi ihn an. „Sie sollen sich um die Schiffbrüchigen der ‚Royal Sceptre' kümmern! Das Schiff habe ich soeben dort drüben versenkt. Ihnen und Ihrem Schiff wird garantiert nichts geschehen."

Der mittelgroße, etwas zur Fülle neigende Herbert Schultze deutete noch einmal mit dem Arm die Marschrichtung zum

Untergangsort des Schiffes an. Jetzt begriff der Kapitän, daß die „Hunnen", von denen er eine Reihe Schlechtigkeiten bereits aus dem Ersten Weltkrieg vernommen hatte, offenbar doch nicht so blutrünstig waren, wie sie geschildert worden waren. Er ließ zu seinem Schiff zurückrudern. Die Boote wurden wieder gehievt, und die „Browning" nahm Kurs auf den Untergangsort der „Royal Sceptre" auf. Sie konnte die Rettungsboote erreichen und die in der See in den winzigen Nußschalen hockenden Menschen an Bord nehmen.

„Funkraum an Brücke", meldete sich der Funkmaat. „Von zwei englischen Küstenstationen Warnmeldungen. Sie lauten: „An alle! – Achtung, an alle! U-Boot-Gefahr!"

Und dann wiederholten sie: „U-Boot-Gefahr in 46.23 Grad Nord und 14.59 Grad West."

„Jetzt werden die Zerstörer des Gegners auf uns Jagd machen", verhieß der Kommandant. „Wir laufen so schnell wie möglich nach Nordwesten ab."

U 48 nahm Fahrt auf und verschwand aus dem Gesichtskreis der zurückbleibenden Engländer. Als sich das Boot weit genug abgesetzt hatte und weder Mastspitzen noch Rauchsäulen oder gar Schiffe über der Kimm zu sehen waren, ging der Kommandant in seine Kammer hinunter. Er hängte sein Fernglas an den Haken und warf die Mütze auf die Koje. Dann klappte er den Tisch aus, holte das KTB aus dem Schapp und trug Namen und Begleitumstände des ersten Versenkungserfolges ein. Zum Schluß vermerkte er:

„Gemäß Prisenordnung habe ich die Rettung der Besatzung des versenkten Schiffes sichergestellt. Es waren Frauen und Kinder in den Booten. Für sie war der Aufenthalt in den Booten nicht als sicher genug anzusehen."

Das war jener U-Boot-Fahrer-Geist, den der Führer der U-Boote, Kapitän zur See und Kommodore Dönitz, seinen U-Boot-Fahrern mit auf den Weg gegeben hatte. Dennoch trat gleich am ersten Kriegstage ein Ereignis ein, das dem Gegner genügend Stoff für eine neue Greuelpropaganda bot.

U 30 versenkt die „Athenia"

Unter seinem Kommandanten, Kptlt. Fritz-Julius Lemp, lief U 30 im Seegebiet AM 16 als eines der weit nach Norden herausgesetzten Boote auf 14 Grad West, als am Mittag des 3. September der Funkspruch des F.d.U. einging, der den Kriegszustand mit England meldete und mit dem Satz schloß: „Beginn der Feindseligkeiten gegen England sofort!"

Etwa zur gleichen Zeit lief auch der 13581 BRT große englische Passagierdampfer „Athenia" von der Donaldson Line mit Westkurs durch die See. An Bord befanden sich neben der Besatzung 1428 Passagiere.

Als die Dunkelheit eingefallen war, sichtete die Brückenwache von U 30 einen abgeblendet laufenden großen Dampfer.

„Meldung an den Kommandanten: Schatten zehn Grad Steuerbord voraus!"

Diese Meldung ließ Fritz-Julius Lemp aus dem Schlaf auffahren. Er griff nach Mütze und Fernglas, glitt im „Hürdenläuferschritt" durch das Zentralschott und rief sein „aufwärts!", als er den Aufgang zum Turm erreichte. Geschmeidig und rasch stieg er auf den Turm.

„Dort, Herr Kaleunt!" meldete der I. WO, der die Wache ging. „Zehn Grad Steuerbord voraus!"

Der Kommandant hob sein Glas vor die Augen. Er sichtete den riesigen Schatten sofort. „Läuft hohe Fahrt und ist abgeblendet. Fährt sogar Zickzacklinien", bemerkte er wenig später, als das Schiff herumzackte. „Scheint ein Truppentransporter zu sein."

Ein Blick auf die Uhr zeigte Lemp, daß es 21.42 Uhr war. Seit dem Befehl des F.d.U., den Angriff gegen feindliche Schiffe sofort zu eröffnen, waren erst neun Stunden vergangen. Und schon stand ein riesiger Truppentransporter vor den Rohren von U 30.

Der vermeintliche Truppentransporter kam rasch auf. Ein Ruderbefehl ließ U 30 herumgehen. Mit beiden Dieseln AK voraus gelang es dem Boot, sich vorzusetzen. Während der

Vorlauf gewonnen wurde, ließ Lemp die U-Boot-Zieloptik auf den Turm reichen und auf die Zielsäule aufsetzen, die mit der Rechenanlage im Boot ebenso verbunden war wie das Angriffsrohr.

„Viererfächer aus Rohr I bis IV fertig! Rohre geöffnet, Torpedos klar!"

Der Torpedo-Waffenoffizier stand breitbeinig hinter dem Gerät. Er ließ den Dampfer einwandern, gab die Schußunterlagen durch, und dann erfolgte sein Befehl: „Fächerschuß – lllos!"

„Drei Torpedos laufen! Aal in Rohr III steckengeblieben!" meldete der Torpedomaat im Bugraum.

Die drei Torpedos liefen auf den sehr schnell laufenden Dampfer zu. Zwei gingen achtern vorbei, der dritte traf das Schiff. Eine masthohe wasserdurchmischte Feuersäule stieg am Dampfer empor, der sofort an Fahrt verlor. Wenige Sekunden darauf brachte der Funkmaat die SOS-Meldung des Dampfers auf die Brücke und übergab sie dem Kommandanten. Fritz-Julius Lemp las den FT-Spruch und erbleichte:

„Passagierdampfer ‚Athenia' torpedoed auf 56.44 Grad Nord und 14.05 Grad West."

„Abdrehen!" befahl der Kommandant. Und für sich: „Hoffentlich sinkt er nicht! – Nur gut, daß nur einer der drei Aale ihn getroffen hat. Das läßt ihn vielleicht überleben."

Noch stundenlang vernahm der Funkmaat von U 30 den Notruf des langsam sinkenden Schiffes, und schließlich konnte er einen Spruch empfangen, der ihm und dem Kommandanten zeigte, daß sich die beiden britischen Zerstörer „Escort" und „Electra" dem Standort des noch immer schwimmenden Dampfers näherten. Als Lemp diese Meldung gebracht wurde, atmete er befreit auf.

Eine halbe Stunde später meldeten sich noch die große Yacht „Southern Cross" und der norwegische Frachter „Knute Nelson". Alle diese Schiffe liefen mit äußerster

Kraft auf die Stelle zu, an der die „Athenia" mit dem Tode rang und wo elementare Gefahr für das Leben von beinahe eineinhalbtausend Menschen bestand.

Am Morgen des 4. September 1939 sank die „Athenia". Der U-Boot-Krieg hatte seine erste Sensation. Diese Versenkung wurde, wie nicht anders zu erwarten war, von der Gegenseite als brutaler offensichtlicher Überfall auf ein Passagierschiff entgegen den Seerechtsgesetzen beurteilt.

Das Propagandaministerium des Deutschen Reiches aber verstieg sich zu der nicht weniger absurden Behauptung, daß die „Athenia" von der Feindseite torpediert worden sei, um den Deutschen diesen Akt mit der Absicht anzuhängen, die Greuelhetze gegen Deutschland mit einem Paukenschlag zu beginnen.

Die Rückfragen, die der Führer der U-Boote, Kapitän zur See Dönitz, an alle U-Boote richtete, verliefen negativ. Kptlt. Lemp, der seinen Fehler erkannt hatte, befahl strengstes Stillschweigen darüber.

Erst am 29. September 1939, als U 30 nach Ende seiner ersten Feindfahrt wieder in Wilhelmshaven einlief und Kpt.z.S. Dönitz selbst zur Schleuse kam, um das heimkehrende Boot zu begrüßen, fiel der Schleier, der die ganze Zeit über der Versenkung der „Athenia" gelegen hatte, als Kptlt. Lemp auf die Pier kam, um dem F.d.U. zu melden: „Melde Herrn Kommodore: U 30 von Feindfahrt zurück!"

„Heil Lemp! – Heil Besatzung! – Wie war die erste Feindfahrt?"

Lemps Gesicht wurde ernst; jetzt galt es, Farbe zu bekennen: Der Kommandant legte die Rechte an den Mützenschirm und sprach jene wenigen Worte, die Karl Dönitz förmlich in den Ohren gellten:

„Ich habe Herrn Kommodore noch zu melden, daß ich die ‚Athenia' versenkt habe."

„Was haben Sie, Lemp?" fragte der F.d.U.

„Ich habe die ‚Athenia' versenkt, Herr Kommodore. Ich hielt das Schiff für einen Truppentransporter oder für einen

Hilfskreuzer. Erst später sind mir Bedenken gekommen, als ich den SOS-Spruch des Schiffes auffing und jene Rufe der zur Rettung dieses Schiffes herbeieilenden anderen Schiffe."

„Da haben Sie sich und uns ja eine schöne Bescherung eingebrockt, Lemp!" meinte Dönitz. „Dafür muß ich Sie vor ein Kriegsgericht stellen!" – „Ist mir klar, Herr Kommodore!"

„Gut, Lemp! Ehe nichts anderes befohlen wird, halten Sie die Sache streng geheim. Schärfen Sie das auch Ihrer Besatzung ein." – „Jawohl, Herr Kommodore!" entgegnete Lemp.

Die Untersuchung über diesen Fall wurde sehr streng geführt. Wenn Lemp an dieser Sache schuld war, dann drohte ihm die Degradierung zum Matrosen. Aber der F.d.U. war davon überzeugt, daß Kptlt. Lemp nach den gegebenen Umständen richtig gehandelt hatte. Nur daß er vor dem Schuß die Situation nicht sorgfältig genug geprüft habe, wurde ihm zum Vorwurf gemacht. Dafür wurde er vom F.d.U. disziplinarisch bestraft.

Wegen der möglichen politischen Folgen dieser Versenkung ordnete die Staatsführung dann die Geheimhaltung der Versenkung der „Athenia" an. Entsprechend dieser Weisung wurde nunmehr vom Oberkommando der Kriegsmarine befohlen, daß aus dem KTB des Bootes, das ja zur Auswertung an mehrere Stellen ging, diese Seite entnommen und vernichtet werden sollte, was auch geschah. Es ist übrigens die einzige Aktion dieser Art, die während des Zweiten Weltkrieges bei der U-Boot-Waffe erfolgte.

Von der Besatzung und den Passagieren der „Athenia" konnten insgesamt 1300 Menschen gerettet werden. 128 Passagiere kamen ums Leben.

Der erste Eindruck der britischen Admiralität, der durch die Versenkung der „Athenia" entstanden war, ging dahin, daß die Deutschen damit den uneingeschränkten U-Boot-Krieg begonnen hätten. Daß dem nicht so war, zeigten die folgenden Versenkungen von Prien, Schultze, Liebe, Rollmann und den anderen erfolgreichen Kommandanten in dieser Zeit.

U 48 weiter auf Erfolgskurs

In diesen Tagen nahm der Funkmaat von U 48 mehrere Erfolgsmeldungen auf. Da war einmal U 38 unter Kptlt. Liebe, das die 7242 BRT große „Manaar" versenkt hatte. U 47 folgte nach, und als nächstes Boot kam U 34 unter Kptlt. Rollmann an die Reihe. U 33 unter von Dresky schrieb sich ebenfalls als eines der ersten Boote in die Versenkungsliste ein, und am 7. September wurde ein weiterer Erfolgsspruch Priens aufgenommen.

Am Morgen des 8. September kam U 48 ein Dampfer in Sicht. Das Boot setzte sich vor. Der Dampfer wurde angehalten. Es war die 5055 BRT große britische „Winkleigh", die kriegswichtige Ladung für England an Bord hatte. Das Schiff gehörte der Tatem Steam Navigation Co. in London.

Auf das von U 48 gesetzte Flaggensignal stoppte der Dampfer sofort. Ein Boot wurde ausgebracht und ruderte auf das U-Boot zu. Der Kapitän kam mit den Papieren an Bord. Ein Blick auf sie zeigte Kptlt. Schultze, daß dies wieder eine Beute für sein Boot war.

„Lassen Sie die Besatzung von Bord gehen, Captain; ich rufe Hilfe für Sie herbei, daß Sie aufgenommen werden können", versicherte der U-Boot-Kommandant dem Skipper. Schultze ließ noch vier Brote als Verpflegung geben, aber der völlig gebrochene Kapitän sagte nur bitter:

„White man kills white man!" Aber als er vom U 48 ablegte, streckte er dennoch den Arm aus und rief „Heil Hitler"!

Die Ruderer pullten zu ihrem Schiff zurück. Auf der Brücke von U 48 beobachtete Kptlt. Schultze genau das Ablegen der Rettungsboote mit der Besatzung. Im Funkraum wurden die Funkwellen überwacht, damit der Bursche nicht etwa funkte und ihnen ein paar Zerstörer auf den Hals hetzte. Um 8.30 Uhr dieses 8. September 1939 fiel aus 600 m der tödliche Torpedoschuß. Nach Ablauf der Laufzeit stieg eine haushohe Flammenlanze mittschiffs an der „Winkleigh" empor. Das Schiff sank binnen weniger Minuten, auf ebenem Kiel reitend, weg.

Auf der Seenotwelle ließ Kptlt. Schultze die Position des gesunkenen Dampfers funken und war nun sicher, daß nunmehr Hilfsschiffe herbeieilen würden, um die in die Boote gegangene Besatzung zu retten. Zumindest würden Kriegsschiffe sehr rasch am „Tatort" sein, wenn nicht auch schon ein Dampfer in der Nähe stand, dessen Kapitän die Furcht vor den grauen Wölfen – den U-Booten – überwand und auf die Untergangsstelle zulief.

Zu Mittag dieses Tages meldete U 29 unter Kapitänleutnant Schuhart die Versenkung des 10 176 BRT großen britischen Motortankers „Regent Tiger".

Der weitere Verlauf des 8. September ließ U 48 dreimal vor Flugbooten in den Keller gehen, die das Boot aber nicht gesichtet hatten und es dementsprechend unbehelligt ließen. Der 9. September verging mit der Suche nach weiteren Schiffen, und ebenso war es am 10. September.

Am Morgen des 11. September sichtete die Morgenwache Mastspitzen über dem Horizont. Es war der englische Dampfer „Firby", der aus Hartlepool kam und 4869 BRT groß war. Eigner dieses Schiffes war die Popper Shipping Co. Ltd. Der Dampfer wurde mit der Artillerie angehalten. Sein Kapitän setzte ein Boot aus und kam mit den Schiffspapieren zu dem deutschen U-Boot hinüber.

Herbert Schultze sah die Papiere durch. Es bestand kein Zweifel mehr, daß es sich um einen Briten handelte, der Konterbande führte, also versenkt werden mußte.

Wieder ließ Herbert Schultze zunächst die Besatzung von Bord gehen, ehe er den bereits schußbereit im Rohr IV liegenden Torpedo schießen ließ. Die Preßluft der Ausstoßpatrone wölkte in den Bugraum zurück, als der Torpedo ausgestoßen wurde. Nach 45 Sekunden wurde die „Firby" mittschiffs getroffen und sank zehn Minuten später, auf ebenem Kiel reitend, weg. Schultze ließ an die Rettungsboote herangehen und Brot und Verbandsmaterial für die beiden leichtverletzten Seeleute übergeben. Danach befahl er seinem Funkmaaten, einen FT-Spruch auf der offenen Welle abzusetzen. Der Text dieses Spruches lautete: „cq – cq – cq – transmit to Mr. Churchill. Haben britischen Frachter ‚Firby' auf Position 59.40 Grad Nord und 13.50 Grad West versenkt. Retten Sie die Besatzung, wenn's beliebt!"

Dieser Funkspruch wurde im britischen Unterhaus besonders erwähnt, und es schien fast so, als ob Männer wie Herbert Schultze dem Gegner jene Überzeugung zu vermitteln verstünden, daß die deutsche U-Boot-Waffe, von dem Führer der U-Boote, Kommodore Dönitz, geführt, vorbildlich in der Einhaltung des Handelskrieges nach Prisenordnung verfahre.

Alle übrigen Schiffsversenkungen des September 1939 zeigten jedenfalls an, daß die deutschen U-Boot-Kommandanten sich streng an die Prisenordnung hielten und den Handelskrieg entsprechend führten.

Auf dem Rückmarsch von U 48, der am 12. September begann, wurde kein Dampfer mehr gesichtet. Am 16. September gelang die Fahrt durch den Kleinen Belt mit AK. Um 23.50 Uhr wurde das Lotsenfahrzeug „Süderau" erreicht und der Lotse an Bord genommen. Um 1.00 Uhr des 17. September schloß sich der Weitermarsch nach Kiel an, wo U 48 um 5.50 Uhr an der Tirpitzmole festmachte.

Die erste Feindfahrt von U 48 war erfolgreich zu Ende gegangen. Das Boot hatte drei Dampfer mit insgesamt 14 777 BRT versenkt. 12 weitere Boote sollten um etwa die gleiche Zeit in die Stützpunkte zurückkehren, um zu verhindern, daß, nach den erzwungenen Rückmärschen der übrigen Boote infolge Treibstoffmangels, eine U-Boot-Leere eintrat, die dem Gegner die Chance gab, ungehindert seine Schiffe durchzubringen.

Im Operationsgebiet blieben folgende Boote zurück: U 28, U 31, U 32, U 53, U 35. Auf dem Rückmarsch befanden sich noch U 26, U 27, U 29, U 33, U 34 und U 39.

U 30 übrigens lief vor der geschilderten Rückkehr nach Wilhelmshaven am Vormittag des 19. September den Hafen von Reykjavik an, um dort zwei Schwerverwundete abzugeben. Das Boot verließ diesen Hafen wieder um 12.00 Uhr des gleichen Tages.

Bereits diese ersten Feindfahrten deutscher U-Boote hatten gezeigt, daß der Seekrieg nach Prisenordnung geführt wurde *und* daß dies ein höchst gefährliches Unterfangen war.

Ein Ereignis der ersten Feindfahrten deutscher U-Boote sei an dieser Stelle nachgetragen, das auf beiden Seiten des Zaunes besonderes Aufsehen erregte.

Flugzeugträger „Courageous" versenkt

Während für U 48 die Feindfahrt zu Ende ging, lief U 29, das Boot von Kapitänleutnant Schuhart, das bis dahin dreimal zum Schuß gekommen war, weiter auf Suchkurs durch die See. Es waren noch Torpedos an Bord, und die wollte Schuhart auf möglichst gute Ziele schießen, falls er überhaupt welche fand.

Am Mittag des 17. September, das Boot hatte eine Position auf 50 Grad Nord und 14 Grad West erreicht, sichtete die Brückenwache einen großen Transporter, der erst mit den Aufbauten, schließlich aber auch mit dem Oberdeck über der Kimm auftauchte. Er lief in einer günstigen Position.

„Schneller Dampfer mit einer Oberdeckladung Flugzeuge, Herr Kaleunt!" meldete der I. WO, der gerade die Wache ging.

„Sehr großer Pott, Eins-WO", meinte Schuhart. „Außerdem läuft er sehr günstig zu unserem Kurs. – Wir gehen auf Sehrohrtiefe hinunter und setzen uns in Schußposition vor."

Das Tauchen verlief glatt und routiniert. U 29 verschwand rechtzeitig von der Wasseroberfläche, und aus dem Horchraum meldete wenig später der dort seine Wache gehende Funk-Obergefreite: „Schraubengeräusche, Herr Kaleunt! – Mehrere Zerstörer darunter."

Kapitänleutnant Schuhart eilte in den Horchraum und beugte sich über die Schulter des Obergefreiten nach vorn. Er ergriff den Kopfhörer. Das waren tatsächlich Zerstörerschrauben, die er hörte. Das scharfe charakteristische Jicheln bestätigte es ihm.

„Der große Dampfer muß sehr wichtig sein, daß er von einer Reihe von Zerstörern geleitet wird. Wir wollen ihn uns nun einmal näher ansehen!" Mit diesen Worten eilte der Kommandant in den Zentraleraum zurück, schwang sich auf den Sattelsitz des Sehrohrs und befahl, den „Spargel" auszufahren.

Surrend fuhr der Sehrohrmotor das Sehrohr aus. Als die Spitze noch von Rollern überspült wurde, befahl Schuhart, noch einen halben Meter höher zu gehen. Der LI führte diesen Befehl exakt aus, und nun entdeckte der Kommandant, noch sehr weit entfernt, die Aufbauten eines großen Schiffes und drei Rauchsäulen, die von den noch hinter der Kimm laufenden Zerstörern herrühren mußten.

Den Blick nach oben richtend, erkannte er einen Schatten. „Sehrohr ein!" befahl er und ließ anschließend das Luftzielsehrohr ausfahren.

„Da haben wir den Salat!" bemerkte er lakonisch. „Flugzeuge, die die Schiffe dieses Geleitzuges umkreisen." Er suchte den Himmel ab. „Es sind vier Maschinen", berichtete er der Besatzung, die auf ihren Gefechtsstationen stand.

„Angreifen, Herr Kaleunt!" meinte der Obersteuermann, der neben Schuhart stand und den Standort der ersten Sichtung in die vor sich liegende Seekarte eintrug. „Boot greift den großen Transporter an."

U 29 pirschte sich näher und näher an den Geleitzug heran. Ab und zu legte das große Schiff einen Zack ein, aber bereits nach der zweiten Kursänderung wußte der Kommandant von U 29, woran er war und wie der Generalkurs verlief, so daß ihn die Zacks nicht mehr störten. Er ließ sein Boot in die Mitte des errechneten Geleitzugweges legen, und nach etwa zwei Stunden war der große Transporter so weit herausgekommen, daß der Kommandant nach einem weiteren vorsichtigen Herausstippen des Sehrohrs wußte, woran er war.

„Kommandant an alle: Das Schiff ist kein Frachter, sondern

ein Flugzeugträger!" Ein Raunen ging durch das Boot. Es wurde von dem Befehl des Kommandanten an den Bugraum im Keime erstickt.

„An Torpedowaffe: Rohr I und II klar zum Fächerschuß!" „Rohre I und II sind klar!"

Im Sattelsitz des Angriffssehrohrs sitzend, ließ sich Schuhart mittels Pedaldruckes etwas um die Zielsäule herumkreiseln. Er sichtete den Feger-Zerstörer, der in schnellen Zickzackbewegungen vor dem Flugzeugträger herlief, um etwa gesichtete U-Boote abzufangen und zu bekämpfen. Eine kleine Ruderkorrektur ließ U 29 aus dessen Bereich hinausgelangen. Höher und höher wuchs der Flugzeugträger aus der See heraus und lief ins Visier hinein. Schon füllte er dreiviertel der Zieloptik aus.

„Torpedowaffe – Achtung!" Der nächste Befehl würde der Befehl zum Fächerschuß sein, und darauf wartete der Torpedomaat im Bugraum mit angehaltenem Atem. Seine beiden Hände lagen unmittelbar über den beiden Handabzugstasten. „Rohr I und II lllos!"

Die elektrische Abfeuerung ließ die beiden Ausstoßpatronen aufzischen. Beide Hände des Torpedomaaten sausten auf die Handabzugstasten hinunter für den Fall, daß die elektrische Abfeuerung versagen sollte. „Torpedos laufen!"

In der Zentrale hatte der Zentralemaat die Lüfter der Ausgleichstanks gerissen. Rauschend stob die See als Gewichtsausgleich für die beiden geschossenen Torpedos in die Tanks und brachte das Boot wieder in Trimm.

„Backbord 20!" befahl der Kommandant dem Gefechtsrudergänger. Dieser wiederholte den Befehl. U 29 legte sich auf den neuen Kurs, der das Boot aus der Reichweite des an der Seite des Trägers mitlaufenden Zerstörers brachte.

„Zeit ist um!" meldete der Obersteuermann, der die Stoppuhr gedrückt hatte. Eine, zwei, drei Sekunden vertickten noch. Dann peitschte die erste Torpedodetonation mittschiffs an dem Flugzeugträger empor. Danach, fünf Sekunden später, barst der zweite Torpedo etwa 20 achtern auseinander und ließ einen Geysir aus Wasser und Feuer aufspringen.

„Flugzeugträger ist getroffen! – Er stoppt! – Flammen brechen aus den Torpedolöchern empor. Es sind weiße Benzinflammen! Wir haben sein Benzinlager getroffen!" berichtete der Kommandant nacheinander das, was er zu sehen bekam.

Sekunden nach dem letzten Wort dieses Situationsberichtes erscholl ein fürchterliches Brechen und Reißen, und in den aufbrechenden Eruptionen mehrerer Detonationen brach der Flugzeugträger „Courageous" auseinander, um wenig später zu kentern. Das erste Kriegsschiff der Royal Navy war vernichtet. Mit 22 489 BRT und einer Besatzung von etwa 900 Mann war dies ein schwerer Verlust für England. Zum Glück konnte knapp die Hälfte der Besatzung gerettet werden. Doch der Träger nahm seinen Kommandanten, Captain Makeig-Jones, und 514 Seeleute mit in die Tiefe.

Der Träger und seine starke Sicherung befanden sich zu dieser Zeit auf der Suche nach deutschen U-Booten. Wie Captain Roskill, der Verfasser der amtlichen britischen Seekriegsgeschichte des Zweiten Weltkrieges, berichtete, „muß es erstaunen, daß ein so wertvolles Schiff zu einer solchen Aufgabe eingesetzt wurde. Wahrscheinlich ist dies auf Druck von hohen Stellen, vor allem von seiten des Ersten Seelords, Sir Winston Churchill, zurückzuführen, die ‚Offensive gegen die deutschen U-Boote zu ergreifen', anstatt *alle* Anstrengungen der Defensivstrategie mit Konvois und Geleitsicherung zu widmen." (Siehe Roskill, S.W.: The War at Sea.)

Daß dem so war, geht auch aus Churchills Buch „Der Zweite Weltkrieg", Band I, Seiten 362–363 hervor, auf denen es heißt:

„Ich war ständig darauf aus, diese defensive Besessenheit dadurch zu entmutigen, daß ich nach irgendwelchen Arten des Gegenangriffs suchte. –

Ich vermochte niemals, mich mit dieser Politik der ‚Geleitzüge und der Blockade' zufriedenzugeben."

Daß diese Art von Offensivstrategie gegenüber U-Booten nicht problemlos war, das hatte sich am Untergang der „Courageous" gezeigt.

Wenige Tage vorher bereits war U 39 unter Kptlt. Glattes auf den Flugzeugträger „Arc Royal" zum Schuß gekommen. Drei Torpedos mit Magnetzündung liefen gegen diesen Träger, und es schien sicher, daß er getroffen und vernichtet werden würde. Doch alle drei Torpedos waren Frühdetonierer. Durch die Wassersäulen dieser vorzeitigen Detonation wurde das Boot entdeckt, von den Geleitzerstörern „Faulknor", „Foxhound" und „Firedrake" gestellt und durch Wasserbomben und Artillerie vernichtet. Das Boot sank, seine Besatzung konnte rechtzeitig aussteigen und geriet in Gefangenschaft.

Auch in diesem Falle hing es an einem seidenen Faden, daß ein weiterer Flugzeugträger durch ein U-Boot versenkt worden wäre. Lediglich die Torpedoversager hatten den Erfolg des Bootes vereitelt und nicht die dichte Geleitsicherung, die diesen Träger umgeben hatte.

Dies sollte einer der ersten bedeutenden Versager deutscher Torpedos sein, deren Misere sich seit diesem Tage drastisch zeigte und mehr und mehr Erfolge vereitelte, so daß schließlich gesagt werden mußte: Die deutsche Torpedomisere rettete England vor einer schlimmen Niederlage, als es im Großraum Norwegen bei dem Unternehmen Weserübung um Sein oder Nichtsein ging. Doch darüber später.

Am Schicksal einer Reihe deutscher U-Boote, die Großkampfschiffe des Gegners vor den Rohren hatten und auf sie schossen, ohne zum sicheren Erfolg zu kommen, weil die Torpedos versagten, wird in den folgenden Abschnitten die ganze Tragödie der U-Boot-Waffe umrissen.

Die zweite Feindfahrt von U 48

Fünf Tage – fünf Versenkungen

Bis zum Wiederauslaufen von U 48 vergingen nur 17 Tage. Die Besatzung war in einen Kurzurlaub geschickt worden, und am 4. Oktober 1939 hatte Vaddi Schultze seinen Platz auf der Brücke von U 48 wieder eingenommen. Mit einer großen Fellmütze auf dem Kopf gab er seine Befehle. Die Kameraden des Abschiedskommandos hatten auf der Pier Aufstellung genommen und riefen den auslaufenden Kameraden ihre Abschiedsgrüße hinterher.

Aber wie schon beim ersten Auslaufen blickte sich Herbert Schultze nicht um, als sein Boot auslief. Dies hätte auch nicht viel gebracht, denn es war genau eine Stunde nach Mitternacht und dazu stockfinster.

Der Marsch durch den Kaiser-Wilhelm-Kanal bis zum Einlaufen in die Elbe dauerte bis 12.00 Uhr. Um 20.00 Uhr dieses ersten Seetages befand sich das Boot bereits in der Deutschen Bucht. Die Mittlere Nordsee sah U 48 am 6. Oktober gegen die grobe See anrennen. Der Wind pfiff kalt aus Nordost und drehte dann auf Nordwest, und das Boot klotzte gegen die hohen Roller an, die das Vorschiff überfluteten, gegen den Turm prallten und Gischtfahnen über die Brückenwache hinwegzischen ließen.

Am Vormittag des 7. Oktober mußte das Boot mit Alarmtauchen von der Wasseroberfläche verschwinden. Die Besatzung war nun wieder in ihren wilden Kampf gegen die See, gegen Flugzeuge und Zerstörer eingespannt. Sie tat wie immer ihren Dienst.

Oblt.z.S. Teddy Suhren war ebenso wieder dabei wie Oblt.z.S. Otto Ites und der LI Oblt.(Ing.) Zürn. Es war eine eingefahrene Führungsgruppe, und Vaddi Schultze hatte sie fest in der Hand.

Sie kannten einander nun auch so, wie sie sich im Kampf verhielten. Sie hatten alle bestätigt gefunden, daß ihr Vaddi auch im Ernstfall eiserne Nerven hatte und nach wie vor dem Alkohol abhold war. Wo immer dies anging, versuchte er seiner Besatzung beizubringen, daß der Alkohol der ärgste Feind sei.

Seit der Indienststellung des Bootes am 22. April 1939 waren seine drei Offiziere dabei, und sie alle gemeinsam führten ein Boot, das für die Verwendung im Atlantik gebaut worden war.

„Vaddi" war ein echter Kieler Junge, dem die Seebeine bereits sehr früh gewachsen waren. Im Jahre 1930 fand er zur damaligen Reichsmarine, und für die jungen Männer, die die erste Besatzung von U 48 bildeten, war er bereits „alt", eben ein Vaddi, denn er zählte zu Kriegsbeginn bereits 30 Jahre.

Das Vatermäßige lag allerdings eher in seinem ernsten Blick denn in seiner Haltung, und sein fast in der Mitte gescheiteltes adrettes Haar verstärkte diesen Eindruck noch.

Daß er an Bord nur solche Kurse legen ließ, die sich durch sieben teilen ließen, war mehr Dichtung als Wahrheit, wenngleich Herbert Schultze von der Zahl sieben besonders viel hielt. Allerdings ist Tatsache, daß das Bootszeichen, das bereits während der zweiten Feindfahrt auf der Seite des Turmes prangte, seine Entstehung Schultzes Hang zur Spökenkiekerei verdankte. Es war ein schwarzer Kater, der einen Buckel machte und angriffslustig knurrte.

Das Boot bahnte sich seinen Weg durch die grobe Oktobersee in Richtung Operationsgebiet. Es gehörte zur Gruppe Hartmann, jener Atlantikgruppe, die Kapitän zur See Dönitz zusammengestellt hatte und die von dem auf U 37 eingeschifften KKpt. Hartmann geführt wurde. Die Bildung dieser Gruppe hatte einen besonderen Hintergrund, denn am 1. Oktober 1939 hatte Dönitz in das KTB des F.d.U. folgende Eintragung gemacht:

„Die eigene Lage wird gekennzeichnet durch die geringe Zahl der verfügbaren U-Boote. Angesichts der Zusammenziehung der feindlichen Handelsschiffe zu Geleitzügen halte ich es nicht für zweckmäßig, unsere Boote über ein sehr weites Gebiet einzeln zu verstreuen. Ziel muß es sein, Geleitzüge abzufangen und konzentriert mit den wenigen vorhandenen Booten zu vernichten. Das Auffinden von Geleitzügen in der freien See ist schwierig. Der Ansatz muß in solchen Gebieten erfolgen, wo für den Verkehr natürliche Bindungen vorliegen. Dies ist südwestlich von England und im Gibraltarbereich der Fall.

Die Englandposition hat den Vorteil des kürzeren Anmarsches. Die Überwachung im Küstenbereich ist jedoch groß und wird von vielen Stützpunkten aus durchgeführt. In der gegenwärtigen Jahreszeit ist hier außerdem mit ungünstigem Wetter zu rechnen. Gibraltar hat den Nachteil des längeren Anmarsches. Da aber bereits der Anmarsch die Handelswege schneidet, können auch hier Erfolge erwartet werden.

Gibraltar hat darüber hinaus den Vorteil der größeren Bündelung des Verkehrs. Die Wetterlage ist hier voraussichtlich günstiger als im Norden. Über die Überwachung, die nur von Gibraltar und Casablanca aus angesetzt werden kann, liegen nur wenige Nachrichten vor, nach denen sie hauptsächlich in der Enge selbst aufrechterhalten wird.

Ich habe mich entschlossen, die Boote gegen den Gibraltar-Verkehr anzusetzen.

Durchführung: Je geschlossener und überraschender das Auftreten der U-Boote dort erfolgt, um so größer und sicherer ist das Ergebnis. Die Boote sind zu verschiedenen Terminen einsatzbereit. Sie laufen dementsprechend an verschiedenen Tagen aus und besetzen zunächst ein Operationsgebiet südwestlich von Irland, das nach den bisherigen Versenkungsziffern das beste Gebiet gewesen ist. Etwa wenn alle Boote dort eingetroffen sind, erfolgt der Weitermarsch auf Befehl des F.d.U., der es in seiner Hand behält, entsprechend der Lage den Abmarsch früher oder später zu befehlen.

Auf U 37 ist Korvettenkapitän Hartmann als Chef der Atlantik-Gruppe eingeschifft, um bei Operationen gegen Geleitzüge nötigenfalls die Führung zu übernehmen. Wenn ihm die Verhältnisse vor Gibraltar weniger erfolgversprechend scheinen, hat er die Befugnis, eine neue Aufstellung zu befehlen, die etwas weiter von den feindlichen Stützpunkten entfernt liegt, entlang der spanisch-portugiesischen Westküste verläuft, allerdings nur den Nord-Süd-Verkehr erfaßt." (Siehe KTB des F.d.U.)

Damit hatte der Führer der U-Boote jene Marschrichtung festgelegt, nach der auch U 48 auf seiner zweiten Feindfahrt handeln mußte. Allerdings fielen sechs U-Boote wegen verschiedener Werftverzögerungen, Verluste und Sonderaufträge aus, und nur drei Boote standen etwa um den 15. Oktober zur Geleitzugbekämpfung zur Verfügung. Eines davon war U 48.

Dennoch sollte diese zweite Runde der U-Boot-Einsätze abermals große Erfolge zeitigen. Eines jedoch war bereits nach dem ersten Einsatz spürbar geworden: Die vorhandene Zahl der U-Boote war nicht in der Lage, einen durchgehenden Kampf gegen die feindliche Handelsschiffahrt erfolgreich zu führen. Es fehlte an Booten. Sobald sich die seit Kriegsausbruch draußen stehenden Boote verschossen hatten und zu ihren Stützpunkten zurückkehrten, würde eine U-Boot-Leere entstehen.

U 48 stand um 0.00 Uhr des 8. Oktober 1939 westlich der Shetlandinseln. Acht Stunden darauf war der Seeraum nordwestlich der Orkneys erreicht, und um 20.00 Uhr lief das Boot im Bereich nordwestlich der Hebriden. Von nun an konnte jederzeit mit feindlicher Waffeneinwirkung von See her oder aus der Luft gerechnet werden. Die Brückenwache suchte jeweils die einzelnen Sektoren ab. Herbert Schultze kam immer wieder auf den Turm, um sich vom Stand der Dinge zu überzeugen.

Am 10. Oktober war die See im Gebiet nordwestlich von Irland, welches das Boot inzwischen erreicht hatte, wie leergefegt. Auch am folgenden Tage, da das Boot sein erstes Operationsgebiet westlich der „grünen Insel" erreicht hatte, wurde kein Dampfer gesichtet.

„Kurs zu nahe an der Küste?" argwöhnte Schultze in seinem

KTB. Er ließ weiter nach Südwesten ablaufen; am folgenden Tage um 7.00 Uhr wurde an Steuerbord voraus ein beleuchtetes Fahrzeug gesichtet und seine Verfolgung aufgenommen. Der Dampfer lief mit 14 bis 15 Knoten Fahrtstufe direkt vor dem deutschen U-Boot her. Die Entfernung vom Boot zu ihm betrug etwa 70 hm. Wenig später kam ein zweiter Dampfer in Sicht, der nicht nur günstiger stand, sondern auch weniger Fahrt lief. Auf diesen befahl Schultze nunmehr zu operieren.

Um 7.05 Uhr befahl der Kommandant: „Auf Tauchstationen! – Alarmtauchen!"

In Sehrohrtiefe eingependelt, ließ Schultze den zweiten Dampfer so nahe herankommen, daß er ihn nach dem Auftauchen sofort stoppen konnte.

Um 7.34 Uhr erhielt Zürn den Befehl zum Auftauchen. Das Boot stieg leicht vorlastig an die Wasseroberfläche empor. Die Brückenwache zog unmittelbar nach dem Kommandanten auf, und die Geschützbedienung enterte auf Deck ab. Schultze ließ einen Flaggenspruch zum Stoppen setzen. Der Dampfer kam dieser Aufforderung umgehend nach. Ein Boot wurde dort gefiert; der Kapitän des Schiffes kam damit zum deutschen U-Boot hinüber und kletterte an Bord und auf den Turm, um dem Kommandanten die Schiffspapiere zu überreichen. Es war der Dampfer „Lido" mit 2000 BRT, der eine Holzladung für Dublin geladen hatte. Da alles in Ordnung war, mußte Schultze diesen Dampfer laufen lassen. Er schärfte dem Kapitän der „Lido" noch ein, daß die Benutzung seines Funkgerätes mit der sofortigen Versenkung des Schiffes beantwortet werde. Der Kapitän versicherte, daß er nicht daran denke zu funken. Er wolle seine Ladung löschen und nicht für England spionieren, wie er sich ausdrückte.

Der Dampfer verschwand in Richtung Dublin, und Schultze blickte wortlos hinterher. „Auf diese Weise werden wir den Krieg nie gewinnen. Wenn dieser uns auch wahrscheinlich nicht hinter das Licht geführt hat, viele andere werden uns –«" Schultze verstummte, weil er bemerkte, wie sein II. WO, Oblt.z.S. Ites, ihn erwartungsvoll anstarrte. „Das hätten

Sie wohl gern, Ites, daß Ihr Kommandant solche schmutzigen Wörter in den Mund nimmt, was?" fragte er und schmunzelte leicht. „Nun, beinahe...", erwiderte Ites.

„Beinahe vielleicht, wirklich nie!" beendete der Kommandant diesen kleinen Disput, der zeigte, daß er trotz aller Härte im Dienst ein umgänglicher Mensch war.

Am 12. Oktober um 16.10 Uhr sichtete der backbordachtere Ausguck an Backbord achteraus einen großen Tanker. Es war die „Emile Miguet" mit 14115 BRT, die mit der Artillerie beschossen und solcherart gestoppt wurde. Schultze hatte unmittelbar nach der Meldung aus dem Funkraum, daß der Tanker SOS mache und dazu seine Position funke, das Feuer eröffnen lassen.

Nun stoppte der Tanker zwar, aber sein Funker rief unentwegt weiter SOS.

Die Besatzung des Tankers ging in die Boote, und um 18.00 Uhr erhielt dieser aus kurzer Distanz einen Torpedotreffer Mitte, der ihn sofort tiefer sacken ließ.

Während dieses Schusses hatte die Brückenwache einen zweiten Dampfer gesichtet. „Wir operieren zunächst auf diesen zweiten weiter, der Tanker läuft uns nicht mehr fort", erklärte Schultze und ließ das Boot auf dieses neue Ziel anlaufen. Es kam ziemlich rasch heran. Der Dampfer lief völlig abgeblendet, und in der Dunkelheit wäre er um ein Haar entkommen. Doch um 20.24 Uhr ließ Schultze durch seinen TWO, der immer in Gestalt des I. WO zur Verfügung stand, den ersten Torpedo auf den Dampfer schießen. Auf dem Dampfer rührte sich nichts, denn der Torpedo detonierte bereits 100 Meter vor dem eigenen Bootsbug. Die Detonation erst machte den Dampfer aufmerksam.

„Dampfer macht Notruf, sein Name ist „Heronspool", meldete der Funkmaat. „Verfolgung aufnehmen!" befahl Schultze.

Als das Boot nach schnellem AK-Anlauf nahe genug herangekommen war und zum zweiten Torpedoschuß eindrehte, eröffnete der Dampfer aus seiner Kanone am Heck das Feuer.

Um 20.45 Uhr fiel der zweite Torpedoschuß. Auch dieser brachte kein Ergebnis. Fünf Minuten darauf, als der TWO das Ziel abermals voll im Visier hatte, fiel um 21.15 Uhr der dritte Torpedoschuß.

„Zeit ist um!" meldete der Obersteuermann, der die Stoppuhr gedrückt hatte, nach Ablauf der vorausberechneten Laufzeit.

Schultze schlug mit der flachen Hand wütend auf die Brückennock. „Das ist eine verflixte Schweinerei. Das grenzt ja an Sabotage. Die Heinis von der Torpedoversuchsanstalt sollte man einsperren!"

„Achtung, der Dampfer schießt wieder!" rief der Bootsmannsmaat der Wache, als er es auf dem Heck des Dampfers aufblitzen sah. Zwei Granaten schlugen zum Glück weitab von U 48 in die See. Besser ausgebildet hätte die Geschützbedienung dieses Dampfers das deutsche U-Boot vernichten können.

„Ausweichen und erneut vorsetzen!" befahl der Kommandant. U 48 glitt aus der Schußlinie dieses zähen Gegners heraus und drehte bei völliger Finsternis wieder auf ihn ein. Teddy Suhren stand breitbeinig hinter der Zieloptik. Der Dampfer lief wieder gut in die Optik hinein. „Hartlage!" meldete der Zielgeber. Dann fiel der Schuß. Es war 23.05 Uhr, als dieser Torpedo das Rohr verließ und durch die See auf das Ziel zuflitzte. Doch auch diesmal war keine Detonation zu vernehmen.

„Dampfer schießt wieder!" – „Heiliger Strohsack, ist der hartnäckig!" rief Schultze aufgebracht. „Wir vergurken an diesem Kolcher alle Aale."

Wieder mußte das Boot einen Ausweichbogen laufen, ehe es zum nächsten Angriff herandrehte und um 23.50 Uhr den neuen Torpedo schoß.

Aber auch diesmal: kein Ergebnis. Schultze biß sich auf die Lippen. In dieser Situation hätte er gern aus vollem Halse fluchen mögen, aber auch jetzt noch verkniff er sich dies.

„Männer, die Lage ist hoffnungslos, aber nicht mehr ernst!"

versuchte er in Galgenhumor zu machen. „Wir nehmen jetzt den Hecktorpedo. – Rohr V fertig?"

Das Rohr wurde klargemeldet, und zwei Minuten nach dem vorhergehenden Schuß fiel der nächste. Er brachte wieder neue Aufregung für die Brückenwache, denn er detonierte knappe 120 Meter hinter dem Heck von U 48.

„Wenn die Torpedoheinis vorgehabt hätten, uns umzubringen, dann hätten sie dies fast geschafft", meinte Schultze in einem Anfall von Galgenhumor. „Wie sieht es mit dem Nachladen aus?"

„Rohr II wird nachgeladen. Rohre III und IV folgen. Einsatzbereit Rohre II und III zusammen um 1.00 Uhr", gab der Torpedomaat nach oben auf die Brücke hinauf.

Das Boot setzte sich etwas vom Gegner ab und lief nun auf gleicher Höhe mit diesem weiter. Es war genau 1.01 Uhr, als die „Mixer" im Bugraum die beiden genannten Rohre klar meldeten.

„Boot greift wieder an! – Auf Gefechtsstationen!" sagte Schultze, und aufs neue begann der Vorstoß zum Gegner hin. Um 1.16 Uhr fiel der Schuß. Diesmal wurde der Dampfer ins Vorschiff getroffen.

„Dampfer stoppt! Besatzung geht in die Boote, Herr Kaleunt!" meldete der I. WO, Oblt.z.S. Suhren von der UZO her.

„Diesmal haben wir den Lorbaß", meinte der Bootsmannsmaat der Wache, der aus Königsberg kam.

„Aber er hat uns sieben Aale gekostet, die uns später fehlen werden", fiel der Kommandant ein.

„Rauchwolke an Steuerbord querab!" erfolgte die Meldung eines Wachgängers um 1.20 Uhr.

„Wir verlassen die ‚Heronspool', sie liegt bereits bedeutend tiefer im Wasser und sinkt mit Sicherheit! – Neuer Kurs auf die Sichtung!"

U 48 drehte in den angegebenen Kurs hinein. Dann jagte es mit AK beider „Jumbos" auf den vermeintlichen Dampfer zu. Doch dieser schien sich in Luft aufgelöst zu haben, denn nichts mehr war von ihm zu sehen.

„Zur ‚Heronspool' zurück, damit uns dieser Kasten nicht doch noch durch die Lappen geht!" befahl Schultze.

Das Boot drehte auf den Kurs zum verlassenen Schiff ein. Als es in Sicht kam, lag es bereits bis zur Brücke im Wasser. Hier konnte niemand mehr helfen. Die „Heronspool" würde mit Sicherheit sinken. Herbert Schultze befahl, den Standort des sinkenden Schiffes zu verlassen, weil mit Sicherheit bereits Zerstörer hierher unterwegs sein würden.

Das Boot lief ab und bekam um 7.00 Uhr den nächsten Dampfer in Sicht. Bis dahin waren alle Rohre nachgeladen, und das Boot hatte sich wieder in einen bißbereiten Wolf verwandelt. Um 7.02 Uhr ging es erneut auf Sehrohrtiefe hinunter. Der Dampfer wanderte ein, zwei kleine Ruderkorrekturen, und U 48 hatte die richtige Position zum Anhalten erreicht.

„Wir stoppen den Dampfer. Geschützbedienung sich bereithalten, Brückenwache in den Turm. – Auftauchen!" befahl Schultze, als er den Sattelsitz des Sehrohrs bereits verlassen hatte und neben dem Rudergänger stand. Er blickte auf den Kurs, nickte dem Obergefreiten zu und wartete auf die Meldung des Leitenden Ingenieurs. Da kam sie auch schon: „Boot ist durch!" meldete Oblt. (Ing.) Zürn.

Schultze drehte das Turmluk auf, schwang sich auf den Turm, hielt einen schnellen Rundblick, ehe er die Brückenwache aufziehen ließ.

„Geschütz besetzen! Munition heraufmannen. Klar zum Warnschuß vor den Bug des Dampfers!"

„Dampfer funkt, Herr Kaleunt!" meldete der Funkmaat. „Schießen Sie die FT-Anlage zusammen!" rief Schultze dem Richtschützen zu, der an der Achtacht stand.

Die ersten beiden Granaten flitzten zum nahebei liegenden Gegner hinüber. Dann noch zwei, und die Funkanlage verstummte abrupt.

Der Dampfer „Louisiane", ein französischer 6903-Tonner, stoppte. „Flaggensignal setzen: ‚Gehen Sie in die Boote!'" befahl Schultze.

Um 8.35 Uhr eröffnete das Buggeschütz von U 48, nachdem sich alle Rettungsboote weit genug vom Dampfer abgesetzt hatten, das Feuer. Zehn Minuten lang stoben die Flammenlanzen der Abschüsse aus dem Rohr der Bordkanone. Granaten schlugen dicht unterhalb der Wasserlinie in die „Louisiane" hinein und ließen das Schiff tiefer und tiefer sinken. Das Feuer wurde eingestellt, und zehn Minuten danach war das französische Schiff von der Wasseroberfläche verschwunden.

Wie sah nun diese Versenkung aus der Sicht des Kapitäns der „Louisiane" aus?

Der Untergang der „Louisiane" und die Rettung der Besatzung

Der französische Dampfer „Louisiane" unter dem Kommando von Kapitän Charles Bandon hatte Auftrag erhalten, im rasch zusammengestellten Konvoi OB 17 einen US-Hafen im Golf von Mexiko anzulaufen und dort eine Ladung Flugzeuge zu übernehmen, die für die englische Abwehr deutscher Bomber entscheidend wichtig waren.

Der Frachter war ein schönes, modernes Schiff. Es wurde von der Compagnie Générale Transatlantique bereedert. Mit vier anderen Schiffen ähnlichen Formates, die in Order der Engländer liefen, ging die „Louisiane" am Morgen des 11. Oktober auf der Reede von Spithead ankerauf und lief nunmehr im Konvoi, von einigen Sloops und einer Korvette geleitet, auf Südwestkurs durch die See ihrem mehrere tausend Meilen entfernten Ziele zu. Nachdem sich die Geleitsicherung schon sehr rasch verabschiedet hatte, liefen diese Schiffe nunmehr allein weiter.

Sehr rasch kamen die drei anderen Dampfer des Konvois aus der Sicht von „Louisiane", da jeder einen anderen Kurs nahm, ganz so, wie die einzelnen Kapitäne am besten ans Ziel gelangen zu können glaubten.

Den ganzen 11. und 12. Oktober hindurch war kein deutsches U-Boot gesichtet oder gemeldet worden. Alles schien günstig zu stehen. Einmal kam ihnen ein Schiff in Sicht, es war die „Heronspool", wie Kapitän Bandon annahm.

Gegen Abend des 12. Oktober, die Dunkelheit fiel bereits ein, und hinter der „Louisiane" färbte sich der Himmel bereits dunkel, sichtete Kapitän Bandon weit voraus Flammen, die über der Kimm emporloderten. Je näher sie kamen, desto größer wurden die Flammen, und dann konnte man an ihrem gelbroten Geflacker und an den aufschießenden Ölspouts erkennen, daß es sich um einen Tanker handelte.

„Das war mit Sicherheit die ‚Emile Miguet'", bemerkte Kapitän Bandon zum Funker, dessen Tür zur Funkbude offenstand. „Haben Sie einen guten Bekannten auf dem Tanker?"

Jean Lebrun, der Funker, nickte. Erschrocken starrte er auf die Flammen. Irgendwo in der Nähe mußte sich ein deutsches U-Boot befinden. Er räusperte sich und, als habe der Kapitän seine Gedanken erraten, sagte er:

„Ich drehe jetzt nach Süden ab, um nicht von diesem U-Boot geschnappt zu werden. Wenn wir auf unserem gelegten Kurs weiterlaufen, kämen wir genau in den Lichtschein der Brände hinein und stünden als gut sichtbare Zielscheibe auf der See. – Passen Sie gut auf das Funkgerät auf, Jean!" (Siehe dazu: Peillard, Leone: Die Schlacht im Atlantik).

In der Drehung nach Süden erkannte der Kapitän durch sein Fernglas die Umrisse einiger Rettungsboote, die auf Ostkurs gerudert wurden.

Als sie einen weiten Halbkreis gelaufen waren und von dem U-Boot noch immer nichts zu sehen oder zu hören war, atmete Kapitän Bandon auf. „Es sieht so aus", bemerkte er, „als hätten wir das U-Boot genarrt." Er ließ wieder auf den Generalkurs zurückdrehen. Die „Louisiane" lief völlig unangefochten weiter, so schien es wenigstens zunächst.

Im Morgengrauen, völlig überraschend für Kapitän Bandon – er trank soeben eine Tasse schwarzen Kaffees, den der Koch auf die Brücke gebracht hatte – schäumte an Backbord 20 Grad voraus die See vor dem Schiff auf, und aus der Tiefe glitt ein deutsches U-Boot, wie sie es auf Seekarten öfter gezeigt bekommen hatten, an die Wasseroberfläche empor. Dröhnend begannen die beiden Dieselmaschinen des U-Bootes zu arbeiten. Entsetzt sah der Kapitän des französischen Frachters, wie deutsche U-Boot-Männer den Turm hinabstiegen und die Bugkanone besetzten. Über den Turm wurden bereits die ersten Granaten hinuntergelassen. Der Mündungsschoner wurde abgezogen, und die Mündung dieser gefährlichen Waffe schwenkte auf sie ein.

„Geben Sie SOS, Jean!" brüllte Kapitän Bandon seinem Funker zu. Der junge Mann am Funkgerät tastete: SOS german submarine SOS!"

Zehn Sekunden nachdem dieser Notruf gemeldet war, eröffnete das U-Boot das Feuer in der erkennbaren Absicht, das Funkgerät zum Schweigen zu bringen. Die erste Granate schlug in die Brücke des Schiffes hinein. Der Erste Offizier und der Stellvertreter des Kapitäns fielen. Der Steuermann und ein Offiziersanwärter, die sich auch im Steuerstand befunden hatten, stürzten verwundet zu Boden.

„Einige weitere Granaten folgten", berichtete Kapitän Bandon weiter, „dann war der deutsche U-Boot-Kommandant davon überzeugt, den Funkraum zum Schweigen gebracht zu haben, denn das Geschützfeuer verstummte!"

Kapitän Bandon befahl allen, in die Boote zu gehen. Dieser Befehl galt auch dem Funker, der soeben wieder zu tasten beginnen wollte, nachdem er den Schock überwunden hatte.

Die Besatzung der „Louisiane" verließ das auf diese harte Art gestoppte Schiff. Erst als alle Rettungsboote zu Wasser gelassen und weit fortgerudert waren, feuerte das Buggeschütz des U-Bootes weiter. Der französische Frachter wurde von den Granaten von U 48 durchsiebt. Eine Reihe Treffer unterhalb der Wasserlinie ließen das Schiff rasch tiefer sacken. Es war 8.14 Uhr, als der französische Frachtdampfer auf 50.14 Grad Nord und 15.02 Grad West von der Wasseroberfläche verschwunden war.

„Wir laufen zu den Rettungsbooten!" befahl Herbert Schult-

ze. Als das Boot jene Position erreicht hatte, an der die Rettungsboote vorbeipassieren mußten, blieb U 48 liegen. Der Kommandant rief die in Rufweite herangekommenen Boote an:
„Brauchen Sie Wasser oder Lebensmittel?" fragte er. Und Kapitän Bandon antwortete auf englisch: „Danke, wir haben alles Nötige!"

Dann trieben die Rettungsboote vorüber, und Kapitän Bandon sah, wie das Boot mit dem seltsamen Bild eines gebuckelten Katers auf dem Turm wieder tauchte und bald aus seinem Gesichtskreis entschwunden war.

Die Rettungsboote wurden nach Osten gerudert. Alle hofften darauf, daß die wenigen Funksignale des Schiffes gehört worden waren. Und so war es auch. Es war Mittag geworden, als über der Kimm die Aufbauten zweier englischer Zerstörer auftauchten. Um 13.00 Uhr hatten diese die Rettungsboote erreicht, und Kapitän Bandon erfuhr, daß es sich um die Zerstörer „Ilex" und „Imogen" handelte, die nun die Schiffbrüchigen der „Louisiane" aufnahmen und die Rettungsboote mit einigen Schüssen versenkten.

Beide Zerstörer liefen heimwärts. Aber sie hatten noch einen weiteren Aufenthalt, als sie am Nachmittag dieses Tages die Besatzung des britischen Handelsschiffes „Lochavon" aufnahmen. Dieses Schiff mit 9205 BRT war von U 45 unter Kptlt. Gelhaar versenkt worden.

Doch damit nicht genug, mußte kurze Zeit später abermals ein Halt eingelegt werden, um eine weitere Besatzung Schiffbrüchiger aufzunehmen. Diese stammten von dem französischen Dampfer „Bretagne" mit 10 108 BRT, der ebenso wie die „Lochavon" im Konvoi KJF 3 mitgelaufen war, aus dem Gelhaar diese beiden Schiffe herausgeschossen hatte. Ein drittes Schiff dieses schnellen Konvois, der von Kingston/ Jamaika nach Europa unterwegs war, konnte den geschossenen Torpedos entkommen.

An Bord der beiden Zerstörer herrschte nun ein wüstes Gedränge. Da sie noch immer mit der Anwesenheit deutscher

U-Boote in diesem Seegebiet rechnen mußten, standen alle Männer auf Gefechtsstationen. Immer wieder wurden Kursänderungen durchgegeben, und ab und zu krachten die Detonationen der blind geworfenen Wasserbomben, die zur Abschreckung geworfen wurden.

Plötzlich herrschte dann an Bord der beiden Zerstörer, die mit ASDIC ausgerüstet waren, hektische Betriebsamkeit. Sie zackten wild auseinander und drehten dann auf einen Mittelpunkt ein, den zunächst die „Ilex" überlief, wobei sie ihre Wasserbomben warf. Genau in die Fontänen dieser Wasserbomben hinein warf dann auch die „Imogen" Wasserbomben.

„Sie haben ein deutsches U-Boot in der Zange", erklärte Kapitän Bandon seinen Männern. Und so war es auch.

Plötzlich stieß aus der aufschäumenden und sich häuserhoch aufbäumenden See der schnittige langgestreckte Steven eines U-Bootes heraus, stieg einige Meter über Seehöhe empor, kippte nach vorn, der Turm wurde sichtbar, und dann lag das deutsche U-Boot auf dem Wasser.

Männer sprangen aus dem Turm in die See. Die Zerstörer schossen noch zwei- oder dreimal, ehe sie das Feuer einstellten. Das Boot, das unterhalb der Wasserlinie in den Druckkörper getroffen worden war, sank schnell. Blasenwirbel stiegen blubbernd an die Wasseroberfläche empor und zerplatzten dort.

In die jäh einfallende Stille hallten die Kommandos der beiden Zerstörer-Kommandanten. Die Boote liefen auf die Untergangsstelle zu, warfen die Kletternetze über die Bordwände, fischten die in der See in einem dicken Pulk schwimmenden U-Boot-Männer auf und halfen den Verwundeten beim Erklettern der Zerstörer.

Es war U 42 unter Kapitänleutnant Rolf Dau. Der Kommandant hatte seine Mütze verloren, und die vielen Menschen an Bord der Zerstörer konnten sein rotes Haar sehr gut erkennen. Als zwei Männer den deutschen Seeoffizier durchsuchen wollten, griff Dau plötzlich in die Seitentasche seiner Lederjacke, zog eine dicke Brieftasche heraus und warf sie ins sie ins Wasser. Sie ging sofort unter. Offenbar hatte Dau etwas Wichtiges vor dem Zugriff seiner Retter in Sicherheit gebracht.

Der I. WO des Bootes beobachtete lächelnd diese Szene. Dann griff auch er in die Seitentasche, zog einen – Kamm heraus und zog sich, als sei dies angesichts dieser Situation das Natürlichste von der Welt, den nassen Scheitel gerade.

Auf den beiden Zerstörern waren nun also auch noch deutsche U-Boot-Fahrer untergebracht. Die beiden Einheiten liefen jetzt mit größter Fahrtstufe auf einen englischen Hafen zu. Einige Stunden nach ihnen konnte auch der von den Torpedos von U 45 getroffene Dampfer „Karamea" einen irischen Hafen erreichen und war damit gerettet.

Auch aus diesem Desaster einzeln fahrender Dampfer wurde jene Nutzanwendung gezogen, die darauf hindeutete, das Geleitzugsystem zu verbessern und den Schiffen einen weitestreichenden Schutz mitzugeben. Doch nun zurück zur deutschen Seite und damit zu U 48.

Schnelle Schüsse

Um 9.17 Uhr des 13. Oktober kam der erste englische Zerstörer in Sicht. Er schoß sofort zwei, drei Salven auf U 48. Diese lagen sehr dicht vor dem Ziel. Doch dann hatte U 48 mit Alarmtauchen genügend Tiefe gewonnen, um nicht mehr von den Granaten des Zerstörers getroffen zu werden. Schultze ließ auf 120 Meter hinuntergehen. Die Männer standen auf ihren Stationen, die Freiwache war auf die Kojen geschickt worden. Im Horchraum lauschte der die Wache schiebende Horchgast auf die Schraubengeräusche, die rasch näherkamen.

Der Zerstörer begann das Wasserbombenwerfen erst, als er sehr nahe an U 48 herangekommen war. Die ersten Detonationen lagen dennoch so weit ab, daß sie das Boot nicht gefährdeten. Ein Suchgerät wurde festgestellt, aber keine Ortung gehört.

Das Boot setzte sich mit Schleichfahrt weiter von dem

Zerstörer ab. In der Zentrale neben dem Kartenpult stehend, führte Herbert Schultze das Boot und brachte es immer wieder souverän aus der Gefahrenzone heraus. Stunden vergingen. Die Luft im Boot wurde immer dicker. Schultze befahl, durch die Kalipatronen zu atmen. Immer wieder wurden die Schraubengeräusche dieses Zerstörers gehorcht, schließlich verlor er U 48 aus der Ortung.

Es war 15.50 Uhr, als Herbert Schultze zunächst auf Sehrohrtiefe auftauchen ließ. In 16 m Tiefe meldete der LI das Boot als „im Sehrohr hängend".

Ein schneller Rundblick zeigte Schultze in ziemlicher Entfernung ein Schiff, das sich sehr bald als Tanker herausstellte. Sie ließen diesen Tanker herankommen, tauchten dann auf und forderten ihn durch Flaggensignale zum Stoppen auf.

Der Tankerkapitän kam dieser Aufforderung sofort nach. Kein einziges Funkzeichen war aus dem Funkraum dieses Schiffes zu vernehmen. Der Kapitän kam mit den Ladepapieren an Bord von U 48. Es war der norwegische Tanker „Europe" mit einer Benzinladung für Amsterdam.

Da diese Papiere hundertprozentig in Ordnung waren, wurde er um 17.00 Uhr entlassen.

Von 19.00 Uhr bis 20.40 Uhr ließ Schultze die Oberdecktorpedos umladen. Es ging alles wie geschmiert, und der Kommandant notierte darüber in seinem KTB: „Schneller Entschluß und tadellose Ausführung bei Nacht im Quadrat 3573 BE."

Das Prüfungstauchen am 14. Oktober um 9.07 Uhr wegen Feststellung des Trimmgewichtes und des Ölverbrauchs wurde in neuer Rekordzeit absolviert. Schultze drang darauf, daß jeder Handgriff hundertprozentig saß und daß jede Gelegenheit dazu genutzt wurde, die Tauchzeiten zu verringern. Sekunden konnten im Ernstfalle von entscheidender Bedeutung sein und über Untergang oder Überleben des Bootes und seiner Besatzung entscheiden. Wer auch immer von der Crew durch einen Patzer diese Sekundeneinbußen verursachte, der durfte mit einem satten Anpfiff rechnen.

Um 10.05 Uhr wurde ein weiterer Dampfer entdeckt, der Zickzackkurse lief. Über Wasser laufend, um diesen schnellen Dampfer sicher zu erreichen, setzte Schultze sein Boot am Rande der Sichtweite vor. Um 11.02 Uhr ließ er das Boot tauchen, unter Wasser zum Gegner eindrehen und sich vor dessen Bug setzen. Der Befehl zum Auftauchen und Bereithalten zum Überwasserangriff erfolgte um 12.13 Uhr. Der Dampfer wurde mit der Artillerie gestoppt. Es war der Engländer „Sneaton" mit 3677 BRT, der anscheinend eine Kohlenladung transportierte.

„Dampfer gibt SOS!" meldete dann aber der Funkraum. „Es folgt seine Positionsangabe!" Der Funkmaat von U 48 gab diese Meldung so herauf, wie er sie von dem Funker auf dem Dampfer erhielt. „Jetzt meldet der Funker, daß die Besatzung in die Boote geht", berichtete er weiter.

„Torpedo anlegen!" befahl Schultze. Diesmal klappte alles. Der Aal lief schnurgerade zum gestoppt liegenden Gegner hinüber und schlug mittschiffs in den Kohlentransporter ein. Das Schiff sank schnell, und Schultze ließ – wie beinahe immer – sein Boot zu den Rettungsbooten hinüberlaufen, um sich danach zu erkundigen, ob man dort alles Notwendige habe.

„Kommandant an Kommandant!" rief er zu den Booten hinüber, als er nahe genug herangekommen war, „können wir Ihnen helfen?"

„Danke, wir haben alles an Bord", erwiderte der bärtige Skipper, der sich erhoben hatte.

„Kommen Sie gut heim!" rief Schultze ihnen zu und sah die ungläubigen Gesichter, die es einfach nicht begreifen konnten, daß man sie so einfach laufen ließ.

Am selben Tage kam nur wenige Minuten später abermals ein Dampfer in Sicht. Wieder ging U 48 auf Sehrohrtiefe in die bergende See hinunter, und Schultze sah sich diesen „Eimer" an. Er wandte sich enttäuscht den Männern zu:

„Ist ein Belgier. Den müssen wir uns verkneifen. Wir bleiben unten. Er wird sicherlich die Besatzung der ‚Sneaton' aufnehmen."

U 48 lief unter Wasser mit dem Dampfer mit, und Schultze konnte durch das Sehrohr beobachten, daß der Belgier tatsächlich die Schiffbrüchigen der „Sneaton" aufnahm. Die Boote hatten übrigens, da der Wind günstig stand, Segel gesetzt.

Um 15.17 Uhr tauchte U 48 auf. „Alles gut durchlüften. Backborddiesel auf Aufladung schalten", gab Schultze die Weisungen, die notwendig waren, um die Kampfbereitschaft des Bootes zu erhalten. Den ganzen Nachmittag über gab es keine Sichtmeldungen mehr. Eine Stunde nach Mitternacht des 15. Oktober entschloß sich Herbert Schultze zum Absetzen eines FT-Spruches an den F.d.U. Er begründete diesen Spruch damit, „daß ich nach der Versenkung von vier Dampfern und dem Anhalten von zwei weiteren mit der Kompromittierung meines Standortes rechnen muß. Ich gehe also bei Nacht heute an die Südgrenze meines Operationsgebietes, dann noch weiter hinaus in das Operationsgebiet von U 42 hinein und gebe dort die FT-Sprüche Nr. 2331/14/50 und 2347/14/51 ab. Nach Absetzen derselben laufe ich an meine Nordgrenze und hoffe hier auf weitere Beute".

Daß diese Überlegung des Kommandanten zunächst als goldrichtig erschien, zeigte sich bereits um 8.40 Uhr dieses 15. Oktober 1939. Ein Dampfer wurde gesichtet. Im Überwassermarsch setzte sich U 48 mit AK vor und tauchte um 10.12 Uhr, um dicht an den Dampfer heranzuschließen.

Als das Sehrohr um 12.20 Uhr zu einem Rundblick ausgefahren wurde, stutzte der Kommandant, dann lachte er schallend auf. „Sehen Sie sich das an, Ites!" rief er seinem II. WO zu, der in der Nähe stand, und machte den Sattelsitz frei. Ites schwang sich hinauf und blickte durch den ausgefahrenen „Spargel".

„Das sieht ja wie ein Wrack aus, Herr Kaleunt", rief Ites überrascht.

„Das ist ein Wrack Zwei-WO! Und zwar das des Tankers, den wir vor drei Tagen versenkt haben."

„Von der ‚Emile Miguet'?" fragte Ites. „Aber es ist doch viel zu klein!"

„Das Vorschiff schwimmt noch, es ist etwa 130 Meter lang.

Das Achterschiff wird abgerissen und gesunken sein. Wir müssen auftauchen und den Rest versenken."

Um 12.30 Uhr befand sich U 48 wieder an der Wasseroberfläche. Die Bugkanone wurde besetzt, in gezieltem Feuer trafen 15 Granaten das Wrack. Unmittelbar nach dem Einschlagen der letzten Granate stieß eine riesige Stichflamme aus dem Wrack empor.

„Das waren die Gase, die sich im Bauch des Tankers entwickelt haben", erklärte der Kommandant den Männern auf der Brücke.

Mit starker Rauchentwicklung brannte nun der Rest dieses Tankers, und es war sicher, daß dieses Fanal sehr weit gesehen werden konnte und sicherlich eine Reihe neugieriger Zerstörer anlocken würde. Deshalb ließ Schultze das Boot ablaufen und setzte seinen Marsch in den Bereichen seines Operationsgebietes fort.

Am 16. Oktober stand U 48 um 0.00 Uhr südwestlich von Irland im Quadrat 3578 BE. Hier wurde um 6.50 Uhr ein beleuchtetes Fahrzeug gesichtet. Im Überwassermarsch lief U 48 darauf zu, und Schultze forderte, als er nahe genug herangekommen war, den Dampfer durch Flaggensignale zum Stoppen auf. Er befahl dem Kapitän dieses Schiffes, mit den Ladepapieren an Bord des U-Bootes zu kommen.

Der Dampfer „Lerdam" war mit seinen 8800 BRT ein sehr anständiger Brocken für ein U-Boot. Er hatte zudem Baumwolle geladen. Aber sein Zielhafen war Rotterdam. Da dies ein kritischer Fall war, ließ Herbert Schultze ein Prisenkommando auf den Dampfer übersteigen und dessen Ladung kontrollieren. Doch alles war in Ordnung. Sie mußten diesen großen Dampfer laufen lassen.

Beim Abschied bat Schultze den niederländischen Kommandanten um Frischfleisch und 50 Eier. Der Kapitän ließ sofort das Gewünschte herbeischaffen. Die angebotene Bezahlung lehnte er kategorisch ab. Aber Schultze ließ sich nicht lumpen und schenkte – sehr zum Bedauern der eigenen Besatzung – der Bootsbesatzung des Niederländers eine Flasche Cognac. Dann wurde das Signal „Gute Reise!" gesetzt, und die „Lerdam" lief nach Rotterdam weiter. Seinen Hafen erreichte dieses Schiff sicher.

U 48 setzte seinen Suchmarsch fort. Der Standort um 12.00 Uhr an diesem 16. Oktober war 3564 BE. Die See ging mit Stärke 2; der aus Nordost wehende Wind hatte ebenfalls nur eine Stärke von 2 bis 3, einzelne Wolken zogen vorüber, die Sicht war dennoch sehr gut. Und jedes Schiff, das sich im Gesichtskreis von U 48 bewegte, würde auch gesehen werden.

Um Mitternacht zum 17. Oktober stand U 48 im Quadrat 6578 BE. Nichts war zu sehen oder zu hören. Erst um 9.08 Uhr ging ein FT-Spruch von U 46 ein: „Feindlicher Geleitzug im Großquadrat 6831."

Sekunden später ließ Schultze den neuen Kurs legen, der sein Boot auf diesen Geleitzug hin eindrehte, und mit großer Fahrt lief U 48 dem Kollisionspunkt mit dem Geleitzug entgegen. Den ganzen Tag klotzte das Boot in die angegebene Richtung, und um 19.30 Uhr wurde ein weiterer Funkspruch aufgenommen, der diesmal von U 37 kam. Er lautete: „Geleitzug zersprengt!"

Daß der Kommandant insgeheim ebenso fluchen würde wie die Männer der Besatzung, das schien klar, wenn man sein Gesicht sah, doch nur insgeheim. Bootsmaat Brandes, der die Wache ging, grinste in sich hinein, als er das verkniffene Gesicht des „Vaddi" sah. Mußte der einen Rochus haben! Immerhin hatten sie den ganzen Tag, mit AK laufend, eine Menge Treiböl für nichts verbraucht.

„Auf 77 Grad gehen!" befahl Schultze dem Rudergänger. „77 Grad liegen an!" meldete dieser nach der Ausführung des Befehls. Wieder einmal hatte der Kommandant einen durch sieben teilbaren Kurs legen lassen. Da dies sehr oft schon vorgekommen war, argwöhnte die Besatzung, daß dies irgend etwas mit dem Aberglauben des Kommandanten zu tun haben mußte. Aber keiner wagte es, den Kommandanten danach zu fragen, warum er so handelte.

Nunmehr galt es mit schneller Fahrt abzulaufen, um vielleicht nach Norden durchgebrochene Dampfer abzufangen. Das Glück war Herbert Schultze auch diesmal hold, denn um 20.14 Uhr wurden im Quadrat 9153 BE zwei abgeblendet laufende Dampfer gesichtet.

Unmittelbar nach der Meldung flitzte der Kommandant aus seiner Kammer über den engen Gang und durch das Kugelschott in die Zentrale. „Aufwärts!" rief er am Fußende des Aufganges in den Turm, damit ihm kein etwa gleichzeitig abenternder Mann auf den Kopf steigen konnte, und enterte auf.

„Backbord 10 Grad voraus, Herr Kaleunt!" meldete der I. WO. Herbert Schultze hob das Fernglas vor die Augen. Er sah den ersten Dampfer bereits sehr nah und ganz deutlich. „Überwasserangriff!"

Die UZO wurde auf den Turm gehievt und auf die Zielsäule aufgesetzt. Der TWO, Oblt.z.See Suhren, stand hinter dem Gerät und visierte den ersten Dampfer an. Um 20.32 Uhr gab er den Feuerbefehl. Im Bugraum hieb – wie immer – der Torpedomaat auf die Handabzugstaste, damit der Aal auch wirklich loslief. Die Dampfwolke der Preßluft stob in den Bugraum hinein. Der Torpedo wurde ausgestoßen, und in der Zentrale flutete der Zentralemaat den Ausgleichtank. „Torpedo läuft!" meldete der Maat aus dem Bugraum.

Wohin er aber lief, das wußte niemand, denn es wurde keine Detonation gehorcht. Drei Minuten später war der nächste Torpedoschuß fällig. Dieser traf den anvisierten Dampfer in der Höhe des achteren Masten. Der Dampfer mit einer geschätzten Tonnage von 5000 bis 6000 BRT stoppte, lief aus und blieb dann auf der See liegen. Die Besatzung ging sofort in die Boote, und U 48 drehte weg, um die Verfolgung des zweiten Dampfers aufzunehmen.

Um 21.00 Uhr wurde ein Zerstörer auf Gegenkurs gesichtet. Der Zerstörer kam an Backbord in Sicht und lief in nur 300 bis 400 Meter Seitenabstand am deutschen U-Boot vorüber auf die Versenkungsstelle zu. Vorsorglich hatte Schultze die beiden Diesel auf kleine Fahrt herabsetzen lassen, wodurch sie leiser wurden. Offenbar hatte man an Bord des Zerstörers nur Augen für den bereits tiefer gesackten gestoppten Dampfer übrig und versuchte, die Besatzung zu retten.

„Torpedo aus dem Heckrohr auf den Zerstörer schießen!" befahl der Kommandant. Dieser Aal mußte unter allen Umständen treffen, denn der Gegner fuhr geradewegs auf sein Ziel zu und war nicht mehr zu verfehlen. Der Schuß fiel. Abermals wurde keine Detonation gehört, und der Zerstörer bemerkte noch nicht einmal, daß auf ihn geschossen worden war.

„Wir verfolgen den zweiten Dampfer", befahl Schultze wenig später. U 48 kam schnell heran, langsam wanderte der Dampfer ins Visier ein. Näher und näher ließ der Kommandant das Boot an dieses Ziel herangehen. Diesmal wollte er sicher sein, es auch zu treffen. Hier seine Ausführungen darüber:

„23.10 Uhr im Quadrat 9231 BE; 1. Schuß auf den zweiten Dampfer. Entfernung mit 150 m sehr gering. Keine Detonation gehört. Der Torpedo war möglicherweise noch nicht eingesteuert, so daß der Dampfer unterschossen wurde. Der Dampfer hat uns aber entdeckt und funkt SOS. Er meldet seine Position und ‚deutsches U-Boot'. Es ist der englische Dampfer ‚Sagaing' mit 7986 BRT.

Um 23.20 Uhr zweiter Schuß – Fehlschuß! – Ich will nunmehr diesen Dampfer, wenn möglich, in der Morgendämmerung mit der Artillerie versenken. Deshalb halte ich jetzt Fühlung an ihm, da ich annehme, daß der Geleitzug sich morgen früh bzw. im Laufe des Tages wieder sammelt. Abgabe eines FT-Spruches gemäß der Funkkladde."

Soweit der direkte Bericht des Kommandanten. Mit 13 Knoten Fahrt lief U 48 am Rande des Sichtkreises mit diesem Dampfer mit, als um 3.45 Uhr ein FT mit der Nummer 0223/18/41 des B.d.U. einging, der folgenden Wortlaut hatte: „An U 48: Heimmarsch antreten!"

Doch diese „Sagaing" wollte sich Schultze nun nicht mehr entgehen lassen. Er trug um 4.00 Uhr in sein KTB ein:

„‚Sagaing' wird weiter verfolgt!" Die „Sagaing" funkte um 6.55 Uhr ihren Standort und meldete: „Ich werde von einem U-Boot verfolgt!"

Ein zweiter Dampfer kam in Sicht, und um 7.15 Uhr wurden mehrere, weitere Dampfer gesichtet, die alle auf östlichen Kursen liefen. Durch Funksignal meldete U 48: „Feindlicher Geleitzug in Sicht!" Danach gab das Boot Peilzeichen.

Es war 7.32 Uhr, als auch ein Zerstörer in Sicht kam. U 48 ging mit Alarmtauchen unter Wasser. „Wir tauchen und gehen auf 120 Meter (größte erreichte Tiefe 132 m). Der Zerstörer wirft Wasserbomben. Es werden 31 Detonationen gezählt. Ich nehme an, daß durch meine FT-Meldung U 37 und U 46 bei Tagesanbruch den Geleitzug gefunden haben werden und zum Angriff kommen. Ich bleibe deshalb etwas länger unter Wasser, als dies notwendig ist, um der Besatzung etwas Ruhe zu geben. Um 16.45 Uhr tauchen wir wieder auf und geben einen FT-Spruch an den F.d.U. ab, daß das Boot den Rückmarsch angetreten hat."

Am 17. Oktober gewann U 46 150 sm nordwestlich von Kap Finisterre Fühlung an dem Geleitzug HG 3 und führte U 37 und U 48 heran. U 37 kam als erstes Boot zum Schuß und versenkte die 10 183 BRT große „Yorkshire". Neun Minuten später horchte die Brückenwache von U 48, das mit großer Fahrt dem Schauplatz dieses Geschehens entgegenlief, eine zweite Torpedodetonation. Diesmal hatte U 46 geschossen und die 7028 BRT große „City of Mandalay" versenkt.

Mit AK lief U 48 diesem Geleitzug entgegen. „Wir sind gleich dran!" bemerkte Schultze, als sie eine Stunde später den ersten Dampfer sichteten, denen bald mehrere weitere folgten, die alle auf Nordkurs liefen, um aus dem tödlichen Sektor der U-Boote herauszukommen.

Um 19.00 Uhr ging U 48 auf Sehrohrtiefe hinunter. 18 Minuten später kam das Boot zum erstenmal auf einen 6000-Tonner zum Schuß, doch die beiden Torpedos des Zweierfächers liefen vorbei. Mit dem Heckrohr schießend, versuchte

Schultze noch einen raschen Treffer zu erzielen, doch auch dieser Aal wurde verschossen, ohne ein Ergebnis zu zeitigen.

Von einer Korvette gejagt, mußte sich das Boot etwas absetzen. Es schwenkte sofort wieder auf den Geleitzug ein, als die Korvette auf ihren angestammten Platz im Konvoi zurücklief.

„Boot greift an!" Sie mußten auftauchen und liefen mit Höchstfahrt näher heran. Ein großer Dampfer lief günstig, auf den wollte „Vaddi" operieren. Hinter der UZO stand wie immer der Erste TWO, „Teddy" Suhren. Die drei letzten Torpedos des Bootes lagen schußbereit in den Rohren. Suhren erhielt die Weisung seines Kommandanten, auf einen geschätzten 6000-Tonner und auf einen dahinter laufenden 5000-Tonnen-Dampfer abzukommen.

Als die Torpedos des Zweierfächers liefen, machte plötzlich die gesamte Kolonne des Geleitzuges eine Kursänderung. Es sah so aus, als würde es nichts mehr mit einem Treffer. Doch dann gingen nach Ablauf der Laufzeit beide Torpedos kurz nacheinander an dem britischen Dampfer „Clan Chisolm" hoch. Der Dampfer machte Notruf. Er hatte nach dem Lloydsregister 7256 BRT und sank zehn Minuten nach den beiden Treffern auf 45.10 Grad Nord und 15.05 Grad West.

Britische und französische Zerstörer machten nun auf die drei Boote der Gruppe Hartmann Jagd, die an den Geleitzug herangekommen waren und Erfolg gehabt hatten. Sie wurden abgedrängt, und als sie am Vormittag des nächsten Tages auftauchten, wurden sie durch Sunderland-Flugboote gebombt und abermals unter Wasser gedrückt.

Inzwischen hatte der Funkmaat von U 48 einen Kurzspruch an den B.d.U. abgesetzt: „Aus Geleitzug ‚Clan Chisolm', 7256 BRT, versenkt, verschossen!"

Wenige Minuten später ging der Antwortspruch des B.d.U. ein: „Bravo U 48! Rückmarsch antreten!"

Als der Kommandant dies der Besatzung meldete, ging ein befreiter Aufschrei durch das Boot. U 48 ging auf Gegenkurs und marschierte zurück.

U 37 wurde noch vor Gibraltar eingesetzt, wo Hartmann fast in der Höhle des Löwen in einem furiosen Angriff, der vier Stunden dauerte, drei Einzelfahrer versenkte. Auf dem Rückmarsch in den Stützpunkt gelang Hartmann noch die Versenkung eines griechischen Dampfers mit 3693 BRT. Sein Name war „Trasyvoulos".

Am 19. Oktober sichtete U 48 um 12.15 Uhr einen Dampfer. Das Boot setzte sich über Wasser vor. Um 12.40 Uhr erfolgte der Befehl zum Tauchen, und bis 13.32 Uhr war der Dampfer erreicht. Nach dem Auftauchen als feindlich erkannt, wurde die „Rockepool", die 4892 BRT hatte, mit der Artillerie beschossen, nachdem ihre beiden auf dem Heck stehenden Geschütze besetzt worden waren. Der Dampfer eröffnete das Feuer auf das deutsche U-Boot, und U 48 ging mit Alarmtauchen in den Keller, weil ein einziger Treffer in den Druckkörper seinen Untergang bedeutet hätte, da ein tauchunklares Boot den weiten Rückmarsch über Wasser nicht geschafft hätte.

Inzwischen hatte der Dampfer eine SOS-Meldung durchgegeben und seinen Standort gefunkt.

Um 14.12 Uhr tauchte U 48 wieder auf. Die Geschützbedienung ging an das Buggeschütz und eröffnete das Feuer auf den ablaufenden Gegner. Einem Zerstörer, der plötzlich in Sicht kam, mußte U 48 durch Alarmtauchen ausweichen, da er direkt auf das Boot zuhielt und es mit Sicherheit gesehen hatte. Damit war natürlich auch der Dampfer weg.

Nach dem um 15.42 Uhr erfolgenden Auftauchen wurde ein FT-Spruch an den F.d.U. getastet: „Rückmarsch von U 48 fortgesetzt."

An der Nordwestküste Irlands vorbei wurden die westlichen Hebriden erreicht, und am 21. Oktober um 16.00 Uhr stand U 48 nordwestlich dieser Inseln. Am nächsten Morgen um 9.45 Uhr wurde vom Boot westlich der Shetlands ein Flugzeug gesichtet, das achterlich, quer zum Kurs des Bootes flog und in einer Distanz von etwa 3000 Meter passierte. Offenbar hatte das Flugzeug das deutsche U-Boot gesehen und Meldung gemacht, denn um 10.15 Uhr tauchten zwei Zerstörer auf. Da sie sehr weit auseinander standen und in etwa 80 bis 90 hm zueinander liefen, wagte Schultze es, zwischen ihnen hindurchzulaufen. Dieser Streich gelang mit vorgeflutetem Boot.

Am 23. Oktober 1939 lief U 48 in die nördliche Nordsee hinein. Hier wurde es um 20.00 Uhr von starken Regenschauern empfangen. Der Eingang zum Skagerrak wurde am 24. Oktober um 8.00 Uhr erreicht, und um 16.00 Uhr lief U 48 in das Kattegatt hinein. Um Mitternacht des 25. Oktober passierte es den Eingang zum Kleinen Belt. Hier sichtete die Brückenwache ein kleines deutsches 250-Tonnen-U-Boot auslaufend. Der ES-Anruf wurde von diesem nicht beantwortet.

Um 9.45 Uhr des 25. Oktober machte U 48 an der Tirpitzmole in Kiel fest. Von hier aus ging es auf einen Werktörn, der vom 26. Oktober bis zum 20. November dauerte.

Die Besatzung ging in drei Gruppen in den wohlverdienten Urlaub, und Kptlt. Schultze meldete dem B.d.U. am Tage nach seiner Rückkehr die Versenkung von fünf feindlichen Handelsschiffen mit einer Gesamttonnage von 37 153 BRT. Und noch etwas mußte der Kommandant von U 48 melden: die verheerenden Fehlschüsse der Torpedos, die eine größere Anzahl an Versenkungen vereitelt hatten. Karl Dönitz, seit einigen Tagen zum B.d.U. und zum Konteradmiral ernannt, versprach sofortige Abhilfe.

Nach dieser zweiten Feindfahrt von U 48 schrieb Konteradmiral Dönitz folgende Begutachtung: „Eine sehr erfolgreiche Fahrt, um so mehr, als sie nur drei Wochen gedauert hat. U 48 hat alle Torpedos verschossen, es meldete fünf Versager. Dem Boot ist dadurch viel weitere sichere Tonnage verlorengegangen. Auf Ursachen und Auswirkungen dieser Versager hier einzugehen, erübrigt sich.

Die Torpedoinspektion wird laufend über sie unterrichtet. Sie ist nachdrücklich auf ihre Bedeutung hingewiesen worden. Der B.d.U. bleibt in engster Verbindung mit ihr."

Damit war ein weiteres Mal die Torpedomisere angesprochen worden, die sich wenig später zu einem völligen Fiasko steigern sollte.

Sonderauftrag Scapa Flow

Nach dem Rückmarsch von U 48 standen nur etwa drei U-Boote zur Geleitzugbekämpfung zur Verfügung. Dies war auf die erlittenen Verluste und die Sonderaufträge zurückzuführen; nicht erst zu reden von der Wiederausrüstung der bereits von ihren Feindfahrten zurückgekehrten Boote.

Dennoch sollte diese zweite Runde des U-Boot-Einsatzes abermals eine Reihe großer Erfolge zeitigen. Eines jedoch war bereits jetzt spürbar geworden: Die vorhandene Zahl an U-Booten war nicht dazu imstande, einen durchgehenden Kampf gegen die feindliche Handelsschiff-Tonnage erfolgreich zu führen. Es fehlte an Booten. Sobald sich die letzten noch draußen stehenden Boote des zweiten Ausmarsches verschossen hatten, mußte eine U-Boot-Leere eintreten.

Bevor U 48 zu seiner dritten Feindfahrt auslief, trat ein Großereignis ein, das in der Geschichte des U-Boot-Krieges einen hohen Rang einnimmt: das Eindringen eines deutschen U-Bootes in den stark gesicherten englischen Kriegshafen Scapa Flow.

Am 9. Oktober 1939 war U 47 unter Kapitänleutnant Prien zu diesem Sonderauftrag ausgelaufen. Dönitz' Plan, nach Scapa Flow hineinzulaufen und dort möglichst ein großes Kriegsschiff des Gegners zu versenken, war sorgfältig ausgearbeitet worden, und Dönitz hatte diese Aufgabe dem Seeoffizier Günther Prien anvertraut. Er hatte Prien freigestellt, den Auftrag anzunehmen oder abzulehnen. Prien nahm an.

Es galt dabei, durch eine schmale Sperrlücke im Holm Sound zwischen zwei dort auf Grund liegenden Dampfern durchzulaufen und in der Bucht von Scapa Flow zum Schuß zu kommen.

U 47 erreichte am Abend des 12. Oktober den Raum querab zu den Orkneyinseln. Dort erst gab der Kommandant seinen Offizieren den Auftrag bekannt. Am frühen Morgen des 13. Oktober legte sich das Boot bei 90 m Wassertiefe auf Grund, und hier wurde um 4.45 Uhr die Besatzung darüber informiert, daß diese Feindfahrt von U 47 nach Scapa Flow in die Höhle des Löwen führen sollte.

Mit Einfall der Dunkelheit des 13. Oktober tauchte U 47 auf und setzte seinen Marsch zum Ziel hin fort. Mit kleiner Fahrt der Diesel schob sich U 47 durch die See. Flackerndes Polarlicht schien die Operation in letzter Sekunde zu gefährden. Das Boot stand wie auf dem Präsentierteller in der Helle dieses Lichtes. Aber Oblt.z.S. Engelbert Endraß, der I. WO von U 47, meinte nur, daß dies für das Boot genau das richtige Büchsenlicht sei.

Diese Haltung überzeugte den noch zögernden Prien; er ließ den Angriff durchführen. Beim Leuchtfeuer Rose Ness sichtete die Brückenwache einen kleinen Dampfer. Prien ließ vorsorglich vorfluten, und das sollte sich als gut erweisen, denn kurze Zeit später tauchte noch ein Fischerboot auf. Da es direkt auf das U-Boot zusteuerte, ging dieses mit Alarmtauchen in die Tiefe, denn wenn das Boot in diesen Gewässern gesichtet wurde, dann war die Operation geplatzt, dann würde alles, was schwamm und flog, Jagd auf U 47 machen.

Die Uhr zeigte 23.07 Uhr, als U 47 bei 30 m Wassertiefe heftig auf Grund aufsetzte. Das Fischerboot, das natürlich auch ein Wachboot hätte sein können, entfernte sich rasch. Um 23.31 kehrte U 47 an die Wasseroberfläche zurück.

Prien entdeckte die Einfahrt in den Holm Sound und steuerte sie an. Das Boot wurde von dem ständig stärker werdenden Strom in den Sound hineingezogen. Noch eben rechtzeitig wurde das Sperr-Wrack bemerkt. Um ein Haar wäre U 47 nicht in den Kirk Sound, sondern in den Skerry Sound eingelaufen. Aber Obersteuermann Spahr bemerkte den Fehler und ließ ihn sofort korrigieren. Kurz darauf befanden sie sich im Fahrwasser des Kirk Sounds. Hier befahl Prien, die beiden Dieselmaschinen auszuschalten und mit E-Maschinenkraft weiterzufahren.

Der sehr stark nach Scapa Flow hineinlaufende Gezeitenstrom trieb das Boot rasch auf die Blockschiffe zu. An der engsten Stelle zwischen Mainland und Lamb Holm lag das letzte Hindernis. U 47 trieb direkt darauf zu. Der Gefechtsrudergänger mußte ständig den Kurs korrigieren. Prien aber steuerte sein Boot genau durch die Lücke zwischen den beiden Wracks hindurch. In letzter Sekunde sah er die zwischen den beiden Schiffen verlaufende Trosse, unter der das Boot nun hindurchlief.

U 47 war in Scapa Flow, dem englischen Kriegshafen. Das Boot näherte sich nunmehr dem Hauptankerplatz der britischen Hochseeflotte. Bootsmaat Dzillas meldete dem wachhabenden I. WO, Oblt.z.S. Endraß, einen Schatten.

Kurz danach – das Boot war zum Überwasserschuß aus allen Rohren bereit, und Endraß hatte seine Position hinter der UZO eingenommen, die auf die Zielsäule des Turmes aufgesetzt war – wurde hinter dem herausgekommenen Schiff ein zweites großes Schiff entdeckt. Damit hatte U 47 zwei Großkampfschiffe vor den Rohren.

Alle Torpedos lagen schußbereit. Prien befahl, zwei Zweierfächer, auf jedes Schiff also einen, zu schießen. Während der erste Fächerschuß lief, mißlang der zweite zur Hälfte, weil nur einer der beiden Aale die Rohre verlassen hatte. Der andere war ein Abfeuerversager.

U 47 glitt herum. Alles verharrte in der Erwartung der Torpedo-Detonationen, die bald aufbrennen mußten. Aber erst lange nach Ablauf der Laufzeit detonierte einer der Torpedos an dem Schiff, das Günther Prien als die „Repulse" angesprochen hatte. Doch auf diesem vermeintlichen Großkampfschiff regte sich nichts. Die beiden anderen Torpedos waren nicht zu hören gewesen. (Der erste Treffer detonierte an dem Ankerseil des anvisierten Schiffes, das die Royal Oak war.) Der in der Drehung geschossene Hecktorpedo erbrachte ebenfalls nichts.

Prien hatte sein Boot ablaufen lassen. Bis auf den durch Abfeuerversager im Rohr liegenden Torpedo waren alle Rohre leer. Fieberhaft wurden die bereits in Ladestellung gebrachten Torpedos in die Rohre gebracht. Nach der Auskunft von KKpt.a.D. Wessels, der als Leitender Ingenieur auf U 47 dabei war, dauerte das Nachladen ganze 20 Minuten, wurde also in einer unglaublich kurzen Rekordzeit durchgeführt.

Prien hatte den Mut und das Stehvermögen, nicht aufzugeben und noch einmal anzugreifen, auch auf die Gefahr hin, daß Zerstörer durch die erste Detonation „wach geworden sein sollten und auf ihn Jagd machten".

Noch immer war an Bord des getroffenen Schiffes keine Reaktion erfolgt. Offenbar hielt man die Detonation für einen Bomben-Fehlwurf, der in der Nähe heruntergekommen war.

Der neue Anlauf erfolgte. Drei Torpedos lagen wieder in den Rohren. Die Ausstoßpatronen waren mit neuer Preßluft gefüllt. Prien wollte alle drei Torpedos auf das vorn liegende Schiff schießen. Der TWO, Oblt.z.S. Endraß, stand wieder hinter der Zieloptik. Er hatte das große Kriegsschiff im Visier. Es füllte schließlich das ganze Visier aus, als der Schußbefehl erfolgte.

Alle drei Torpedos liefen. Mit Hartruderlegen glitt U 47 herum und trat den Rückmarsch an. Unmittelbar nachdem „Zeit ist um!" gemeldet worden war, stieß zunächst an der Vorderkante Brücke des Zieles die erste Torpedodetonation empor. Dann traf der zweite Torpedo an der Achterkante Brücke, und schließlich erfolgte noch die dritte Detonation.

Die Nacht schien tobsüchtig zu werden. Das britische Schlachtschiff „Royal Oak" barst förmlich auseinander, als zu den drei Torpedotreffern noch eine Munitionskammer explodierte. Das Schlachtschiff legte sich auf die Seite und sank. Es hatte eine Wasserverdrängung von 29 150 BRT. 375 Besatzungsmitglieder des Schlachtschiffes wurden gerettet. 24 Offiziere und 809 Seesoldaten nahm die „Royal Oak" mit in die Tiefe.

U 47 lief mit AK ab und kam heil durch die Enge. Das Boot

erreichte um 2.15 Uhr wieder die freie See. Die Beurteilung, die Captain Roskill diesem „Husarenritt" von U 47 widmete, lautete:

„Inzwischen war man sich in der Bucht darüber klar geworden, daß aller Wahrscheinlichkeit nach ein deutsches U-Boot die Sperren durchbrochen hatte. Doch die Suche nach diesem Boot mit allen verfügbaren Fahrzeugen verlief ergebnislos.

Wir wissen nun, daß dieses Unternehmen von Admiral Dönitz sehr sorgfältig geplant worden war.

Kapitänleutnant Prien verdient höchste Anerkennung für den Mut und die Entschlossenheit, mit der er die Planung seines Admirals ausführte."

Soweit der Roskill-Bericht über Priens Sieg in Scapa Flow.

Kapitän zur See Dönitz wurde aufgrund dieses Erfolges mit sofortiger Wirkung zum Konteradmiral befördert und zum Befehlshaber der U-Boote ernannt. Diese Beförderung gab Großadmiral Raeder an Bord der heimgekehrten U 47 bekannt.

Am 18. Oktober erhielt Günther Prien in der Berliner Reichskanzlei aus der Hand Hitlers das Ritterkreuz zum Eisernen Kreuz.

Hitlers Besuch beim Führer der U-Boote – Die ersten Torpedoversager

Bereits am 28. September hatte Hitler das Stabsquartier des Führers der U-Boote in Wilhelmshaven besucht. Nach Abschreiten der Front der Ehrenkompanie hielt der F.d.U. und Kommodore Dönitz in engstem Kreise Hitler Vortrag. Neben dem Führer waren noch anwesend: der Ob.d.M. Großadmiral Raeder sowie Generaloberst Keitel. Das Thema des Vortrages lautete: „Der bisherige Einsatz der U-Boot-Waffe und die weiteren Absichten des Führers der U-Boote in bezug auf die U-Boot-Kriegführung."

Dazu faßte Dönitz seine Auffassung wie folgt zusammen:

1. Der Druck der deutschen U-Boote auf den Feind ist nach wie vor sehr groß und nicht geringer als im Ersten Weltkrieg.

2. England besitzt durch fortgeschrittene Technik *keine* Mittel, durch die es die U-Boot-Gefahr ausschalten kann.

3. Die englische Abwehr hat zwar Fortschritte gemacht, diesen stehen jedoch große Fortschritte der U-Boot-Waffe gegenüber, als da sind:

a) Die Boote fahren geräuschloser,

b) der Torpedoausstoß erfolgt schwall-los, verrät also nicht mehr das schießende Boot, und

c) die Torpedolaufbahn ist unsichtbar, ihre Leistung ist größer als vorher.

4. Die U-Boot-Waffe hat einen ganz großen Fortschritt in der Nachrichtenverbindung gemacht. Dadurch ist es möglich, die Boote über weite Seeräume planmäßig anzusetzen und operieren zu lassen. Damit kann der Konzentrierung der Geleitzüge eine Konzentrierung der U-Boote gegenübergestellt werden.

5. Der F.d.U. ist nach Prüfung aller Fragen des U-Boot-Krieges zu der Überzeugung gelangt, daß Deutschland in seinen U-Booten *das* Mittel besitzt, England entscheidend und an seinen schwächsten Stellen zu treffen.

6. Der U-Boot-Krieg kann nur dann erfolgreich geführt werden, wenn genügend Boote zur Verfügung stehen. Dies sind mindestens 300. Die Notwendigkeit der deutschen Rüstung lautet demzufolge: eine wesentlich größere Zahl an U-Booten zu bauen, als dies geplant ist.

7. Unter Zugrundelegung dieser Bootszahl glaube ich an einen durchschlagenden Erfolg der U-Boot-Waffe!"

Ein aufmerksamer Hitler verfolgte diese präzisen Ausführungen, die ihm auch zeigten, daß bereits die Septembereinsätze die Wahrheit der von Dönitz vorgetragenen Thesen unter Beweis stellten, und daß entscheidend mehr hätte versenkt werden können, wenn genügend Boote vorhanden gewesen wären. Das Fazit war, daß zumindest von nun an mit allen Mitteln U-Boote gebaut werden mußten.

Ein einstündiges Beisammensein des Führers mit allen U-Boot-Offizieren im Kameradschaftsheim Wilhelmshaven schloß diesen ersten und letzten Besuch Hitlers bei seinen U-Boot-Männern und an der Schaltstelle des U-Boot-Krieges ab.

Bereits in den ersten Schießtagen des U-Boot-Krieges erkannten manche Kommandanten zu ihrem Leidwesen, daß jene tödliche Waffe, als welcher der verbesserte Torpedo angesehen wurde, oftmals auch stumpf war.

Eine Reihe von Kommandanten meldeten durch Kurzsprüche, daß sie durch Torpedoversager um verdiente Erfolge gekommen seien.

Bereits am 2. Oktober 1939 verzeichnete das KTB des F.d.U. um 15.17 Uhr: „Zahlreiche Frühzündungen der Torpedos eingetreten." Dies war im Kriege ein erstes Warnzeichen, daß es mit den Torpedos nicht klappte. Noch am selben Tage befahl der F.d.U.: „An alle Boote: Voller Waffeneinsatz gegen abgeblendete Fahrzeuge zwischen 44 – 62 Grad Nord, 7 Grad West und 3 Grad Ost." Allerdings konnte auch er keine besser funktionierenden Torpedos herbeizaubern.

Günther Prien hatte in Scapa Flow sieben Torpedos auf ein stilliegendes Riesenschiff schießen müssen, ehe endlich zwei davon die „Royal Oak" trafen. Jeder andere Kommandant wäre ohne Erfolg wieder umgekehrt.

Kpt.z.S. Dönitz suchte nach der Eintragung vom 2. Oktober alle übrigen Torpedomeldungen heraus. Bereits am 6. September waren Meldungen eingegangen, nach denen Torpedos weit vor Erreichen des Zieles zur Selbstzündung gekommen waren. Am 14. September war U 39 auf den Flugzeugträger „Arc Royal" zum Schuß gekommen. Aus nur 800 m Distanz hatte Kptlt. Glattes, der Kommandant dieses Bootes, zwei G 7a-Torpedos mit Magnetzündung schießen lassen. Diese Torpedos *mußten* einfach detonieren, sobald sie unter dem Ziel durchliefen, weil die magnetische Feldverstärkung des Eisenschiffes die Detonation auslösen mußte.

Beim Angriff auf die „Arc Royal" jedoch geschah – nichts! Beide Torpedos detonierten etwa 100 m vor dem Ziel.

Das deutsche U-Boot wurde erkannt und vom Zerstörer „Foxhound" mit haargenau sitzenden Wasserbomben belegt. U 39 sank. Die Besatzung konnte geborgen werden.

Am 31. Oktober hatte U 25 nordwestlich Kap Finisterre aus geringer Entfernung vier Torpedos auf einen angehaltenen Dampfer verschossen – alle vier Aale waren Versager. Wie es U 48 erging, wurde bereits dargestellt.

Am 7. November kehrte U 46 unter Kptlt. Sohler von seiner Feindfahrt zurück. Das Boot hatte einen Tanker versenkt. Aber an einem Geleitzug vergurkte Sohler sieben Torpedos. Gegen einen gestoppt direkt vor dem Boot liegenden Kreuzer ließ er zwei Torpedos mit Lage 90 schießen. Beide Aale gingen vor dem Kreuzer hoch, und der solcherart gewarnte Kreuzer lief mit AK ab. Zum Glück für Sohler war keine Zerstörersicherung bei dem Großkampfschiff; sonst wäre ihm wohl das gleiche Schicksal beschieden gewesen wie U 39.

U 56 brach am 30. Oktober in die Sicherheitslinie der Zerstörer ein, die das Schlachtschiff „Nelson" umgab. Das kleine Boot unter Kapitänleutnant Wilhelm Zahn schoß einen Dreierfächer. Alle drei Torpedos liefen genau auf das britische Flaggschiff zu. Aus 800 Meter geschossen, mußten sie diesen riesigen Gegner erwischen. An Bord der „Nelson" befanden sich neben der üblichen Besatzung der Commander in Chief der Home Fleet, Admiral Sir Charles Forbes, der Erste Seelord, Admiral of the Fleet, Sir Dudley Pound, und der Erste Lord der Admiralität, Sir Winston Churchill.

Durch die Schraubengeräusche der feindlichen Bewacher erhorchte der Mann in der Funkerbude den harten metallischen Aufschlag eines Torpedos auf den Außenpanzer der „Nelson". Eine Detonation des auftreffenden Torpedos erfolgte aber nicht. Dann noch ein zweiter Schlag von Stahl auf Stahl – abermals keine Reaktion. Zwei Torpedos hatten die „Nelson" getroffen, ohne zu explodieren.

Am Abend dieses Tages mußte Kptlt. Zahn folgenden FT-Spruch an den B.d.U. absetzen:

„10.00 Uhr, ‚Rodney', ‚Nelson' und ‚Hood' mit zehn Zerstörern im Quadrat 3492, Kurs 240 Grad. Drei Torpedos geschossen, Versager."

Damit war für Konteradmiral Dönitz klar geworden, daß er nicht nur mit einer viel zu geringen Zahl an Booten zu kämpfen hatte, sondern daß auch noch die Waffen dieser Boote stumpf waren.

Karl Dönitz mußte damit rechnen, daß die meisten jener Boote, die aus ungeklärter Ursache am Feind verlorengegangen waren, durch solche Torpedoversager den Untergang gefunden hatten, weil die anvisierten Schiffe und die Geleitschiffe dadurch das U-Boot erkannten und angriffen.

Admiral Dönitz forderte von der Torpedo-Versuchsanstalt in Eckernförde die sofortige Untersuchung und Abstellung der Mängel. Allerdings konnte er sich nicht so durchsetzen, wie er dies wollte, denn der Leiter der TVA, Konteradmiral Wehr, verstand es, diese Misere in zufällige Versager umzudeuten. Die vorangegangenen Ereignisse in der Torpedoentwicklung aber straften seine Worte Lügen.

Bereits im Juni 1937 hatte der damalige Kpt.z.S. Wehr als Leiter der TVA Eckernförde erkannt, daß die deutschen Torpedos G 7a und G 7e bedeutend tiefer steuerten, als eingestellt worden war. Damals versuchte man den Fehler durch den Einbau einer Tiefenfeder zu beseitigen. Die ersten Probeschüsse damit deuteten eine entscheidende Besserung an. Dennoch hielt der Marine-Oberingenieur Mohr (Konstrukteur des später eingesetzten Einmann-Torpedos „Neger"), der mit der Leitung des Probeschießens beauftragt worden war, die Ergebnisse nicht für ausreichend.

Doch der Leiter, Kpt.z.S. Wehr, beantragte am 16. Juli 1937 bei seiner vorgesetzten Torpedo-Inspektion den Einbau der neuen Feder. Er erklärte gleichzeitig, daß mit Hilfe dieser Feder im gesamten Einstellbereich „eine Toleranz von nicht mehr als 0,5 Meter gewährleistet" sei.

Durch weitere Schlampereien wurden die mit diesen neuen Federn ausgerüsteten Torpedos erst im Jahre 1939 (!) geliefert. Auch aus Spanien, wo im spanischen Bürgerkrieg deutsche Torpedos getestet worden waren, kamen alarmierende Meldungen über verschiedene Störungen an den Torpedos. Durch diese Meldungen wurde die Reichsmarine-Leitung aufgeschreckt. Sie befahl dem seit 1937 aufgestellten Torpedoerprobungskommando, ein Probeschießen unter schärfsten Bedingungen durchzuführen.

Dieses Probeschießen wurde im August 1938 vom Torpedoboot „Albatros" durchgeführt. Das Ergebnis war eine Katastrophe.

Noch immer zog der Leiter der TVA daraus keine Konsequenzen. Konteradmiral Wehr erklärte am 20. März 1939, nachdem das Ergebnis des Probeschießens vorlag, daß man einen Versuch „mit untauglichen Mitteln am untauglichen Objekt durchgeführt" habe. Er erklärte wider besseres Wissen:

„Das Vertrauen der Front zu der ihr übergebenen Waffe wird unberechtigt schwer gefährdet. – Der Torpedo ist vollauf als frontreif zu bezeichnen."

Alle weiteren Ergebnisse von Probeschießen und Übungsschießen, die von Fehlern in den verschiedenen Aggregaten und Techniken der Torpedos zeugten, wurden durch KAdm. Wehr vertuscht und nicht nach oben weitergeleitet.

Am 8. Oktober 1939, wenige Tage nach der ersten offiziellen Niederschrift über Versager im KTB des F.d.U., berief der Torpedoinspekteur, VAdm. Friedrich Götting, auf dringendes Vorhalten von Dönitz hin eine Sonderbesprechung auf den Schießplatz Nord der TVA ein.

Als Ergebnis dieser Besprechung wurde der Schuß mit der Magnetpistole gesperrt. Die U-Boote durften nur noch mit Aufschlagzündung schießen. Dadurch kam natürlich dem Tiefenlauf eine entscheidende Bedeutung zu. Obgleich KAdm. Wehr bei dieser Besprechung anwesend war, gab er mit keinem Wort zu erkennen, daß die Tiefensteuerung fehlerhaft war.

Noch auf dem Weg zum Auto von VAdm. Götting fragte

Kpt.z.S. Rudolf Junker, Göttings Stabschef, KAdm. Wehr: „Ist die Tiefenhaltung in Ordnung?" Und Wehr erwiderte: „Was soll denn da nicht in Ordnung sein?"

Daß nicht nur etwas, sondern Entscheidendes nicht in Ordnung war, meldete KKpt. Kattentidt, einer der Offiziere der TVA, der mit einigen Probeschießen beauftragt worden war. Dieser wandte sich unter Umgehung seines Dienstchefs, KAdm. Wehr, direkt an den Kommandeur des TEK, Kpt.z.S. Albert Scherf, und teilte ihm am 20. Oktober seine Befürchtungen bezüglich des Tiefenlaufes der Torpedos mit.

Kpt.z.S. Scherf alarmierte VAdm. Götting. Dieser befahl noch am selben Tage den Leiter des Schießstandes der TVA zu sich. Sofort wurden alle vorgelegten Unterlagen geprüft, und am Abend dieses Tages teilte VAdm. Götting dem B.d.U. mit:

„Nach neuesten Erkenntnissen muß mit Tiefersteuern der Torpedos gerechnet werden. Alle Torpedos sind zwei Meter geringer als der Tiefgang des Zieles einzustellen."

Damit konnten Zerstörer mit diesen Torpedos nicht mehr angegriffen werden, weil man die Torpedos dann auf eine so geringe Tiefe einstellen mußte, daß sie wahrscheinlich Oberflächenläufer wurden und die schießenden Boote verrieten.

Diese Ereignisse wurden von KAdm. Dönitz sofort weitergemeldet und die Forderung nach einwandfreien Torpedos erhoben. Großadmiral Raeder ließ die verantwortlichen Admirale ablösen. Aber es bedurfte erst noch weiterer eklatanter Fehlschüsse, um das Reichskriegsgericht damit zu befassen.

Daß es mit dieser Einlassung von Dönitz sein Bewenden gehabt habe, trifft nicht zu.

Am 20. Januar 1940 erhielt Dönitz die offizielle Bestätigung der fernmündlich gemachten Mitteilung über das Tiefersteuern der Torpedos. Im KTB des B.d.U. vom nächsten Tag hieß es dann dazu:

„Dies ist eine schwerwiegende Versagerursache, und ich habe mich bereits am Vortage dazu entschlossen und den U-Booten den Befehl erteilt, bei Aufschlagzündung nur mit einer Tiefeneinstellung von höchstens vier Metern zu schießen."

Die am 23. Januar 1940 erfolgende Besprechung des B.d.U. mit dem Inspektor der Torpedo-Inspektion und den Leitern der TVA und der TEK in Wilhelmshaven bestätigte diese Tiefenschwankungen und klärte, daß die Ursache der Frühzünder noch nicht erkannt worden sei.

„Damit", so Dönitz in seinem KTB, „steht fest, daß die Brauchbarkeit der Torpedos in stärkstem Maße eingeschränkt ist, und zwar: Bei Aufschlagzündung durch die Gefahr des Untersteuerns und bei Magnetzündungsschüssen durch die Gefahr der Frühzünder."

Am 5. November 1939 wurde eine neue Pistole, die „Pi A+B", an U 28 und U 49 geliefert. Beide Boote sollten diese angeblich einwandfreie Pistole ausprobieren. Die Boote liefen am 8. und 9. November damit aus. Die ersten Meldungen von U 49 lauteten: „G 7a – Frühzünder; G 7e Versager durch Nichtzündung!"

Die Antwort des B.d.U. darauf: „Das ist eine bittere Enttäuschung."

Weitere Boote meldeten nun kurz hintereinander das gleiche. Auch dazu sei der treffende Kommentar des B.d.U. genannt:

„Das Zutrauen der Kommandanten und Besatzungen zum Torpedo ist erheblich erschüttert. – Der Ausfall an versenkter Tonnage lediglich durch erkannte Torpedoversager kann, gering gerechnet, mit insgesamt 300 000 Tonnen eingesetzt werden."

Dies sollte jedoch nicht das ganze Elend der Torpedomisere aufdecken. Spätestens im Norwegenfeldzug würde sich zeigen, daß durch diese „hölzernen Schwerter" eine vernichtende Niederlage Englands verhindert wurde.

Nicht nur die verheerende Torpedositation machte dem B.d.U. Sorgen, sondern auch die Frage des Neubaues von U-Booten war entgegen seinen Erwartungen nicht mit der notwendigen Intensität angepackt worden, und der Zeitpunkt war nahe, da er über weniger Boote verfügen konnte als vor dem Kriege, wenn erst die Verluste und die Abgabe an Booten zu den Schul-Flottillen größer werden würden.

Das U-Boot-Bauprogramm

Nach dem Z-Plan hätte die deutsche U-Boot-Waffe über etwa 190 U-Boote zum Jahresende 1944 verfügen können. Die von Hitler immer wieder weit von sich gewiesene Möglichkeit des Krieges gegen England war fünf Jahre *vor* Verwirklichung des Z-Planes eingetreten, so daß die U-Boot-Waffe nicht im entferntesten einsatzbereit war. Die Zahl jener 57 Boote, die insgesamt zur Verfügung standen, als der Kampf gegen England in der Form eines Wirtschaftskrieges entbrannte, in welchem die U-Boote eine entscheidende Rolle spielen sollten, wuchs nicht.

Nachdem dieser Fall eingetreten war, hätte sofort und ohne jeden Kompromiß der Bau von U-Booten eine entscheidende Rolle spielen müssen. Inwieweit Wunschdenken und Fakten in dieser Hinsicht auseinanderklafften, sei im folgenden Textabschnitt dargelegt.

Das im Rahmen des Mob-Rüstungsplanes aufgestellte neue U-Boot-Bauprogramm, das von Hitler am 7. September 1939 anläßlich der ersten Besprechung des Ob.d.M. mit ihm zur Sprache kam, ergab Bootszahlen, die *nicht* in der Lage sein konnten, die auf die Dauer zu erwartenden Verluste auszugleichen. Ganz davon abgesehen, daß durch die verstärkte Ausbildung von Soldaten dieser Waffe immer mehr Boote für den Schulbetrieb abgezweigt werden mußten.

Der Zuwachs an Booten (ohne die Berücksichtigung möglicher Verluste) sollte 1939 sieben Boote, 1940 sechsundvierzig Boote und dann 1941 jeweils zehn Boote pro Monat betragen.

Wenn man sich das Scheer-Bauprogramm des Jahres 1918 vor Augen führt, das den Bau von 30 (!) U-Booten im Monat vorsah, dann wird klar, daß dieses „Prögrämmchen" – wie es genannt wurde – nicht im entferntesten die U-Boot-Waffe in die Lage versetzen konnte, den Wirtschaftskrieg gegen England erfolgreich zu führen.

Dieses Programm mußte nach der Überzeugung des Befehlshabers der U-Boote, aber auch nach dem Willen der Seekriegsleitung, unter allen Umständen aufgestockt werden. Die ganze Last des Seekrieges gegen England, darüber war sich die Marineführung klar, würde im ersten Kriegsjahr fast ausschließlich auf der U-Boot-Waffe liegen.

Diese Erkenntnisse nahm GA Raeder aus der ersten Besprechung zurück in sein Hauptquartier. Raeders Vorlage wirkte auf Konteradmiral Dönitz wie ein Schlag ins Gesicht. Er erhob nach wie vor seine Forderung nach 300 U-Booten; sie mußten so schnell wie möglich greifbar sein, wenn dieser Krieg erfolgreich geführt werden sollte.

Solcherart gewappnet, führte Großadmiral Raeder diesmal aus, daß die militärischen Mittel zur Verstärkung des Wirtschaftskrieges gegen England sich auf den U-Boot-Bau konzentrieren müßten.

„Der Wirtschaftskrieg gegen England", führte er aus, „wird hauptsächlich von der Kriegsmarine geführt. Unter bewußtem Absetzen von einem risikobelasteten Waffeneinsatz (wie die U-Boote ihn führten) beschränken sich England ebenso wie Frankreich auf die Führung eines auf lange Dauer durchzuhaltenden Propaganda- und Wirtschaftskrieges.

Unter Scheu vor eigenen Opfern haben ihre Maßnahmen einzig und allein das Ziel, die völlige Abschnürung Deutschlands von allen Handelsverbindungen zu erreichen. Eine rücksichtslos durchgeführte Handelskontrolle und Handelssperre, verbunden mit stärkstem politischem und wirtschaftlichem Druck, hindert die Neutralen an der Durchführung ihres Handelsverkehrs und zwingt sie, den englischen Wirtschaftskrieg gegen Deutschland zu unterstützen. Die Methode der englischen Wirtschaftskriegführung legt der deutschen Kriegführung den Zwang auf, eine entschlossene Abwehr- und Angriffsfront zu bilden und die *gleiche* Methode brutaler Wirtschaftskriegführung aufzunehmen. –

Es muß zweifellos anerkannt werden, daß die Kriegsmarine in ihrem Krieg gegen England von den Fragen des Wirtschaftskrieges am stärksten berührt wird. Sie ist in erster Linie berufen, die sich auf den militärischen Sektor beziehenden Forderungen der Wirtschaftskriegführung zur Ausführung zu bringen.

Das strategische Ziel der offensiven Seekriegführung – Lähmung der feindlichen Kriegswirtschaft durch Abschnürung der Seeverbindungen, ebenso die Defensivaufgabe – Schutz der eigenen Seeverbindungen – verweist eindeutig auf das Gesamtgebiet des Wirtschaftskrieges. Damit ist der Seekrieg als ein Teil des gesamten Wirtschaftskrieges anzusehen. –

Daß sich die militärischen Kampfmittel zur Führung dieses Wirtschaftskrieges zu diesem Zeitpunkt aus den wenigen U-Booten zusammensetzen, sei noch einmal bekräftigt." (Siehe Wagner, Gerhard, Hrgb.: Lagevorträge des Oberbefehlshabers der Kriegsmarine vor Hitler 1939–1945).

Daraus resultierend trug Großadmiral Raeder Hitler am 10. Oktober 1939 um 17.00 Uhr seinen neuen U-Boot-Bauplan vor und schlug vor, zur Forcierung des U-Boot-Baues auch U-Boote in der UdSSR bauen zu lassen, wo man dazu bereit sei. Hitler lehnte dies kategorisch ab.

Das erweiterte U-Boot-Bauprogramm sah bei einem Bestand von 59 Booten am 10. Oktober 1939 folgendermaßen aus:

Bestand am 10. Oktober:	59 Boote.
Zuwachs bis Ende 1939:	5 Boote.
Bestand Ende 1939:	64 Boote.
Zuwachs 1940:	54 Boote.
Bestand Ende 1940:	118 Boote.
Zuwachs 1941:	250 Boote.
Bestand Ende 1941:	368 Boote.
Zuwachs 1942:	349 Boote.
Bestand Ende 1942:	717 Boote.

Von diesen Booten sollten 50 kleine und 667 mittlere Boote

sein. Durch die Verluste würden sich diese Zahlen nach den ersten vorliegenden Erkenntnissen und den Erfahrungen des Ersten Weltkrieges um etwa 7 Prozent vermindern.

Die Frage der Ausstattung der Schul-Flottillen mit Booten wurde in dieser „Milchmädchenrechnung" nicht behandelt.

Eines war dem Befehlshaber der U-Boote klar: Durch einen Zuwachs an zwei Booten im Jahre 1939 je Monat und monatlich 4,5 Booten im Jahre 1940 sowie 21 Booten je Monat im Jahre 1941 war *keine* Steigerung der Bootszahlen zu erzielen, die die Schlagkraft der U-Boot-Waffe in den ersten Kriegsjahren hätte verstärken können.

Konteradmiral Dönitz war klar, daß die Versenkungsquote bedeutend stärker steigen mußte, wenn erst die Royal Navy voll in den U-Boot-Kampf einstieg.

Als das Jahr 1939 zu Ende ging, waren 28 U-Boote von ihrer Feindfahrt nicht mehr zurückgekehrt. In dieser Zeit war die gleiche Anzahl an Booten, in Stärke von 28 also, in Dienst gestellt worden, dennoch standen 12 Frontboote weniger zur Verfügung, als dies zu Kriegsbeginn der Fall gewesen war. Die übrigen mußten für die Ausbildung der neuen U-Boot-Besatzungen an die Schul-Flottillen abgegeben werden.

Wie hatte Großadmiral Raeder noch am 1. November 1939 in einer Niederschrift geäußert, als er das Resümee zu diesen Verhandlungen zog?

„Der U-Boot-Krieg hat zur Zeit alle möglichen Verschärfungen gegen die Schiffahrt erhalten. Selbst Passagierdampfer, die abgeblendet fahren und jene, die im Geleit fahren, können nun warnungslos versenkt werden. Es fehlt nur noch die Erklärung der Belagerung Englands, bei der auch die neutralen Schiffe nach vorheriger Notifizierung an die neutralen Staaten warnungslos torpediert werden könnten.

Nach Rücksprache mit dem Ob.d.L. wird dieser auch gegen die Handelsschiffe der Geleitzüge mit Flugzeugen ohne Warnung vorgehen. Dies entspricht durchaus dem internationalen Recht."

Unter Punkt 3 dieser Niederschrift schrieb Raeder: „Das

U-Boot-Bauprogramm ist bisher vom Führer *nicht* als vordringlich erklärt, da die Wiederherstellung des Geräts des Heeres und seine Munitionsversorgung vorläufig im Vordergrund stehen. Mit der bisherigen Zuteilung an Stahl, Metallen und Arbeitern ist das große U-Boot-Bauprogramm nicht zu schaffen. Im Dezember ist eine erneute Prüfung zugesagt. Es wird dauernden Drängens bedürfen, um das große U-Boot-Programm durchzuführen. – gez. Raeder
                    F.d.R. Assmann, Korvettenkapitän."

Die in diesem Bericht vom Ob.d.M. angeschnittene Verschärfung des Handelskrieges führt hin zu den Fragen über den U-Boot-Krieg nach Prisenordnung, der bei jeder Sitzung des Führungsstabes der Marine auf dem Tagesordnungsprogramm stand.

Die Verschärfung des U-Boot-Krieges

Am 16. Oktober 1939 hatte Großadmiral Raeder als Ob.d.M. in Gegenwart von General Jodl Hitler Vortrag gehalten. Diesmal ging es nicht um das U-Boot-Bauprogramm, sondern vor allen Dingen um jene Denkschrift, die Raeder dem Führer kurz vorher vorgelegt hatte. In dieser Denkschrift war unter Punkt „a" die warnungslose Torpedierung aller einwandfrei als feindlich erkannten Handelsschiffe gefordert. Passagierdampfer sollten nach der Überzeugung des Ob.d.M. dann torpediert werden dürfen, wenn sie in einem Geleitzug mitliefen.

Großadmiral Raeder machte Hitler darauf aufmerksam, daß er bereits Befehl gegeben habe, Passagierdampfer ohne Anhalten zu versenken, *wenn* diese abgeblendet liefen. Er schlug vor, die Italiener, Russen und Spanier sowie die Japaner zu einer Erklärung zu zwingen, daß die Schiffe dieser Nationen *keine* Bannware mehr transportierten, anderenfalls sollten sie wie alle übrigen neutralen Nationen behandelt werden.

Unter Punkt „c" meldete Raeder, daß die Sowjets ihm einen

gut gelegenen Stützpunkt westlich ihres eisfreien Nordmeerhafens Murmansk zur Verfügung gestellt hätten. Er neige dazu, dort ein Werkstattschiff zu stationieren, an dem beschädigte U-Boote anlegen und ihre Schäden repariert werden könnten.

Bei der angeschnittenen Frage der Verschärfung des U-Boot-Krieges war vor allem der Einsatz der deutschen U-Boote im Handelskrieg nach der Prisenordnung betroffen. Dieser Einsatz war im Londoner Protokoll von 1936 festgelegt worden. Deutschland hatte diesen wichtigen Punkt im Artikel 74 der deutschen Prisenordnung von 1938 im vollen Wortlaut übernommen.

Die Seekriegsleitung und damit Raeder an der Spitze, der ja für sich selbst die Dienstbezeichnung „Chef der Seekriegsleitung" beanspruchte, war entschlossen, den Handelskrieg nach der Prisenordnung so lange fortzusetzen, wie ihm der Gegner dies ermögliche. Dies hatte Großadmiral Raeder in seiner „Kampfanweisung für die U-Boote" am 3. September 1939 unmißverständlich zum Ausdruck gebracht.

Ebenso wie man im Ersten Weltkrieg sehr bald erkannte, daß diese Art des U-Boot-Krieges nicht fortgeführt werden konnte, kam man auch sehr rasch im Zweiten Weltkrieg darauf, daß der Gegner eine solche Kampfführung nicht honorieren, sondern für sein Ziel der Vernichtung der U-Boote nutzen würde.

So waren sowohl in den 1938 erlassenen „Confidential Orders" Englands als auch in dem im selben Jahr ausgegebenen „Defence of Merchant Shipping Handbook" Weisungen enthalten, die in totalem Widerspruch zum Seekrieg nach Prisenordnung standen.

Es handelte sich um den eindeutigen Befehl, *jedes* gesichtete deutsche U-Boot sofort zu beschießen und dessen Standort sowie den eigenen Standort über Funk zu melden, damit sich die U-Boot-Abwehr einschalten konnte. Hinzu kam die Bewaffnung der Handelsschiffe, die bereits dargestellt wurde. Als dann auch noch Wasserbombenwerfer an Bord der Handelsschiffe installiert wurden und alle in See stehenden britischen oder unter britischer Flagge laufenden Handelsschiffe am 1. Oktober 1939 über Radio aufgefordert wurden, *jedes* deutsche U-Boot zu rammen, das sie erwischen konnten, lief das Faß über.

Alle diese englischen Maßnahmen waren entgegen dem Seerecht für Handelsschiffe erlassen und stellten für die anhaltenden U-Boote eine große Gefahr dar, die ja bei der Führung des Handelskrieges nach der Prisenordnung aufgetaucht fahren mußten und auch still auf der See lagen, wenn sie die Kapitäne der gestellten Handelsschiffe mit den Ladepapieren an Bord nahmen.

Dieser eklatante Bruch des Seekrieges nach Prisenordnung veranlaßte die deutsche Seekriegsleitung, diese Art des U-Boot-Krieges nach und nach aufzugeben. Es wäre nicht nur dumm, unter diesen Aspekten den Einsatz fortzuführen, sondern verbrecherisch gegenüber den Besatzungen der deutschen U-Boote, sie einer solchen Gefährdung auszusetzen.

Alle Handelsschiffe, die nach den britischen Weisungen verfuhren, handelten automatisch kriegsmäßig und entzogen sich dadurch selber dem Schutz des Seerechts.

Das gleiche war bei der Zusammenfassung von Handelsschiffen zu Geleitzügen der Fall, die durch schwerbewaffnete Eskorten gesichert wurden. Aus diesen Gründen hat die Deutsche Seekriegsleitung und als ihr ausführendes Organ der Befehlshaber der U-Boote jeden englischen Schritt in dieser Richtung von den Seekriegsgesetzen weg mit einer Gegenmaßnahme beantwortet und die jeweilige Angriffserlaubnis für die deutschen U-Boote erweitert.

„Diese ganze Entwicklung führte dazu, daß ohne Verletzung des Völkerrechtes von deutscher Seite Kampfbedingungen für die U-Boote entstanden, die ihren Eigenschaften mehr entsprachen und das Risiko ihres Einsatzes auf ein erträgliches Maß verringerten." (Siehe Wagner, Gerhard, Hrgb.: a.a.O.).

Hitlers persönliche Einschränkung des U-Boot-Krieges, daß Passagierdampfer und französische Handelsschiffe *nicht* versenkt werden durften, ja, daß man sie nicht einmal anhalten solle, wurden bereits am 23. September 1939 weitgehend gelockert. Es hatte sich gezeigt, daß Hitlers daran geknüpfte Erwartung, England und Frankreich würden nach Ende des erfolgreichen Polenfeldzuges zum Einlenken bereit sein, sich nicht erfüllte.

Die dritte Feindfahrt von U 48

„Kreuzer in Sicht!"

Am Vormittag des 20. November 1939 wurde in Kiel die letzte Ausrüstung des Bootes vorgenommen. Nachmittags hatte die Besatzung noch einmal Freizeit, und um 22.30 Uhr legte U 48 zu seiner dritten Feindfahrt von der Tirpitzmole ab.

U 47 war bereits am 16. November wieder in See gegangen, gefolgt von U 35, während U 31 am 21. November ankerauf ging und seine Feindfahrt antrat.

Von 22.30 Uhr bis 5.00 Uhr des 21. November durchlief U 48 den Kaiser-Wilhelm-Kanal. Das Boot legte um 6.50 Uhr von der Schleuse Brunsbüttel ab und lief im Minengeleit durch die 2. Minensuch-Flottille ab 16.00 Uhr durch das Minenwarngebiet. Um 24.00 Uhr war das Minengeleit beendet und das gefährliche Gebiet passiert. Das Boot lief allein in Richtung Fair Island weiter. Unmittelbar nach Verlassen der Deutschen Bucht ging am 22. November um 17.50 Uhr ein FT-Spruch des B.d.U. ein:

„Nr. 1659/22/56 vom B.d.U.: Angriffsaufstellung U 47, U 35, U 31 und U 48."

Beinahe gleichzeitig mit U 48 marschierte U 31 durch die Nordsee in Richtung Operationsgebiet. Am 22. und 23. November wurden 236 und 164 Seemeilen zurückgelegt. Als am 24. um 5.15 Uhr ein feindlicher Zerstörer in Sicht kam, ließ Schultze über Wasser ausweichen und blieb dabei offensichtlich unbemerkt, da der Zerstörer keinen Angriffsversuch unternahm. Um 12.30 Uhr mußte das Boot vor zwei Flugzeugen wegtauchen. Da die Nationalität der Maschinen nicht erkannt werden konnte, mochte es sich hierbei sogar um deutsche Maschinen gehandelt haben; aber sicher war sicher.

Der Wind hatte inzwischen aufgefrischt und trieb lange Roller aus Westnordwest gegen das Boot; er ließ es immer wieder über die hohen Kämme dieser Roller reiten und in die Wellentäler hinabstürzen. Wem hierbei nicht die Seebeine wuchsen, dem wuchsen sie nie.

Dicke Wolkenbänke wurden über U 48 hinweggeweht. Der Barometerstand bewegte sich bei 995 Millibar. Die Brückenwache mußte im „großen Seehund" aufziehen, also in dichtem Ölzeug, den Südwester auf dem Schädel. Sie mußte sich darüber hinaus mit den am Koppel befestigten Haltestropps an dem umlaufenden Rohr der Brückennock anschnallen, damit sie nicht über Bord ging, wenn es einmal sehr hart kam.

Genau 24 Stunden darauf befand sich U 48 in einer kritischen Lage, als ein weiterer Zerstörer in Sicht kam. Schultze ließ abermals über Wasser ablaufen. Zuerst sah es so aus, als habe der Zerstörer sie erkannt, denn er drehte auf ihre Richtung ein, dann aber – der Kommandant wollte bereits Alarmtauchen befehlen – zackte dieser Zerstörer weg und verschwand im Dunst.

Um 20.15 Uhr sichtete die Brückenwache im Quadrat 1461 AN-M ostwärts der Orkney-Inseln ein beleuchtetes Fahrzeug an Steuerbord voraus. Es wurde verfolgt, als Tanker erkannt und dann weiter beobachtet.

„Den greifen wir uns! Ist ein Tanker von geschätzten 6000 Tonnen", sagte Schultze.

U 48 schloß zum ersten Torpedoschuß dieser Feindfahrt heran. Um 23.32 Uhr fiel der Torpedoschuß aus einer geschätzten Distanz von 1000 m. Auch diesmal wurde keine Detonation gehorcht.

„Wir verfolgen den Tanker weiter und setzen uns dann zum zweiten Torpedoschuß vor!" entschied der Kommandant.

Das Boot lief am Rand des Sichtkreises mit, und unmittelbar vor dem Eindrehen zum zweiten Torpedoschuß sichtete der Kommandant einen auf Gegenkurs befindlichen Zerstörer, so daß dieser Anlauf ausfallen mußte.

Erst eine Stunde später war es dann wieder soweit. Am 26. November um 0.30 Uhr fiel der Schuß auf den Tanker. Der Torpedo hatte eine geschätzte Laufstrecke von 1500 Metern zurückzulegen. Genau 118 Sekunden nach Fallen des Schusses und demzufolge nach der errechneten Laufstrecke von 1770 Metern stieg die Torpedodetonationspinie am Vorschiff des Tankers in die Höhe.

Es war der Schwede „Gustaf E. Reuter" mit 6336 BRT, der getroffen liegenblieb, sofort eine SOS-Meldung absetzte und dann funkte: „Bin auf Mine gelaufen!"

Nach diesem Erfolg marschierte U 48 durch die Nordpassage zu seiner alten Position zurück. Die Leuchtfeuer von Fair Island und Sumburg Head brannten von Zeit zu Zeit, so daß eine ausgezeichnete Positionserrechnung erfolgen konnte. Die Bewachung wurde nicht als lästig empfunden.

Zum Nachladen der Torpedos ließ Kptlt. Schultze das Boot am 26. November um 8.07 Uhr tauchen, um bei ruhigem Wasser die Arbeit leichter und vor allem unfallfrei durchführen zu können. Über Wasser wäre dies nach Angaben des Kommandanten bei einem Seegang von 7 bis 8 und Sturm in Stärken bis 9 nicht möglich gewesen.

Um 14.30 Uhr ließ Schultze wieder auftauchen. Doch die See hatte sich noch immer nicht beruhigt, so daß der Kommandant um 15.50 Uhr aufgrund der Wetterlage erneut auf 40 Meter Tiefe hinuntergehen ließ. Die Männer im Funkraum und am Gruppenhorchgerät horchten nun auf Schraubengeräusche, aber es war nichts zu vernehmen. Die See schien völlig leer zu sein.

Erst nach dem Wiederauftauchen am späten Abend dieses Tages konnte das Boot einen FT-Spruch des B.d.U. empfangen: „20.35 Uhr FT 1710/26/93: U 48 ostwärts der Shetlandinseln – Lerwik-Bucht aufklären."

Am 27. November, das Boot lief bereits wieder getaucht durch sehr grobe See, wurden um 4.20 Uhr sehr starke Wasserbombendetonationen gehorcht. Allerdings konnte kein S-Gerät und keine Ortung empfangen werden. Als U 48 um 9.42 Uhr auftauchte, war die See leer. Erst um 12.50 Uhr mußte das Boot mit Alarmtauchen vor einem Flugzeug hinuntergehen. Nach dem Wiederauftauchen um 13.11 Uhr setzte

U 48 seinen Suchmarsch fort, um gegen 13.45 Uhr ein weiteres Mal vor einem Zerstörer auf Tiefe zu gehen.

Nach dem Auftauchen um 17.05 Uhr marschierte U 48 in die Lerwik-Bucht hinein. Um 20.00 Uhr konnte der Kommandant die Feststellung treffen, daß das Feuer Sumburg nun ständig brannte. An diesem Abend hatte das Boot, südostwärts der Shetlands stehend, einen aus Westnordwest kommenden Wind mit Stärke 5 und eine See mit 4 bis 5 gegen sich anstehen. Es war wolkig, die Sichtverhältnisse waren mittel. Zwischendurch wurde es dunkel, wenn Regenschauer niedergingen.

Um 24.00 Uhr war die Lerwik-Bucht erreicht. U 48 wurde von seinem Kommandanten in den Vorhafen Lerwik hineingesteuert. Dort war kein Fahrzeug zu sehen, allerdings fehlten auch Bewacher, und Sperren waren ebenfalls nicht vorhanden.

Um 0.30 Uhr des 28. November machte U 48 kehrt und lief entsprechend dem inzwischen erhaltenen Funkspruch Nr. 1834/27/48 in seinen vorgeschriebenen Aufklärungsstreifen zurück. Um 1.50 Uhr kam auf diesem Marsch ein abgeblendetes Kriegsschiff in Sicht. Der I. Wachoffizier gab die Sichtmeldung ins Boot, und der Kommandant kam sofort auf den Turm.

„Es ist ein Kreuzer!" sagte Schultze nach einem kurzen Blick durch das Fernglas. „Hat etwa 10000 Tonnen."

Der Kreuzer lief an Backbord querab auf Gegenkurs und verschwand sehr rasch in einer Hagelböe. Schultze ließ das Boot herumgehen, wobei bei dem herrschenden Orkan die See in einem dichten Schwall über den Turm hinwegstob und alles unter Wasser setzte.

Bereits nach wenigen Minuten wußte er, daß bei diesem Wetter an keine Verfolgung zu denken war. Die See, die mit einer Stärke um 8 ging, und die dauernd neu niedergehenden Hagelschauer ließen ein Fühlunghalten oder Suchen dieses Kreuzers unmöglich erscheinen. Dazu der Kommandant:

„Ich nehme an, daß der Kreuzer vor dem Orkan in Küstennähe Schutz suchte, trete den Rückmarsch zur Lerwik-Bucht an. Dazu wurde um 1.57 Uhr getaucht und unter Wasser weitermarschiert. Es ging erneut in die Bucht hinein. Wir drangen bis zum Innenhafen vor. Außer zwei kleinen Fischdampfern, in der Bucht auf und ab stehend, wurde nichts gesichtet. Um 14.00 Uhr machten wir wieder kehrt."

Um 14.10 Uhr ging dann ein FT-Spruch „alpha alpha 1325/61 von U 35 ein: „Rückmarsch in unseren Aufklärungsstreifen!" Um 15.50 Uhr wurde aufgetaucht und weitergelaufen.

Eisig peitschte der Novembersturm, der den Brückenwächtern fast den Atem verschlug. Der Kommandant enterte immer wieder auf den Turm, um einen Rundblick zu halten und nachzusehen, wann der Augenblick gekommen war, daß U 48 abermals auf Tauchmarsch gehen mußte. In der Zentrale unterhielt er sich mit seinem Leitenden Ingenieur, Oberleutnant (Ing.) Zürn, dessen schwäbelnde Aussprache er mochte. Zürn, das wußte Schultze, hatte am 23. Juli Geburtstag, während er, Schultze, am 24. Juli an der Reihe war, nur daß Zürn von der Crew 1927 war und zu den „eisgrauen" U-Boot-Fahrern zählte. „Wie sieht es mit der Anlage aus, Zürn?" fragte Schultze den Kameraden.

„Ich denke, daß wir nach dieser Feindfahrt eine generelle Untersuchung des Bootes beantragen sollten, denn einige Dinge sind nicht mehr so hundertprozentig in Ordnung, wie sie sein sollten."

„Kein Wunder nach zwei schnell aufeinanderfolgenden Feindfahrten. Ich werde mich also beim Großen Löwen stark machen, daß dies geschieht."

„Dann bekämen wir alle auch einen Weihnachtsurlaub", meinte Zürn und lächelte seinen Kommandanten an.

„Fein, Zürn, aber wir wollen dies vorläufig noch unter uns behalten. Ich fürchte nur, daß so ein Weihnachtsurlaub die Kerle zum Saufen animiert."

„Sie müssen sich austoben können, Herr Kaleunt", meinte Zürn bedächtig. „Sie sind jung und wollen das Leben an die Brust nehmen, wenn sie dem Hippenmann von der Sense gesprungen sind."

„Hört sich vernünftig an, Zürn. Wir Alten sind in dieser Beziehung ja bereits jenseits von Gut und Böse."

„Ganz so würde ich das nicht sehen", entgegnete der Leitende Ingenieur. „Auch ich bin froh, wieder einige Wochen bei meiner Familie zu sein, und dann wird eben mal ein Gläschen mehr getrunken, als dies für das allgemeine Wohlbefinden zuträglich ist.«

„Nun ja, ich denke, daß dies schon vertretbar ist, solange mir die Jungen nicht auf dem Boot Rabatz machen."

Der Kommandant ging in seine Kammer, um sich etwas auszuruhen, denn wenn er auch keine Wache ging, so hatte er doch *immer* bereit zu sein, wenn er auf den Turm gerufen wurde.

Um 23.05 Uhr kam ein abgeblendeter Dampfer in Sicht, der von einem Zerstörer gesichert wurde. Der Kommandant wurde benachrichtigt und kam auf den Turm.

„Das scheint ein sehr wertvoller Dampfer zu sein, daß er im Geleit eines Zerstörers läuft. Den nehmen wir uns vor!" erklärte Schultze nach einem sichernden Rundblick. Die Befehle ließen das Boot herumgehen und sich mit AK vorsetzen. Als genügender Vorlauf erreicht war, ließ Schultze sein Boot auf Sehrohrtiefe hinuntergehen, um sich unbemerkt auf Schußentfernung heranschleichen zu können. Bei der außerordentlich hellen Mondnacht war ein unbemerktes Heranschließen im Überwassermarsch unmöglich.

Der Kampf mit der U-Boot-Falle

Im Unterwassermarsch gelang es U 48, eine sehr günstige Schußposition zu erreichen. Um 23.32 Uhr gab Schultze den Befehl zum Unterwasserschuß. Da dieser Schuß mit einem großen Vorhalt abgegeben wurde, ging der Torpedo vorn vorbei. Dies wiederum zeigte dem Kommandanten, daß das Schiff sehr langsam lief.

Erneut mußte U 48 vorgesetzt werden. Dies konnte in Unterwasserfahrt geschehen, weil das Schiff mit seinem Begleiter nach den neuesten Schätzungen nicht mehr als fünf Knoten in der Stunde machte. Diese geringe Geschwindigkeit war überraschend und ließ im Kopf des Kommandanten von U 48 ein Alarmsignal aufleuchten. Zwar ließ die langsame Fahrt mehrere Deutungen zu, von der eine jene war, daß der Zerstörer einen wertvollen Havaristen geleitete. Den anderen Gedanken verwarf Schultze zunächst.

Um 23.55 Uhr fiel der zweite Torpedoschuß. Der Aal detonierte nach nur 23 Sekunden Laufzeit. Die Entfernung zum Schiff war aber 1200 m, was die Deutung zuließ, daß sie einen Frühdetonierer geschossen hatten. Der Zerstörer löste sich aus seiner Position und lief mit äußerster Kraft auf den vermeintlichen Standort des U-Bootes zu. U 48 verschwand mit Alarmtauchen in der See. Doch wenig später drehte der Zerstörer bereits wieder ab, wie Schultze durch einen Rundblick aus Sehrohrtiefe erkennen konnte, ohne Wasserbomben geworfen zu haben. Er verfolgte weder das Boot gezielt, noch suchte er es mit Asdic. Dies bewog Herbert Schultze dazu, den Dampfer doch in die zweite Kategorie einzureihen: Er mußte eine U-Boot-Falle sein. Die sehr geringe Fahrt und der unbeirrt gerade Kurs ohne jeden Zack deuteten darauf hin.

Über dieses Vorkommnis setzte der Funkmaat wenig später, nachdem sie wieder aufgetaucht waren, einen Funkspruch ab, der die Kameradenboote warnen sollte.

U 48 entfernte sich von dieser Falle, aber am nächsten Morgen um 2.05 Uhr, zwei Stunden nachdem das Boot die Warnmeldung getastet hatte, kam erneut ein Zerstörer mit einem nebenbei laufenden abgeblendeten Dampfer in Sicht. Auch dieses „Pärchen" machte kleinste Fahrt und fuhr stur geradeaus. Das mußte eine zweite U-Boot-Falle sein. So sahen es wenigstens der Kommandant von U 48 und seine Brückenwächter.

Um 7.00 Uhr kam dann ein Dampfer in Sicht, der sogar von vier oder fünf Zerstörern geleitet wurde. Mit wechselnden Kursen lief U 48 an den ebenfalls kleine Fahrt dampfenden Verband heran, um dessen Absichten festzustellen. Schultze sprach diesen Verband als U-Boot-Suchgruppe an.

Um 7.13 Uhr mußte das Boot vor einem ausscherenden Zerstörer in den Keller gehen. Außerdem konnte es, gegen die See laufend, aus Nordwesten nicht über Wasser zum dunklen Horizont gelangen.

Der U-Boot-Jagdverband griff nunmehr an, aber U 48 hatte bereits eine ziemliche Tauchtiefe erreicht und war relativ sicher vor den ersten Wasserbombenwürfen, die in schneller Abfolge ab 7.45 Uhr fielen. Es waren jeweils Serien von vier bis fünf Wabos, die in einem bestimmten Seitenabstand zueinander geworfen wurden und in verschiedenen Tiefen detonierten.

Der nächste Angriff erfolgte um 9.00 Uhr, und der dritte peitschte um 11.15 Uhr um U 48 in die See und riß riesige Wassergebirge in die Höhe.

Herbert Schultze ließ U 48 mit Schleichfahrt in größere Tiefe gehen und versuchte durch rechtzeitige Kursänderungen den anlaufenden Zerstörern zu entkommen. Es ging auch immer gut. Auch als um 12.30 Uhr Wasserbomben in der nächsten Umgebung des Bootes detonierten, hatte er mit einer rechtzeitigen Ruderkorrektur direkte Treffer oder Nahtreffer verhindern können. Nicht verhindern konnte er jedoch, daß die Schäden immer schwerer wurden, und daß das Boot in eine immer gefährlicher werdende Situation geriet.

Über die nahebei detonierenden Wasserbomben hinaus wurden im Gruppenhorchgerät weitere Wasserbombendetonationen gehört, die allerdings in großer Entfernung erschollen. Daher nahm Schultze an, daß sie einem anderen Boot gegolten hatten.

Sieben Stunden dauerte diese U-Boot-Jagd, die U 48 vom Jäger zum Gejagten machte. Daß das Boot durchkam, war der kaltschnäuzigen Führung durch den Kommandanten zu verdanken, der immer wieder in genau der richtigen Sekunde seine Entscheidungen traf, die den Untergang des Bootes verhinderten.

„Diese Wasserbombenjagd", schrieb Schultze später in das KTB des Bootes, „galt sicher U 47 für seine Kreuzerversenkung."

Als das Boot wieder auftauchen konnte, ließ der Kommandant den Backborddiesel auf Aufladung schalten, die Frischluftumwälzer anstellen und das Boot gründlich durchlüften.

Um 1.48 Uhr des 30. November erhielt das Boot einen Funkspruch des B.d.U.: „FT Nr. 2252/29/95: U 48 und U 47 setzen ihren Marsch in den Atlantik fort."

„Boot greift wieder an!"

Bei einem Weststurm in Stärke 8 und einer See, die mit Stärke 7 gegen das Boot anrannte und ständig den Turm überspülte, daß sich die Brückenwächter anschnallen mußten, mußte Schultze um 10.12 Uhr den Befehl zum Tauchen geben und den Marsch unter Wasser, also um die Hälfte langsamer, fortsetzen.

Um 12.03 Uhr waren achteraus Wasserbomben-Detonationen zu horchen, und erst um 16.55 Uhr ließ der Kommandant sein Boot wieder an die Wasseroberfläche zurückkehren. An diesem Tage wurden auf dem Marsch ins Operationsgebiet ganze 142 Seemeilen zurückgelegt.

Am frühen Morgen des 1. Dezember kam um 5.20 Uhr an Backbord querab Fair Island in Sicht. Vor einem Fischdampfer mußte das Boot um 9.46 Uhr tauchen, um seine Anwesenheit nicht vorzeitig preiszugeben und Flugzeuge und Kriegsschiffe auf sich zu ziehen. An diesem Tage wurden ebenfalls nur 155 Seemeilen geschafft, und am 2. Dezember waren es wiederum nur 146. An diesem Tage erhielten U 47 und U 48 eine Weisung des B.d.U., ihren Brennstoffbestand zu melden. Auf diese Weise wollte die Operationsabteilung prüfen, wie weit beide Boote noch nach Süden eingesetzt werden konnten.

U 48 gab das Erreichen des Operationsgebietes bekannt und funkte den ermittelten Brennstoffbestand durch. Der nächste Tag sah wiederum U 48 ebenso wie U 47 bei grober See, die mit Stärke 6 bis 7 ging, und einem Wind in Stärke 7 in einem Einsatz, der ohne Feindeinwirkung hart genug war. U 48 stampfte und schlingerte und rollte. Der Funkmaat mußte einen Kurzspruch über die Seeverhältnisse nach dem Kurz-Wetterschlüssel absetzen. Die Tagesstrecke betrug das absolute Minimum von 116 Seemeilen.

Wenig später hörte der Funkmaat einen Kurzspruch von U 47 mit, in dem Günther Prien dem B.d.U. mitteilte: „Wegen Wetterlage kein Waffeneinsatz möglich." Das gleiche zu melden, befahl auch Schultze seinem Funker.

Die Antwort des B.d.U. dazu lautete: „Falls Sturm weiterhin anhält, werden beide Boote nach Finesterre umgeleitet."

Getaucht liefen beide Boote mit kleiner Fahrt weiter. Am Nachmittag ließ Schultze kurz auftauchen und die E-Maschinen aufladen, um dann gegen 17.30 Uhr nach völligem Durchlüften des Bootes wieder in den Keller zu gehen.

Als am Morgen des 5. Dezember um 5.30 Uhr das Boot wieder an die Wasseroberfläche zurückkehrte, war das Wetter bedeutend besser geworden. Die Sicht war gut, wenn es auch wolkig war. Lediglich die noch immer sehr starke Dünung machte U 48 zu schaffen. An diesem Tage wurden wieder 188 Seemeilen zurückgelegt, ohne allerdings auch nur die schwächste Rauchfahne zu sichten, von einem Schiff nicht erst zu reden.

Erst am Morgen des 6. Dezember wurden um 3.25 Uhr zwei Zerstörer auf Westkurs gesichtet. Über Wasser wich U 48 ihnen aus. Danach blieb die See wieder leer, und auch am 7. Dezember erfolgte nicht *eine* Sichtmeldung, und das bei einer zurückgelegten Tagesstrecke von 132 Seemeilen. Dichter Nebel zwang am Morgen des 8. Dezember das Boot erneut zum Tauchen, da die Gefahr bestand, bei dieser herabgesetzten Sichtweite einem Gegner direkt vor die Geschützrohre zu laufen.

Auf Sehrohrtiefe auftauchend, nachdem der Funkraum „Schraubengeräusche" gemeldet hatte, kamen um 9.00 Uhr zwei Dampfer in Sicht. Sie liefen Zickzackkurse, und U 48 lief zunächst in den Kollisionskurs hinein, ehe Herbert Schultze „Auftauchen!" befahl. Er mußte die Verfolgung und das Nachsetzen über Wasser durchführen, wie er sehr rasch erkannt hatte. Mehreren Bewachern wich das Boot durch schnelles Ruderlegen aus. Diese hatten U 48 wahrscheinlich gesichtet. Dennoch hatte es gute Chancen, einen dieser Gegner zu treffen und unter Wasser zu bringen.

Um 11.20 Uhr ließ Schultze auf Sehrohrtiefe hinuntergehen. Das Boot glitt in einer flachen Kurve in die günstigste Schußposition, und um 11.55 Uhr gab der Kommandant, im Sattelsitz des Angriffssehrohrs hockend, den Befehl zum Schuß, nachdem der Zielgeber bereits mehrfach sein „Hartlage!" durchgegeben hatte.

„Torpedo läuft!" meldete der Torpedomaat aus dem Bugraum. Der Einzelschuß traf die 6668 BRT große „Brandon", einen britischen Dampfer, der im Quadrat BF 1532 binnen zehn Minuten sank.

Der zweite Dampfer drehte nach dem Auftreffen des Torpedos sofort ab und war, da er sehr große Fahrt machte, von dem getaucht laufenden U-Boot nicht mehr einzuholen.

Durch sein Sehrohr sichtete Schultze die Bewacher, die auf die Untergangsstelle des Schiffes zuliefen. Als einer auf seinen Standort eindrehte, ließ er ablaufen. Er wurde nicht verfolgt, und als er um 13.32 Uhr den Befehl zum Auftauchen gab, war der einzelne Dampfer weg. Doch wenige Minuten darauf verwandelte sich die Enttäuschung in Freude, denn plötzlich kam ein Geleitzug an Steuerbord querab in Sicht. Das Boot schnürte näher heran, gewann den zum Unterwasserangriff notwendigen Vorlauf und tauchte um 14.48 Uhr zum Angriff.

Unmittelbar vor dem Schließen des Turmluks hatte Schultze noch ein Flugzeug gesichtet. Als das Boot etwa 15 Meter Tiefe erreicht hatte, krachte es in seiner unmittelbaren Nähe viermal nacheinander. Vier Bomben hatte das Flugzeug geworfen. Es gab schwere Erschütterungen. Einige Geräte fielen aus, Glühbirnen zersprangen, doch die Besatzung hatte binnen weniger Minuten alles wieder im Griff, und die Stationen meldeten klar.

U 48 ging nun tiefer hinunter. Um 14.52 Uhr wurde es von den S-Geräten der Zerstörer angelotet. Schultze befahl, noch

Herbert Schultze, Kommandant auf acht Feindfahrten

Ein englisches Schiff sinkt nach Torpedotreffer

Dieser Tanker brennt über alles

Der Tiefenruderstand auf U 65 *Am Dieselmotorstand Backbord*

Befehlsübermittlung per Telefon

U 48 vorn, Mitte U 65; am 25. 9. 1940 in Lorient einlaufend

U 48 am 25. 9. 1940 einlaufend

U 48 bei der Verabschiedung von der Schleuse St. Nazaire

U 48 auslaufend

U 94 läuft in St. Nazaire ein

Der Befehlshaber der U-Boote

Rennfahrer Hans Stuck besucht U 48 in St. Nazaire

Der Rennfahrer auf dem U-Boot-Turm

Herzliche Verabschiedung

U 47 unter Günther Prien läuft zur letzten Feindfahrt aus. Dahinter U 99, das ebenfalls nicht zurückkehrte

U 48 bei der Torpedoübernahme in Kiel

Ein Torpedo wird ins Boot abgesenkt

Der Aal hängt noch im Kran

U 123 wird am 30. 5. 1940 in Bremen in Dienst gestellt

U 123 bei der Zeremonie unter Kapitänleutnant Moehle

Das Boot in Lorient

U 124 und U 95 kurz vor dem Auslaufen am 24. 2. 1941

U 95 am 24. 2. 1941 in Lorient

U 46 im Mai 1941 in St. Nazaire auslaufend

Kapitänleutnant Schuhart wird nach der Versenkung des Flugzeugträgers „Courageous" von Großadmiral Raeder beglückwünscht, rechts der BdU

Hans Rudolf Rösing, der zweite Kommandant von U 48

Erich Zürn, Leitender Ingenieur auf U 48 in acht Feindfahrten

Der Maschinenraum von U 65, August 1940, Brest

Der Dieselmotorraum von U 65

U 100 läuft am 1. September 1940 in Lorient ein

Am ausgefahrenen Sehrohr sieben Versenkungswimpel

Besatzungsangehörige von U 38 werden ausgezeichnet

tiefer hinunterzugehen. Um 15.10 Uhr detonierten direkt über dem Boot zwei Wasserbomben, die sie voll erwischt hätten, wenn sie in der alten Tauchtiefe verblieben wären. Kptlt. Schultze befahl auf X und 30 Meter zu gehen. Um 15.35 Uhr erschütterten abermals drei Wasserbomben-Detonationen das Boot. Die Lastigkeitswaage platzte, mehrere Sicherungen der Torpedo-Feuerleitanlage und der E-Anlage sprangen heraus. Herbert Schultze ließ das Boot in einer Wassertiefe von X und 50 Meter auf Grund legen und alle Hilfsmaschinen ausschalten, um dem Gegner ein Einpeilen des Bootes zu erschweren.

Oblt.(Ing.) Zürn war in seinem Element, alle Schäden in der Zentrale und an den Schalttafeln würden durch ihn wieder in Ordnung gebracht. Er setzte seine Männer ein, und nacheinander gingen die Klarmeldungen in der Zentrale ein. Einige Schäden allerdings konnten nicht in so kurzer Zeit behoben werden. Alle Tauchvorgänge wurden durch ihn überwacht und gesteuert. Der Tiefenrudergänger arbeitete zielsicher und unverzüglich. Dies alles mußte exakt und in kürzester Zeit erledigt werden, wenn das Boot überleben wollte.

Die Zerstörer suchten das Boot fieberhaft. Gegen 18.00 Uhr hatten sie es wieder mit ihren Asdic-Geräten erfaßt. Was folgte, waren zehn zielsicher geworfene Wasserbomben, die zum Glück nicht in der Tiefe des Bootes detonierten, sondern über ihm. Dennoch zersprangen das Waschbecken und der Toilettentopf, platzten abermals mehrere Glühlampen auseinander. Der Umdrehungsanzeiger im Turm fiel aus, weitere Schäden wurden gemeldet. Wenn das Boot hier liegenblieb, dann würde es beim nächsten Anlauf der Zerstörer vernichtet werden, dies war Herbert Schultze klargeworden. Es gab nur eine Alternative vor dem Auftauchen und Vernichtetwerden, das war die Notwendigkeit, von diesem Ort, wo er festgestellt worden war, wegzukommen.

„An LI: zehn Meter höher gehen!" Das Boot löste sich vom Grund und lief in der Tiefe X und 40 mit kleinster E-Maschinenfahrt ab. Die Schraubengeräusche der feindlichen Zerstörer, die sich zu einem neuen Anlauf rüsteten, wurden leiser, und um 18.45 Uhr gab Schultze den Befehl zum Auftauchen auf Sehrohrtiefe.

Ein Rundblick zeigte dem Kommandanten von U 48, daß in einem weiten Kreisbogen um ihn herum etwa 20 Fahrzeuge lagen und anscheinend in ihren bestimmten Suchsektoren dabei waren, das U-Boot, das sie eingekreist wähnten, erneut zu packen und diesmal die Jagd mit einem „Kill" zu beenden.

„Auftauchen! – Keinerlei Geräusche!" befahl der Kommandant. Das Boot glitt an die Wasseroberfläche zurück. Die beiden Diesel sprangen an. Das Geräusch war derart, daß Schultze schon fürchtete, dadurch entdeckt zu werden. Doch nichts geschah auf den Bewachern.

„Wir laufen zwischen den beiden Bewachern zehn Grad Steuerbord voraus hindurch, die stehen am weitesten auseinander!" befahl Schultze und ließ mit vorgefluteten Boot genau in die Lücke hineinhalten. Dabei fielen für lange Minuten beide Dieselmotoren aus, weil ihre Kühlwasserleitung defekt war. Mit E-Maschinenfahrt „hummelte" sich das Boot durch und machte – wie die Eintragung ins KTB von U 48 lautete – „dem Gegner eine lange Nase!"

Der Ausbruch aus dem Todeskreis war gelungen, und um 20.00 Uhr hatte der Kommandant die Zusammenfassung aller Schäden zur Hand. Sie waren sehr erheblich. „Sämtliche Kommandoelemente, der Kreiselkompaß und der Magnetkompaß waren ausgefallen. Elektrische Birnen und Sicherungen zerplatzt, die Außenbordventile teilweise erheblich gelockert, das Entlüftungsgestänge schadhaft."

„Voller Einsatz des technischen Personals, Zürn! Wir müssen unser Boot so schnell wie möglich wieder kampfbereit haben!" lautete Schultzes Weisung an den Leitenden Ingenieur. Fieberhaftes Arbeiten setzte ein. Jeder Mann wußte genau, worum es ging, und daß auch sein Anteil an der Reparaturarbeit möglicherweise das Boot retten würde.

An diesem Abend, während auf U 48 alles dabei war, das Boot wieder einsatzbereit zu machen, notierte der B.d.U. in sein KTB: „Die Anwesenheit von U 47 und U 48 vor dem Kanal und südlich Irlands zeitigt die ersten Dampferversenkungen dort." Und das KTB führte weiter aus: „U 38 hat zwölf Torpedos verschossen – viele Versager. Das Boot hatte neue Abschußpistolen, was ist damit?" Diese Frage galt es zu klären, aber die Zukunft sollte zeigen, daß die Torpedoinspektion die Sache nicht in den Griff bekam.

Um Mitternacht waren viele der gemeldeten Schäden von U 48 behoben, und abermals zwei Stunden später war das Boot wieder einsatzbereit, und das war gut so, denn um 6.30 Uhr dieses 9. Dezember sichtete die Brückenwache einen abgeblendet fahrenden Tanker, der von einem Fahrzeug begleitet wurde, das zunächst nicht identifiziert werden konnte.

Obgleich das Boot noch immer nicht voll gefechtsklar war, ließ Schultze es zum Angriff auf diesen Tanker, der „Edelwild" darstellte, vorsetzen. Um 6.44 Uhr fiel der erste Schuß, der keinerlei Wirkung zeitigte. Der Fehlschuß war vom Kommandanten erwartet worden, da sich das Boot im Augenblick des Schusses gerade sehr weit übergelegt hatte und deshalb ein zu großer Vorhaltewinkel entstanden war.

Um 6.46 Uhr wurde der Torpedo aus dem Heckrohr geschossen. Auch er war ein Fehlschuß. Die Schußunterlagen waren offenbar durch die schlechte Sicht *und* infolge des Ausfalles der Zieloptik unsicher.

Erst als der dritte Torpedo um 7.10 Uhr das Rohr verließ und zum Gegner hinüberlief, klappte es. Der Torpedo traf den Tanker mittschiffs. Das Schiff bog sich weit durch. Es war die 7397 BRT große „San Alberto", die nun ununterbrochen SOS funkte und dann noch das sich soeben einbürgernde Zeichen für U-Boot-Angriff nachschickte: „SSS!" Allerdings machte der Funker keine Positionsangabe.

Die Besatzung ging in die Boote, als feststand, daß der Tanker rasch sinken würde. Schultze beobachtete das Vonbordgehen, und als der Tanker von der Wasseroberfläche verschwand, setzte U 48 seinen Marsch fort.

In das KTB trug Schultze die Bemerkung ein: „Dieser Erfolg ist unsere Rache für die böse Wasserbombenschlacht."

Am 10. Dezember mußte U 48 zweimal tauchen. Dabei wurde gleich auch die Reparatur des Lenzventils der Maschinenbilge durchgeführt, die von 12.50 bis 15.32 Uhr dauerte. Die am 10. Dezember zurückgelegte Tagesstrecke belief sich auf ganze 54 Seemeilen.

Am 11. Dezember fing der Funkmaat von U 48 einen FT-Spruch von U 47 auf, daß das Boot den Rückmarsch angetreten habe. Auch U 48 meldete an diesem Tage den Rückmarsch. Es hatte mehrere ETO-Versager gehabt, und Dönitz sagte zu dieser andauernden Misere der Torpedos: „Eines kann jetzt schon festgestellt werden: Die Maßnahmen, von denen die Torpedoinspektion sich eine Beseitigung der Versagerquellen versprochen hatte, haben dieses Ziel jedenfalls *nicht* erreicht." Und am 14. November, um in dieser Sache den Zusammenhang zu wahren, notierte der B.d.U. in sein KTB: „Der Einfluß des Versagens der Torpedowaffe auf den operativen Einsatz der U-Boot-Waffe hat den Wirkungsgrad des U-Boot-Krieges erheblich herabgesetzt. Hinzu kommen noch die zu langen Werftliegezeiten. Ursache dafür: die verschiedenen Schwächen der Boote, die erst jetzt, im Einsatz, zutage traten. Es sind dies in der Hauptsache Schwächen der Auspuff-Ventile. Die bisherige zu geringe Tauchtiefe (im Frieden war nur eine solche von höchstenfalls 50 m zugelassen) hat keine der jetzt im Tiefergehen auftretenden Schwächen erkennen lassen."

Mit dem Oberwerftdirektor führte der B.d.U. eine Besprechung mit dem Ziel, die Werftliegezeiten auf 3–4 Wochen zu verkürzen. Diese Besprechung fand am 15. Dezember statt. Doch nun zurück zu U 48.

Am 12. Dezember kam den Brückenwächtern von U 48 ein U-Boot in Sicht. Zunächst ließ Schultze tauchen, und erst als er das Boot als deutsches identifiziert hatte, ließ er wieder auftauchen. Es war U 47, mit dem sich U 48 hier traf. Beide Boote tauschten das ES miteinander aus und gingen dann auf Rufweite aufeinander zu. Schultze und Prien tauschten ihre Erfahrungen aus, und nach gegenseitigen besten Wünschen für eine sichere Heimkehr wurde der Rückmarsch getrennt fortgesetzt.

Um 18.20 Uhr wurde ein FT-Spruch des B.d.U. „1728/12/95 an U 48: Operationsgebiet auf den Seeraum westlich des Kanals erweitern" aufgefangen. Dies hatte Herbert Schultze bereits aus eigenem Entschluß getan, der damit auch vom B.d.U. sanktioniert wurde.

Um 7.55 Uhr des 13. Dezember wurde ein Dampfer gesichtet, der Zickzackkurse lief. Zum Angriff ließ Schultze sein Boot auf Sehrohrtiefe tauchen und setzte sich zum Angriff vor. Der um 8.38 Uhr geschossene Torpedo wurde ein Fehlschuß, dessen Ursache unbekannt blieb. Erst nach acht Minuten Laufzeit wurde die Detonation dieses Torpedos gehört, die anzeigte, daß der Aal ein Endstreckendetonierer war.

Der Dampfer lief, nachdem er diese Detonation ebenfalls gehört hatte, mit großer Fahrt ab. U 48 tauchte um 9.20 Uhr auf und fing sofort den FT-Spruch eines anderen Bootes auf, das einen Geleitzug gesichtet hatte. Um 12.00 Uhr nahm U 48 Kurs auf diesen Konvoi, der sich im Quadrat 4125 befand, und legte an diesem Tage 155 Seemeilen zurück.

Auch am 14. Oktober war in dem angegebenen Quadrat nichts zu sehen, und in langen Suchschlägen stand das Boot auf und ab. Erst am Mittag des 15. Dezember um 12.10 Uhr wurde ein Dampfer gesichtet. Herbert Schultze ließ auf Sehrohrtiefe tauchen und lief sehr nahe an diesen Dampfer heran. Da er diesen als Griechen erkannte, ließ er auftauchen und den Dampfer durch einen Schuß vor den Bug stoppen. Es war die „Germaine", die eine Getreideladung für Cork ans Ziel bringen wollte. Auf Schultzes Befragung gab der Kapitän des Schiffes an, daß er Order habe, zum Bristolkanal zu laufen. Das entschied die Sache.

Kapitänleutnant Schultze befahl dem Kapitän der „Germaine", zu seinem Schiff zurückzukehren und der Besatzung die Order zu geben, in die Boote zu gehen, da er sein Schiff versenken müsse. Dies geschah entsprechend.

Als keine Gefährdung der Schiffsbesatzung mehr zu befürchten war, wurde dieser Dampfer um 17.40 Uhr durch einen Torpedoschuß versenkt.

Vorher durfte der Dampfer – nachdem der Kapitän seine Zusicherung gegeben hatte, keine Standortangabe zu machen und nichts von einem U-Boot zu melden – einen Hilferuf senden. Dies gestand Schultze dem niedergeschlagenen Kapitän der „Germaine" zu. Der SOS-Ruf wurde sehr bald von dem norwegischen Dampfer „Venland" beantwortet. Dieser lief nun auf die in ihren Booten befindlichen Männer der Schiffsbesatzung zu. Danach wurde die „Germaine" mit ihren 5217 BRT durch einen Torpedoschuß versenkt.

Am nächsten Vormittag brachte der Funkmaat dem Kommandanten einen FT-Spruch auf die Brücke, aus dem zu entnehmen war, daß die Besatzung der „Germaine" von der „Venland" aufgefischt worden war.

Um 18.12 Uhr des nächsten Tages ließ Schultze einen FT-Spruch an den B.d.U. tasten: „Anforderung von Einlaufweg!"

Die Antwort traf sehr rasch ein, und da der Brennstoffbestand dies zuließ, lief U 48 mit großer Fahrt auf Heimatkurs, so daß am 18. Dezember eine Tagesleistung von 277 Seemeilen geschafft werden konnte. Es war erklärte Absicht des Kommandanten, rechtzeitig vor Weihnachten zu Hause zu sein, um der Besatzung einen Weihnachtsurlaub zu verschaffen.

Am folgenden Tage befand sich das Boot bereits in der mittleren Nordsee und lief durch die Deutsche Bucht.

Der Befehlshaber der U-Boote notierte an diesem Abend in sein KTB: „Nachdem U 48 am 19. Dezember durch die Fair Island Passage in die Nordsee getreten ist, war der Atlantik frei von allen deutschen U-Booten. Es war eine völlige U-Boot-Leere entstanden. Erst im Januar–Februar sind dort wieder allerdings bis zu 15 Boote zu erwarten."

Am 20. Dezember setzte der Funkmaat von U 48 den FT-Spruch an den B.d.U. ab: „Norderney einlaufend passiert!"

Um 10.05 Uhr passierte U 48 die Schleuse Brunsbüttel. Es lief durch den Kaiser-Wilhelm-Kanal und machte nach einer Tagesleistung von 174 Seemeilen um 17.30 Uhr an der Kieler

Tirpitzmole fest. Am ausgefahrenen Luftzielsehrohr flatterten vier Versenkungswimpel. Das Boot hatte weitere 25618 BRT feindlichen Handelsschiffsraumes versenkt. Die Bemerkungen des B.d.U. dazu: „Wieder eine erfolgreiche Fahrt von U 48. Sein Kommandant hat sich gegenüber schwersten Wasserbombenverfolgungen durchgesetzt und das Boot trotz schwerer Schäden heimgebracht."

Der 21. Dezember, an dessen Vormittag Schultze dem Großen Löwen Bericht erstattet hatte, verging mit dem Ausräumen des Bootes, wozu auch die Proviantübergabe und die Abgabe der noch an Bord befindlichen Torpedos gehörte.

Über die drei ersten Feindfahrten hat Kapitänleutnant Herbert Schultze dem Befehlshaber der U-Boote einen Erfahrungsbericht erstellt, der im Folgenden im Original wiedergegeben werden soll.

Erfahrungen und Gedanken nach drei Feindfahrten von Kptlt. Herbert Schultze

Allgemeines:

Leistungsfähigkeit: Die Leistungsfähigkeit der Besatzung und des Bootes entspricht in vollem Umfange den Gedankengängen und Erwartungen, die wir uns im Frieden gemacht haben. Sie ist, im großen gesehen, wohl noch höher, als man hinsichtlich Personal und Material glaubt erwarten zu können.

Personell: Geist und Stimmung sind immer eine Frage der Führung und des Erfolges und somit entscheidend für die Leistungsfähigkeit der Besatzung. – Die Aufrechterhaltung der genauen Dienstroutine mit Schlafenszeiten, Wecken, Essenszeiten, Reinschiff und Torpedokonservierung, pünktlichste Wachablösung, Innehaltung der Bootsetikette und Durchführung strengster Disziplin sind außerordentlich wichtig für die Haltung

und Erhaltung eines guten Geistes der Besatzung – somit für die Leistungsfähigkeit.
Die Ruhe und Entschlossenheit bzw. Nervosität und Unsicherheit der Führung strahlen ungeschwächt auf alle aus und wirken sich entsprechend positiv oder negativ auf die Leistungsfähigkeit und damit auf den Erfolg aus. Aus diesem Grunde sind z. B. die Alarmklingeln scharfe, schneidende Befehle. Schimpfen und Fluchen, unmotivierte, schreckhafte Ausrufe wie: „Da Zerstörer!" „Flugzeug" oder andere sind nach Möglichkeit zu vermeiden und zu ersetzen durch ruhige, klare, unmißverständliche Befehlsgebung – nur so laut, daß Übermittlung sicher ist. Sichtmeldungen sind immer einzuleiten: „Ich sehe soundsoviel Dez oder Strich . . .!" Der Zwang zu solcher Meldung erzieht in jedem Fall zu Überlegung und sachlich genauer Beobachtung! Wechsel der Besatzungen nach der Fernfahrt werden im Kameradschaftskreise zunächst als schmerzlich empfunden, fallen aber nach kürzester Frist wegen der schnellen Eingewöhnung nicht mehr ins Gewicht und beeinträchtigen die Leistungsfähigkeit des Bootes nicht entscheidend, wenn der Wechsel sich auf wenige (2–4 Leute) bezieht.
Der Wechsel z. B. des Obersteuermannes bzw. des Bootsmannes dürfte nur mit Einverständnis des Kommandanten erfolgen, da diese Soldaten, durch die besonders persönliche Einstellung zu ihnen, und Zusammenarbeit des Kommandanten mit ihnen außerordentlich wichtige Funktionen erfüllen und der Kommandant in diesem Falle nur schwer und ungern auf solche einmal gut eingeschlagene und eingefahrene Männer verzichten kann.
Auftreten normaler Beschwerden wie Kopfschmerzen, Zahnschmerzen, Magenschmerzen, kleinere Wunden, Pickeln etc., auch Filzläuse – selbst der schwerere Fall eines Magengeschwürs – lassen sich mit den vorhande-

nen Mitteln gut binden und beheben. Seelische Beeinflussung war bei letzterem Fall von ausschlaggebender Bedeutung.

Waboangst ist nicht zu vermeiden, wenn das Boot schwer erschüttert wird – aber der Gedanke „Es wird schon klargehen!" und „Beten" hilft ebenso wie der sture Gedanke „Anständig sterben!" bzw. „Alles ist Sch..." –, natürlich erst, wenn man glaubt, alle Mittel zum Entkommen erschöpft zu haben.

Materiell: Der Druckkörper ist hervorragend, wie die bisherigen erreichten Tauchtiefen erwiesen haben. Die Maschinen G.W. laufen zuverlässig und haben bisher nur geringfügige Störungen gezeigt.

Die Torpedobewaffnung Rohre ist bisher gut und zuverlässig gewesen. Torpedomaterial wird besonders behandelt, da es sich entscheidend für die Taktik bzw. Erfolgsaussichten auswirkt.

Das Angriffsrohr ist in seiner Lichtstärke und Randschärfe nur sehr bedingt ausreichend, in seiner Handhabung aber sehr gut. Das Beschlagen des Spiegels ist nach verschiedenen Verbesserungen seltener geworden. Der Oberteil der Flasche kann nach meiner Ansicht im Interesse der größeren Lichtstärke und Randschärfe wohl mindestens im Durchmesser verdoppelt werden, ohne dadurch die Unsichtbarkeit bei vorsichtigem Gebrauch zu gefährden! Die feste Linie und das rw. Peilzählwerk sind sehr brauchbar und nützlich!

Die Fahrtmeßanlage ist bisher ebenso wie das Koppelwerk unzuverlässig und voller Störungen gewesen. Diese beiden Einrichtungen sind eine sehr große Erleichterung für die Navigation des Bootes, jedoch bisher als nicht lebensnotwendig empfunden worden. Das Echolot hat hervorragende Dienste geleistet und mir eine einwandfreie Navigierung von der Westküste Irlands bis in die Deutsche Bucht ohne Kontrolle durch Be-

steck oder F.T.-Peilung ermöglicht. Gebrauch der Fischereikarte wegen besserer Tiefenangabe in der Nordsee ist sehr empfehlenswert. Der Magnetkompaß muß mindestens alle vier Stunden mit O.-Kreisel verglichen werden, um bei den verschiedenen Zuständen des Bootes – Torpedozahl, eingeschaltete Ladung etc. – zu jeder Zeit über die Deviation ein klares Bild zu haben. Zu diesem Zwecke ist laufend eine entsprechende Liste zu führen!
Die Artillerieeinrichtungen: Die Verwendungsmöglichkeit der Kanone ist durch geringe Freibord des Bootes zu stark eingeschränkt. Man kann bis zu Seegang 3–4 gegenan noch schießen, wenn man den Nachteil der Fahrtstufen 1 Maschine 1.F. abwechselnd mit 1 Maschine k.F. in Kauf nehmen kann.
Das M.G. C/30 ist mit dieser Lafette unzuverlässig und wegen seiner Decksaufstellung praktisch unbrauchbar. Ob die Turmaufstellung wesentliche Vorteile bringt, muß erst erwiesen werden. Angenommen wird dies jedenfalls.
Das M.G. C/34 halte ich für sehr brauchbar und verspreche mir viele Anwendungsmöglichkeiten, z. B. beim Anhalten beleuchteter Dampfer bei Nacht, um unerbetenes Scheinwerferleuchten sofort zu unterbinden etc.
Oberdeckstorpedobehälter sind sehr nützlich. Das Umladen geht bei günstigen Verhältnissen, selbst beim Schwimmzustand B. Vor der Dünung mit einer, abwechselnd 2 E.-Maschinen k.F. laufen, so daß Dünung ausgedampft ist. Dies Umlademanöver darf natürlich nur bei Nacht vorgenommen werden, wo die Möglichkeit der Überraschung ausgeschlossen ist. Dabei Tauchtank 5 bzw. 1 geflutet, für achteres bzw. vorderes Umladen.
Die Torpedos haben bisher viel Anlaß zu Ärger gegeben. Fehlschüsse wurden wohl zum Teil als Versager

angesprochen, und Bedienungsfehler bzw. falsche Einstellung haben auch zu Versagern geführt, die wohl keine Fehlschüsse gewesen wären. Jedenfalls Unruhe und mangelndes Vertrauen hinsichtlich der wichtigsten Waffe des U-Bootes waren die Folge.

Eine Hauptforderung ist jedenfalls unumgänglich! Vorzeitige Detonation und solche am Ende der Laufstrecke müssen aufhören und ausgeschlossen sein, weil sie dem Boot heute selbst tödlich sein können und das Boot bei Tage den Angriff nicht wiederholen kann.

Grund: Durch jeden Detonator ist jedem feindlichen Schiff (Handels- u. Kriegsschiff) ein mißglückter U-Boot-Angriff klargeworden. (Das spricht sich schnell herum!) Es gibt *SOS – SOS* chased and torpedoed by submarine, position etc. und man hat die Jagdverbände sehr bald auf dem Hals, ohne Aussicht, den Angriff, der nach dem ersten oder zweiten unbemerkten Fehlschuß ohne Detonator vielleicht doch noch erfolgversprechend gewesen wäre, wiederholen zu können, da auch einzelfahrende Dampfer dann ablaufen oder zickzack fahren, Fahrt vermehren, Wabos werfen oder schießen!

Ein Eto ist im Rohr vollgelaufen, die Ursache ist nicht genau festgestellt, das darf auch nicht vorkommen! Undichtigkeit der Mündungsklappe ist möglich, aber nicht erwiesen.

Forderung: Die Winkeltorpedos müssen zur Verfügung stehen! Es geht nicht an, wegen der beschränkten Torpedozahl mit Winkel auf die Möglichkeit der Feuerleitanlagen verzichten zu müssen.

Der Sicherheitsabstand der Gefechtspistolen muß genau bekannt sein. Man kann einen Fächer nicht mit 7 sec. Schußintervall schießen, weil es dann kein richtiger Fächer mehr ist.

Taktische Erfahrungen:
1. Die bisherige Taktik: Aufstellung in abgegrenzten größeren Seeräumen einzelbootsweise ist so lange erfolgreich bei Ausbruch des Krieges, als der Feind sein Geleitzugswesen noch nicht hat voll anlaufen lassen. Abgesehen davon fahren noch immer Dampfer einzeln, auch langsame, die sich mit zwei Kanonen stark genug fühlen.
2. Geleiteter Ansatz auf Geleitzug: Ist gut, wird aber nur zu Teilerfolgen führen – solange nicht mehr U-Boote zur Verfügung stehen. Geleitzüge spritzen anscheinend auseinander auf die ersten Torpedotreffer hin, und die glücklich herangekommenen wenigen U-Boote haben den auseinanderstrebenden Schiffen gegenüber das Nachsehen. Die von dem Kraftzentrum der U-Boote fortstrebenden Schiffe können leicht entkommen, während die angreifenden Boote von einigen wenigen Zerstörern unter Wasser gedrückt werden.

Tätigkeit in den verschiedenen Seegebieten:
Ich halte eine längere Tätigkeit in flachen Küstengewässern wie dem St. Georgs- und Bristolkanal und Kanal für bedenklich, weil wahrscheinlich verlustreich wegen der vorzüglichen Abwehrorganisation der Engländer. (Meldung über U-Boots-Tätigkeit nach Sichtung durch Flugzeuge oder Bewacher oder nach Torpedierung eines Schiffes hat sofortige starke Gegenwirkung durch U-Boot-Jagdverbände zur Folge.) Ich wurde nach Fliegerangriff (vier Bomben) unter Wasser gedrückt, 20 Minuten später waren die Zerstörer vom Geleitzug da – sehr gute Ordnung – wir ohne Gegenmittel – Wasserbomben sehr genau geworfen. Horchen nicht möglich gewesen, da wir auf Grund sackten und alles abstellten, trotzdem genau über uns ein Anlauf nach dem anderen. Nur die Tatsache $x + 55$ m

hat uns neben der vorzüglichen Haltung des Bootes den schweren Wabosegen mit erträglichen Schäden überstehen lassen.

Bei diesen o.a. verhältnismäßig engen Seeräumen ist die Zusammenarbeit der U-Boote gegen einen gemeldeten Geleitzug aussichtslos, da ein Vorsetzen und Operieren auf den Geleitzug wieder wegen der starken Bewachung in Küstennähe nur in den seltensten Fällen möglich sein wird und Zeit zum Vorsetzen auch nicht mehr da ist.

Ein Angriff auf Geleitzüge in Seegebieten mit Wassertiefe unter 50 m kann mit Erfolg nur kurz vor der Abenddämmerung als Unterwasserangriff erfolgen, sonst nur nachts aufgetaucht wegen der sofort heraufbeschworenen Abwehr.

Es müßte ein Mittel gefunden werden, um aus größeren Tiefen die mit Wabos angreifenden Zerstörer und Bewacher zu bekämpfen. – Ich denke an Steigeminen, leichte Kreistorpedos mit Geräuschapparat, Gasbomben, Sehrohrattrappenminen und ähnliches. – Das S-Gerät für uns selbst muß bald kommen, um den blinden Schuß aus 20–25 m zu ermöglichen.

Angriffserfahrungen:

Das Bewußtsein, wirklich unsichtbar zu sein, kommt erst allmählich. Man ist nachts tatsächlich vollkommen unsichtbar und muß das etwaige negative Gefühl mit der Überlegung bewußt überwinden, daß
1.) der angegriffene Gegner als in der Defensive befindlich die schwächere Position hat, da er auch durch Ermüdung im Augenblick bei langdauernder sturer und ergebnisloser Tätigkeit keineswegs die Aufmerksamkeit erreichen kann, wie das auf Angriff bedachte U-Boot.
2.) unsere Nachtgläser denen des Feindes wahrscheinlich turmhoch überlegen sind und daß deshalb der Rie-

senschatten, klar und groß von uns gesehen, keinesfalls zur Folge hat, daß er uns nun genauso groß sieht!,
3.) das kleine U-Boot in spitzer Silhouette selbst bei den Schieß- und Angriffsübungen in der Meckl. Bucht in den seltensten Fällen von dem darauf geboddelten Zielschiff entdeckt werden konnte, obwohl dort die besten Gläser und die wachsamsten und verantwortungsbewußtesten Augen Ausguck hielten,
4.) man ein Artilleriegefecht mit Handelsdampfern nur dann aufnimmt, wenn man überzeugt ist, daß das Handelsschiff schlechter schießt als man selbst, daß es mehr Angst hat als man selber und deshalb zuerst immer schlechter als das U-Boot schießt, wenn der U-Boot-A.O. nicht gerade das Verfahren vergessen hat und in der Hitze des Gefechtes falsche Aufsätze bzw. Schieber befiehlt. Solches Artilleriegefecht ist erfreulich und hebt den Angriffsgeist der Besatzung immer ungemein, und deshalb muß ein solches Schießen einmal gemacht werden, allerdings darf dabei der Horizont und die Luftbeobachtung nicht außer acht gelassen werden.

Das ist ja immer die Gefahr für uns: Zu starke Konzentration auf einen Gegner bedingt mangelnde Aufmerksamkeit und Beobachtung nach den anderen Dimensionen!

Brückenwache:
Deshalb immer wieder Ausguckorganisation, Wachsamkeit – keine Müdigkeit aufkommen lassen. Immer wieder muß die Sektoreneinteilung kontrolliert werden. Gleichzeitig mit der Sichtmeldung über Fahrzeuge etc. an den Kdt. muß ungefährer Kurs und Größe bzw. Art des Fahrzeuges gemeldet werden und die rw. Peilung.
Dem W.O. auf der Brücke muß es freigestellt sein, zuzudrehen bzw. abzudrehen je nach seiner Beurtei-

lung der Lage. Er wird dadurch zum selbständigen Denken und Handeln erzogen und wird in der Zeit, in der der Kommandant auf die Brücke kommt, in den seltensten Fällen Schaden anrichten können. Bei Tage ist ihm selbstverständlich der Alarm freigegeben!
Die fortlaufende Peilung und damit Bestimmung der Auswanderung sind grundlegend wichtig, und es muß immer wieder darauf gedrückt werden, bei Insichtkommen von Fahrzeugen sofort als erstes zu peilen! – Das Tieftauchen bzw. Höhergehen nach demselben muß auf jeden Fall durchs ganze Boot gegeben werden, damit Stevenrohre – Außenbordverschlüsse, Bilgen etc. besonders genau überwacht werden. – Beim „Schnell-auf-große-Tiefe-Gehen" muß wegen der damit verbundenen sehr bedeutungsvollen Volumenverringerung des Bootes sofort, statt zu fluten, mit großen Mitteln gelenzt werden. Das Tiefergehen kann dann allerdings nur mit hoher Fahrt dynamisch erfolgen! Trimmen nach Möglichkeit mit Männern, erst danach mit Trimmwasser einsteuern auf der erreichten Tiefe! – Manöver „alle Mann voraus" etc. nur in dringenden Gefahrlagen wegen der damit verbundenen Aufregung und Hast. „Klar bei Schwimmwesten und Tauchrettern" muß auch im Kriege häufig geübt werden, damit dieser Befehl bei Ernstlagen nicht als außergewöhnliche Maßnahme gewertet wird und nicht zu großer Bewegung führt, sondern jeder tatsächlich seinen Tauchretter hat.

Gedanken über die Seekriegführung:
Das Ende „Graf Spee" gibt viel zu denken, weil es ja den Handelskrieg betrifft, von dem unsere U-Boot-Kriegführung ein Teil ist. – Bei den Falklandinseln ging das Kreuzergeschwader zu Grunde, bei den Cocosinseln die „Emden", im Rufidji die „Königsberg". Alle bis auf die „Königsberg" wohl, weil sie sich an die Küste

bzw. in die gefährliche Landnähe gewagt haben, ohne daß ihre militärischen Möglichkeiten erschöpft waren. Wenn „Graf Spee" schon in den La Plata vorstoßen mußte und ins Gefecht geriet, so war durch das folgende Einlaufen nach Montevideo mit fast tödlicher Gewißheit sein Schicksal besiegelt, falls er nicht sofort hätte wieder auslaufen wollen. Die Geschichte dieses Panzerschiffes und seines Ansatzes kann man nicht ohne den Gedanken an seinen Schöpfer Admiral Zenker schließen! Wie weitsichtig waren die taktischen und strategischen Grundgedanken dieses Typs, und wie wäre wohl das Erbe dieses Admirals fortgesetzt, wenn man, auf den Erfahrungen des Weltkrieges weiter aufbauend, eine gemeinsame Panzerschiffs-U-Boot-Taktik ersonnen, erprobt und sicher erfolgreich in diesem Krieg zur Anwendung gebracht hätte!
U-Boote als Aufklärer und Sicherer vielleicht in Form eines Schutzkreises oder einer Linie für die Panzerschiffe abwechselnd mit Angriffsaufgaben, und als Gegenleistung halten dem U-Boot Überwasserstreitkräfte die U-Abwehr vom Leibe! Beide mit einem Troßschiff als Stützpunkt, auch das unter U-Boot-Schutz! Oder vielleicht für die U-Boote einen tauchfähigen Stützpunkt, 4000–6000 t U-Schiff mit Proviant, Brennstoff, Torpedos und sonstigen guten Sachen!
Die Frage Panzerschiff als Handelsstörer oder nicht gibt es trotz des „Graf Spee" nicht zu stellen. Denn das Panzerschiff als solches ist zweifellos *der* Handelsstörer von heute ebenso wie das U-Boot, und beide, in gemeinsamer Taktik vereint, scheinen unüberwindlich! – Auch eine Zusammenarbeit mit Hilfskreuzern erscheint in ähnlicher Weise notwendig.
Ein anderer Gedanke ist der: Ebenso wie man eine U-Boot-Falle baut, kann man doch auch Zerstörer- oder Kreuzerfallen bauen! Wie, ist ja doch wohl klar: Als Handelsschiff getarnter Eto-Träger – wird angehal-

ten von Zerstörer oder Kreuzer, läßt Eto's, Klappen fallen und Artillerie!

Dazu tritt als 3. Teil die Luftwaffe. Alle drei – Überwasserstreitkräfte – U-Boote – Luftwaffe (Fernbomber) müßten meiner Ansicht straff zusammengefaßt unter einem Befehlshaber der Handelskriegführung gegen England in planvoller Zusammenarbeit auf Geleitzugmeldungen operieren können. Dieser B.d.H. sitzt in der Heimat mit allen Nachrichtenverbindungen, Meldungen von Hilfskreuzern, Panzerschiffen und Handelsschiffskreuzer- oder Zerstörerfallen. Agenten etc. ergeben Ansatzmöglichkeiten für die U-Boote. Deren Aufklärungsmeldungen und Fühlungshaltersignale überliefern die bereits geschwächten Geleitzüge den Fernbombern, die dann am besten in den Seegebieten vor den Löschungshäfen operieren, wo den U-Booten durch die U-Abwehr die Arbeit immer schwerer werden wird. –

Die Zertrümmerung der Löschungshäfen wäre, unabhängig von dieser planvoll geleiteten Gesamthandelskriegführung, Aufgabe der operativen Luftwaffe! –

Durch solchen, von einer Hand geführten Handelskrieg müßte auch schon, bei verhältnismäßig geringen zur Verfügung stehenden Kräften, das schwerfällige Geleitsystem erschüttert werden und England zur Aufgabe dieses Systems gezwungen, bzw. die Nachteile und Verluste so groß werden, daß eine Kriegsentscheidung aus diesem Grund nähergerückt wird.

Tag und Nacht die U-Boote – dann bei Tag die Flugzeuge und in der letzten Nacht Minen, so müßte der Angriff innerhalb der letzten 300 Sm, die der Geleitzug zu durchfahren hat, aussehen. – Und dann rein in die verstopften Löschhäfen, wo zertrümmerte Kaianlagen und auch viele Minen und ständige Luftbedrohung den englischen Seeleuten nach den Gefahren der Überfahrt keine Erholung und Freude mehr winken lassen.

Ich glaube nicht, daß das Hirngespinste sind, denn letzten Endes ist die gesamte Kriegführung neben allen anderen grundlegenden Voraussetzungen immer eine Frage der planvoll durchgeführten Organisation der Kräfte gewesen. Die Kriegführung als Fernwirkung durch Hilfskreuzer und U-Kreuzer in den Südatlantik, Indischen und Großen Ozean, zu tragen, erscheint ebenso wichtig, weil das Moment der Bedrohung in allen Teilen der Ozeane sowie die daraus folgende Bindung starker Kräfte auch weit abgesetzt vom eigentlichen Nordatlantikschauplatz, eine Schwächung der dort ansatzfähigen Abwehrkräfte bedingt.

Neben diesen eigentlichen taktischen Gedanken tritt wohl unausbleiblich die strategische Forderung nach einer möglichst baldigen Besetzung Norwegens bzw. Schwedens auf, da auch bei zunehmender Verstärkung des Minenkrieges in der Nordsee die Rückkehr der U-Boote und Überwasserstreitkräfte immer schwieriger werden wird, und die Frage der den Operationsgebieten näher gelegenen Stützpunkte dringender werden wird!" (Siehe RM 98/50 und 51, Seiten 59–69)

Die vierte Feindfahrt von U 48

Allgemeine Bemerkungen

Das am 21. Dezember 1939 begonnene Ausräumen des Bootes wurde bis zum Abend abgeschlossen. Am Morgen des 22. Dezember verholte U 48 zur Germania-Werft zu einer Generalüberholung, die vom 23. Dezember 1939 bis zum 20. Januar 1940 andauerte.

Am Vormittag dieses Tages legte U 48 mit der wieder vollzählig eingestiegenen Besatzung zur Probefahrt ab. Sie verlief zufriedenstellend, und nachdem Oblt.(Ing.) Zürn die kleinen Fehler ausgemerzt hatte, marschierte das Boot zur Tirpitzmole, wo die erkannten Restarbeiten ausgeführt wurden.

Der nächste Tag sah das Einräumen des Bootes, das, gelinde gesagt, einiges Kopfzerbrechen verursachte, denn es galt, in der Enge der Röhre alles so unterzubringen, daß es auch rechtzeitig greifbar war. Als dies am Nachmittag geschehen war, machte das Boot los und lief zum Sperrzeugamt, wo acht Minen übernommen wurden. U 48 sollte gemäß Operationsbefehl Nr. 22 zu einer Sperraufgabe mit anschließender „freier Jagd" auslaufen. Es galt, die festgelegten Minenaufgaben, mit denen die U-Boot-Waffe seit Kriegsbeginn befaßt war, fortzusetzen und noch zu intensivieren.

An der „Memel" wurden am Vormittag des 23. Januar die Torpedos übernommen. Daran schloß sich die Proviantübernahme an.

Zum Schluß dieser Vorbereitungen wurde in den Deutschen Werken am 24. Januar 1940 der Eisschutz angebracht, um das Boot nicht beim Marsch durch den vereisten Kaiser-Wilhelm-Kanal zu gefährden.

Noch einmal erhielt die Besatzung am Nachmittag Gelegenheit zu Landgang und Freizeit.

Die Minenaufgaben im Überblick

Auf der Lagebesprechung beim Führer am 22. November 1939 hatte Großadmiral Raeder am Nachmittag die Minenunternehmen im Seegebiet um England dargelegt. Neben jenen der Zerstörer, die nicht weniger als 540 Minen vor Themse- und Humbermündung gelegt hatten, waren es die Minenunternehmungen der U-Boote, die besonders gewürdigt wurden. Bis zu diesem Tage hatten die U-Boote 150 Minen an der Ost- und Westküste Englands gelegt, während durch die Flugzeuge der Küstenfliegergruppen in drei Nächten in der Themse, vor Harwich und in der Humbermündung 77 Minen geworfen worden waren.

Auf alle diese Minen waren eine Reihe Dampfer aufgelaufen und gesunken. Um diese Tätigkeit ausweiten zu können, schlug der Ob.d.M. vor, an der englischen Nordwestküste einen breiten Streifen zum Minenwarngebiet zu erklären. Hitler erklärte am 1. Dezember dazu sein Einverständnis.

Auf dieser Besprechung und Hitlers Einverständnis aufbauend, wurde das Minenwarngebiet „Schottland" erklärt. Damit sollte der entlang der englischen Ostküste laufende Handelsschiffsverkehr unterbunden werden. Im selben Gebiet konnten dann die deutschen U-Boote „unter der Fiktion eines Minentreffers warnungslos versenken".

„Die Erklärung dieses Warngebietes ist als Auftakt äußerlich darauf abgestellt, daß es sich rein gegen die militärischen Operationen des Gegners und nicht gegen die neutrale Schiffahrt richtet. Eine Erweiterung des Gebietes nach Süden bis an das englische Warngebiet heran ist bald nach der ersten Bekanntgabe beabsichtigt." (Siehe Wagner, Gerhard, Hrgb.: a.a.O.).

Zur Durchführung dieser Absicht wurde am 1. Dezember 1939 über den Rundfunk und außerdem als Schiffswarnnachricht folgende Bekanntmachung verbreitet:

„Die deutsche Reichsregierung gibt hiermit bekannt, daß im Rahmen von Operationen gegen englische Streitkräfte und ihre Stützpunkte an der englischen Ostküste Minen gelegt sind in einem Gebiet, das begrenzt wird im Norden durch den Breitengrad von Kinnaird Head bis 0 Grad 30 Minuten West, im Süden durch den Breitengrad von St. Abbs Head bis 1 Grad 30 Minuten West, im Osten durch die Verbindungslinie vorstehender Punkte."

Eine tatsächliche Verminung fand zunächst jedoch nicht statt. Dahingegen wurde dem B.d.U. entsprechend der Ansatz von U-Booten in diesem Raum ab dem 2. Dezember freigegeben. Das Verhalten der U-Boote in diesem Seegebiet sollte gemäß dem Grundgedanken dieses Planes „unsichtbar" sein.

In der Führerbesprechung des 30. Dezember 1939 wurde dann in bezug auf die Mineneinsätze von Großadmiral Raeder gemeldet, daß der Minengürtel entlang der englischen Ostküste im Dezember durch Zerstörer und U-Boote weiter ausgebaut sei. Die Westküste erlebe im Augenblick den weiteren Ausbau der Minenriegel durch U-Boote.

Eines jener U-Boote, das im Januar 1940 die Verminung der Westküste Englands durchführen sollte, war U 48.

Nachdem der Eisbrecher „Wotan" die Fahrt durch den Kaiser-Wilhelm-Kanal von 23.30 bis 8.30 Uhr des 25. Januar für U 48 freigeboxt hatte, wobei auch er durch die stellenweise sehr dicke Verschollung besonders schwer durchkam, machte U 48 um 8.30 Uhr an der Schleuse Brunsbüttel fest. Der Vormittag verging mit dem nicht sehr geschätzten Arbeitsdienst, der Nachmittag stand zur freien Verfügung eines jeden einzelnen. U 48 konnte noch nicht weiter, weil das Boot noch auf das Eisgeleit warten mußte, das erst am kommenden Vormittag eintreffen konnte. Dies hatte Kptlt. Schultze durch ein Telefongespräch mit Wilhelmshaven erfahren.

So konnte das Boot erst am 26. Januar um 8.00 Uhr in Brunsbüttel ablegen und unter Eisgeleit eines Sperrbrechers bis zum Feuerschiff Elbe I von dem Schlepper „Löwe" geschleppt werden.

Auf dem Marsch nach Helgoland kamen die Motoren nicht über 300 Umdrehungen in der Minute. Daraus schloß der

Kommandant nach einem Gespräch mit dem Leitenden Ingenieur, Oblt.(Ing.) Zürn, daß wahrscheinlich die Schrauben durch das Eis demoliert sein mußten.

U 48 lief nach Helgoland ein und machte um 17.20 Uhr längsseits von U 41 fest.

Am Vormittag des 27. Januar ging ein Taucher hinunter, um die Schrauben des Bootes zu untersuchen. Er stellte schwere Beschädigungen an beiden Schrauben fest. Dies Ergebnis wurde durch den Kommandanten an den B.d.U. gemeldet. Dieser befahl die Rückkehr nach Wilhelmshaven zur Reparatur. Dementsprechend lief U 48 um 12.45 Uhr von Helgoland aus nach Wilhelmshaven.

Um 15.00 Uhr wurde beim Leuchtschiff „F" der Lotse für die Jade an Bord genommen, und um 19.27 Uhr machte das Boot in Wilhelmshaven, 3. Einfahrt, fest. Von dort verholte es um 20.45 Uhr zum U-Boot-Stützpunkt, wo es längsseits der „Donau" für die Nacht festmachte.

Der 28. Januar war damit ausgefüllt, daß das Boot zur Westwerft verholte und dort eingedockt wurde. Hier erfolgte auch eine notwendige Schmierölergänzung.

Der nächste Tag sah das Ausdocken, den Trimmversuch und das Zurücklaufen zum U-Boot-Stützpunkt, wo festgemacht wurde.

Diese Daten sollen zeigen, daß es nicht immer reibungslos ging, und daß selbst das Auslaufen, zumal bei solchem Eisgang, seine besonderen Tücken hatte, und daß sich durch solche Verzögerungen die Auslaufdaten immer wieder für lange Tage verzögern konnten.

Am 30. Januar 1940 legte dann U 48 um 8.00 Uhr von der 3. Einfahrt ab. Auf der Jade herrschte sehr starke Vereisung vor. Der Marsch nach Helgoland verlief unter Eisgeleit eines Sperrbrechers. Um mögliche Gefahren durch das Eis zu verringern, ließ der erfahrene Kommandant die Tauchzelle I fluten. Dadurch kam der Steven vorn höher heraus, und der Eisschutz konnte sich besser anschmiegen.

Um 16.08 Uhr wurde das Leuchtschiff „F" backbord querab

passiert, und um 18.00 Uhr machte U 48 wieder im U-Boot-Hafen von Helgoland fest.

Am nächsten Tag wurde an der Helgoländer Westmole die Brennstoffergänzung durchgeführt und anschließend der Eisschutz abgegeben. Am Nachmittag um 15.00 Uhr machte U 48 zu seiner vierten Feindfahrt los. In der Deutschen Bucht herrschte Wind in Stärke 6, der genau aus Osten kam. Der Seegang war 5; einige Wolken wurden über den Himmel geweht, es war dennoch klar, die Sicht war gut, und Herbert Schultze, angetan mit einer hohen Fellmütze, sah auf der Brücke von U 48 wie ein Polarforscher aus.

Wind und Seegang wurden bis zum Abend in der Deutschen Bucht noch stärker. Der Standort um 20.00 Uhr war 2833 L Mitte unten.

Am 1. Februar 1940 war das Wetter wie am Vortage; um 7.58 Uhr ließ Schultze das Boot tauchen. Einzelübungen zum Einfahren des LI folgten. Dieses Spiel, das für den Ernstfall nicht oft genug geübt werden konnte, wurde um 12.24 Uhr wiederholt.

Der Marsch durch die Mittlere Nordsee am Nachmittag bis zum frühen Morgen des 2. Februar verlief ereignislos. Der Seegang war ebenso wie der Wind um eine Stärke gesunken.

Um 7.05 Uhr und um 7.50 Uhr wurde jeweils ein Fischdampfer gesichtet; sie fungierten offensichtlich als Bewacher. Sie liefen auf Ost-West-Kurs, und U 48 wich über Wasser rechtzeitig aus, um ungesehen zu bleiben.

Ein weiterer Bewacher wurde um 11.15 Uhr gesichtet. Auch ihm konnte das Boot ausweichen, ohne tauchen zu müssen. Kurz darauf wurde Fair Island gesichtet und getaucht, um bei Nacht die Fair Island-Passage zu durchlaufen. Um 20.00 Uhr stand das Boot südlich der Shetlands und hatte Fair Island im Norden passiert. Bei einem aus Südost kommenden Wind in Stärke 5 und Seegang in gleicher Stärke gab es bei bedecktem Himmel klare Sicht, und Schultze stellte fest, daß die Feuer von Sumburg Head und Skrov diesmal nicht brannten. In der Nordpassage hatte er keinerlei Bewachung vorgefunden.

Von der Position nördlich der Shetlands stampfte das Boot am 3. Februar in den Raum nordwestlich der Hebriden und hatte bis zum Abend bei weiter abflauendem Wind und schwächer werdendem Seegang den Standort 1769 Mitte unten erreicht.

Westlich der Hebriden und nordwestlich Irland tat sich am 4. Februar nichts. Kein einziges Schiff wurde gesichtet. Um 20.45 Uhr befahl Schultze ein Prüfungstauchen mit gleichzeitigen Trimmversuchen. Die Tauchtiefe war 55 Meter. Um 21.25 Uhr kehrte das Boot wieder an die Wasseroberfläche zurück. Der Marsch ins Operationsgebiet hinein wurde fortgesetzt. Um 22.33 Uhr wurde ein beleuchtetes Fahrzeug gesichtet.

„Wir drehen darauf zu und sehen ihn uns an!" befahl der Kommandant, der auf den Turm gerufen worden war. Das Schiff stellte sich als Norweger heraus, der zunächst noch nicht angegriffen wurde. Schultze brachte das Boot sehr nahe an den Norweger heran, ehe er ihn am 5. Februar um 0.10 Uhr durch Morsezeichen stoppen ließ.

Es war der norwegische Dampfer „St. Villa" mit nur 900 BRT auf der Fahrt nach Bergen. Es war ein neutrales und zu kleines Schiff mit neutraler Ladung, wie Herbert Schultze ins KTB vermerkte. Demzufolge wurde es nicht versenkt.

Auf die Frage des Kapitäns der „St. Villa": „British patrol boat?", ließ Schultze mit der Klappbuchs zurückmorsen: „Good voyage!" Das U-Boot setzte ebenso wie der norwegische Kleindampfer seinen Marsch fort.

Den ganzen 5. Februar hindurch war die See wie leergefegt. Gegen 20.00 Uhr begann es zu regnen; um 24.00 Uhr ging eine starke Dünung, und es herrschte schlechte bis mittlere Sicht. Dieses miese Jagdwetter setzte sich auch am 6. Februar fort. Dennoch wurde um 16.30 Uhr ein Dampfer gesichtet. Dieser wurde über Wasser fahrend angehalten, indem ein Signalspruch geheißt wurde. Es war der dänische Dampfer „Anna" mit 1200 BRT, auf dem Wege von Genua nach Norwegen mit einer Futtermittelladung. Da sein Kurs stimmte und nichts Verdächtiges festgestellt werden konnte, wurde er entlassen. Das Anhalten hatte nur eine halbe Stunde gedauert.

Danach waren wieder für lange Stunden See und Horizont leer. Um 10.40 Uhr des 7. Februar wurde ein Fischdampfer gesichtet. Über Wasser ließ Schultze ausweichen.

Um 12.30 Uhr kam ein Dampfer in Sicht. Da die Sicht gut war, konnte Schultze ihn als bewaffneten Handelsdampfer identifizieren. Möglicherweise war dies sogar ein Hilfskreuzer. Er war nach seiner Schätzung 7000 bis 8000 BRT groß und steuerte 240 Grad. Außer einem Heckgeschütz erkannte Herbert Schultze durch sein Fernglas noch einen E-Messer auf den Brückenaufbauten. Er befahl zu tauchen.

In Sehrohrtiefe eingependelt, glitt U 48 nun an diesen Gegner heran. Um 13.05 Uhr war die richtige Schußposition erreicht. Der Torpedoschuß aus Rohr II, der aus einer geschätzten Distanz von 700 m abgegeben wurde, war Fehlschuß durch zu großen Vorhalt. Dazu bemerkte der Kommandant offen:

„Ich habe aus Dusseligkeit durch Versehen den Vorhalteschieber statt auf 332 auf 322 Grad gesetzt, und dadurch mit einem um 10 Grad falschen Vorhalt geschossen. Sonst wäre es der klassische B 3-Anlauf – Bug – mit Lage 90, Fahrt 14 und damit Treffer Mitte geworden."

Schultze ließ das Boot auftauchen. Aber auch im Überwassermarsch war ein neues Vorsetzen wegen der starken Dünung *und* der großen Fahrt des Dampfers mit 14 bis 15 Knoten nicht möglich. U 48 mußte die Jagd aufgeben und seinen allgemeinen Marsch fortsetzen. Es stand um 16.00 Uhr südlich von Irland im Planquadrat 1888 Ost und lief in Richtung westlicher Teil des Kanals, um zum angestrebten Minenwurfgebiet zu gelangen.

Am frühen Morgen des 8. Februar wich das Boot erneut vor Bewachern in Gestalt von Fischdampfern aus und ging um 7.10 Uhr bei Hellwerden auf Tiefe. Schultze befahl die Vorbereitungen zum Minenwerfen und ließ die Besatzung, die damit nichts zu tun hatte, auf Ruhestationen wegtreten. Bei 36 m Wassertiefe wurde das Boot auf Grund gelegt.

Um 11.30 Uhr wurde U 48 vom Grund gelöst, da es auf dem sandigen Boden in der Strömung stark scheuerte und Schraubengeräusche von Bewachern sehr nahe herankamen, wie der Mann im Horchraum meldete. Im Unterwassermarsch mit kleinster Fahrtstufe mußte U 48 von 11.30 Uhr bis 18.20 Uhr mehrfach vor Bewachern ausweichen. Dann tauchte es auf und trat den Marsch zum Minenwerfen bei St. Albans Head gemäß dem Operationsbefehl an. Es ging in den Englischen Kanal hinein. Bei schwachem Seegang und sehr tiefliegenden Regenwolken, also dunkler Nacht, waren alle Voraussetzungen zum schnellen Werfen der Minen gegeben.

Geben wir zu dieser Maßnahme dem Kommandanten von U 48 das Wort:

Durchführung der Sperraufgabe

„Ich habe die Durchführung der Minenaufgabe als vordringlich angesehen, um danach völlig unbelastet die Torpedos an den Mann bringen zu können. Folgende Gründe haben mich noch bestärkt, die Durchführung auch unter Mehraufwand an Brennstoff zu beschleunigen:

1. Die Neumondnacht am 8. bzw. 9. Februar,

2. der Trimmzustand des Bootes und seine Lage im Seegang haben sich als so schlecht herausgestellt, daß ich eine falsche Ballaststauung befürchten muß. Nachprüfungen ergaben, daß der Ausgleichsballast von rund 900 Kilogramm für die nach der zweiten Reise abmontierten Mündungsklappenverkleidungen bei deren Wiederanbringung nicht wieder herausgenommen wurde.

3. Deshalb fahre ich die Tauchbunker schnell leer und will auch die Minen loswerden, um endlich einigermaßen im Seegang klar zu liegen.

4. Das Wetter ist mit westlichen Winden günstig zum Einlau-

fen in den Kanal, und der Neumond bringt leicht einen Wetterumschlag.

5. Ich habe nur acht Torpedos und rechne fünf Kubikmeter Brennstoff für jeden Torpedo, so daß ich reichlich Brennstoff habe, um mehr als Marschfahrt laufen zu können.

Durchführung der Sperraufgabe: Ich laufe, nachdem ich kurz vor Start Point den ganzen Tag unter Wasser bleiben mußte, gegen 18.30 Uhr mit Großer Fahrt Kurs Portland, um nach Möglichkeit noch in dieser Nacht die Minen über Wasser zu legen. Die Nacht ist schwarz-dunkel, keine Kimm zu erkennen, selbst der Steven des Bootes verschwindet irgendwo vorn in der Finsternis. Ich laufe einfach auf Verdacht ins Ungewisse – Schwarze hinein. Bei einer Rammung hätte man den anderen nur fühlen und hören können, so unheimlich finster ist es.

Um 23.15 Uhr müssen wir nach der Koppelung Anvil Point-Feuer erreicht haben. Es taucht aber nicht auf. Was nun? Pottendunkel und Dunst und anscheinend auch noch Nebel! Also wieder Lotkontrolle.

Nach den Kanal-Lotreihen stehen wir ungefähr richtig, dies ist aber doch immer noch zweifelhaft. Ich nehme an, daß der Engländer sein Feuer auch gelöscht hat.

Soll ich nun noch einen ganzen Tag bleiben und riskieren, daß mit dem Neumond ein Witterungsumschwung eintritt? Das Wetter ist jetzt gerade günstig. Lange beobachten mag ich auch nicht, und einen ganzen Tag unter Wasser bleiben ist übel!

Nein! Also Ausweg – ein blitzartiger Gedanke: Ich fahre ein Drei-Seemeilen-Quadrat, nach Seiten und Diagonalen gelotet, aus und suche dafür eine markante Grundtonung aus.

Das Lot fällt bei der dritten Seite aus, Zerstörer und Bewacher stören vorübergehend, und schließlich wird das Lot wieder klar, dank der vorzüglichen Arbeit meines Leitenden Ingenieurs.

Schließlich habe ich das Gefühl, richtig stehen zu können. Die Probe lautet nun: kommt die Barre richtig? ‚Kurs 270 Grad – Eine Minute über – zwei Minuten über!' meldet der Obersteuermann. Köpfe hängen, es gibt lange Hälse und – auch Fluchen!

Da! – ‚Blitzgruppe 1, 265 Grad rechtweisend ganz schwach voraus!' meldet der Wachoffizier.

‚Da sind wir richtig!' die Stimme des Bootsmannsmaaten der Wache. – ‚Los geht's! Klar zum Minenwerfen!'

Die Barre wird nun richtig ausgelotet, und ein hell erleuchtetes Fahrzeug – holländische Flagge – vor Anker anscheinend, im Abstand von etwa 200 Meter passiert. Wir fahren mit den E-Maschinen Große Fahrt, weil sie bedeutend leiser sind als unsere Jumbos. Nun wird mit den vorgeschriebenen Abständen die Verseuchung planmäßig durchgeführt. Dabei werfe ich absichtlich noch zwei T.M.C.-Minen in das erste englische Warngebiet, da aufgrund der Lotsenanweisung ‚Fünf Seemeilen klar von Shambles Feuerschiff' anscheinend das erste englische Warngebiet aufgehoben ist und die Schiffe von Osten her näher herankommen können.

Dies für den Fall, daß das Feuerschiff seine Position noch nicht gewechselt hat.

Die Peilungen der Minenlage sind so klar, daß noch weitere Unternehmungen möglich sind. Nun geht es ab mit Großer Fahrt, um dem Ort der Sünde so schnell wie möglich den Rücken zu kehren. Und siehe da! Es erhebt sich ein günstiger Wind von Osten, der, langsam anschwellend, stärker und stärker bläst, bis er volle 7–8 Stärke erreicht. Dann zeigt sich die Morgenröte, und wir gehen für den Tag in den Keller und schlafen hier tüchtig aus."

Soweit der direkte Bericht des Kommandanten, der nur erahnen läßt, ein wie schwieriges Unterfangen es war, die Minen in der richtigen Position unmittelbar vor die Haustüre des Gegners zu legen. Herbert Schultze, der erfahrene Kommandant, hatte diese Aufgabe, die durch die Wetterbedingungen noch erschwert wurde, mit Bravour gelöst.

Um 3.00 Uhr des 9. Februar wurde nach dem Wiederauftauchen auch das Feuer von Anvil Point ausgemacht. Seine

Sichtweite war vom Gegner offenbar stark herabgesetzt worden. Das T.M.-Minenwerfen hatte von 3.35 bis 4.15 Uhr gedauert. Nunmehr befand sich das Boot auf dem Marsch ins Operationsgebiet, und um 7.15 Uhr wurde die im direkten Bericht des Kommandanten genannte Ruhezeit mit dem Tauchen begonnen. Im Unterwassermarsch lief U 48 weiter. Erst um 16.00 Uhr ließ Schultze auftauchen. Im Englischen Kanal, in dem sich das Boot immer noch befand, herrschten ein Seegang von 6 bis 7 und eine Windstärke von 7. Die Regenwolken hingen sehr tief und machten die kommende Nacht wieder stockdunkel.

Um 20.05 Uhr kam achteraus ein beleuchtetes Fahrzeug in Sicht. Es stellte sich als kleiner holländischer Dampfer heraus. Er wurde nicht behelligt. Vier Stunden später stand das Boot im Quadrat 2486 Otto am Westausgang des Kanals. Windstärke und Seegang hatten etwas nachgelassen, aber noch immer regnete es.

Der 10. Februar ließ sich bereits früh gut an, als um 3.40 Uhr zwei niederländische Dampfer gesichtet wurden. Aber auch sie wurden nicht angehalten. Knapp sechs Stunden später kam ein italienischer Dampfer in Sicht. Um 9.30 Uhr tauchte das Boot und ging nahe heran. Es war die „Ettore". Da er nicht angegriffen werden durfte, setzte sich U 48 weiter von ihm ab. Erst um 11.05 Uhr ließ Herbert Schultze wieder auftauchen.

Der nächste Dampfer, der um 14.00 Uhr gesichtet wurde, veranlaßte den Kommandanten zum Vorsetzen des Bootes zwecks Anhalten und Angriff. Der Dampfer lief Zickzackkurse, und das war äußerst verdächtig. Er drehte um 16.10 Uhr von 85 auf 140 Grad und um 16.30 Uhr wieder zurück auf 85 Grad.

Um 16.40 Uhr ging U 48 auf Sehrohrtiefe hinunter. Der Dampfer war als Niederländer erkannt worden. Nachdem sich das Boot gut vorgesetzt hatte, ließ Schultze auftauchen. Die Brückenwache eilte hinter dem Kommandanten auf den Turm, und die Geschütz-Besatzung enterte auf das Vorschiff ab und besetzte das Geschütz, das in Sekundenschnelle geladen war.

Durch Signalfahnen wurde der Dampfer gestoppt. Die Uhr

zeigte 17.03 Uhr an, und es wurden weiter entfernt vier Detonationen gehört, die wie Granataufschläge klangen.

Um 17.40 Uhr kam der Erste Steuermann des Schiffes mit Namen von Deyjk mit den Ladepapieren an Bord von U 48. Der Dampfer hieß „Burgerdijk" und hatte 6853 BRT. Er war mit Sojabohnen, Getreide und Stückgut bis unter die Lukendeckel vollgeladen. Allerdings schien er nach Amsterdam bestimmt, und dies hätte dann seine Entlassung zur Folge haben müssen. Herbert Schultze entschloß sich aus verschiedenen Gründen zur Versenkung der „Burgerdijk". Und zwar hatte der Dampfer Zickzackkurs gesteuert. Außerdem hatte der Erste Steuermann auf Befragen zugegeben, daß sein Schiff Anweisung habe, einen englischen Kontrollhafen anzulaufen, und zwar die Downs. Daß er möglicherweise auch sein FT-Gerät benutzt hatte, um eine U-Boot-Warnung abzusetzen, kam noch hinzu.

Es handelte sich um einen verschlüsselten Funkspruch, der um 17.36 Uhr mit verschlüsselten Gruppen und verschlüsselter Unterschrift auf der 600-Meter-Welle aufgenommen worden war. „Ich halte es für möglich", meinte Schultze, „daß ihn der Dampfer ‚Burgerdijk' abgesetzt hat, und führe diesen Verdacht mit als Grund für seine Versenkung an."

Um nun wieder von dieser Warnmeldung abzulenken, dachte sich Herbert Schultze etwas Besonderes aus, das auch der in die Boote gehenden Besatzung zugute kommen würde.

Und zwar ließ er den Funker der „Burgerdijk" um 18.05 Uhr einen Hilferuf absetzen: „Collision sinking". Hinzu kam der Standort.

Nach dieser letzten Meldung verstummte das Funkgerät der „Burgerdijk" für immer. Die Besatzung ging in die Boote und pullte von dem zum Untergang ausersehenen Schiff fort. Als sie weit genug abgelaufen war, es war 18.40 Uhr geworden, wandte sich der Kommandant von U 48 an den Torpedo-Waffenoffizier: „Ein Torpedo frei für Fangschuß."

Artillerie wollte Schultze nicht auf diesen Dampfer ansetzen; das verbot sich schon aus der Tatsache, daß nun sicher einige schnelle Schiffe in die angegebene Position laufen würden.

„Rohr I – Illos!" Der Torpedo lief zur 600 Meter entfernt und gestoppt liegenden „Burgerdijk" hinüber. Er traf das Schiff mittschiffs und riß es förmlich auseinander. Die „Burgerdijk" sank auf 49.45 Grad Nord und 6.30 Grad West.

Wenig später meldete der Funkmaat, daß der Funkspruch der „Burgerdijk" von Lands End wiederholt worden sei und daß sich der niederländische Dampfer „Edam" gemeldet habe. Er liege 110 Seemeilen von der Havariestelle entfernt und wolle dem sinkenden Schiff zur Hilfe eilen.

Damit war für Schultze klar, daß diese Besatzung gerettet werden würde.

Nachdem das Wetter sich am Abend des 10. und Vormittag des 11. Februar besonders gebessert hatte, entschloß sich der Kommandant um 16.00 Uhr bei geringer Dünung zum Nachladen und Umladen der Torpedos. Diese Arbeit begann um 19.00 Uhr. Um die Oberdecktorpedos umladen zu können, mußte zuerst der Tauchbunker IV ausgeblasen werden. Mit E-Maschinen-Antrieb lief das Boot Kleine Fahrt vor der Dünung und wurde zur Erleichterung dieser schwierigen Arbeiten wechselweise achtern und vorn geflutet. Herbert Schultze hatte sich dazu etwas einfallen lassen, indem er nach seinen Angaben eine neue „Süllhose" aus Segeltuch anfertigen ließ, die nicht nur die Arbeit erleichterte, sondern auch einen Wassereinbruch durch das Torpedoluk ins Boot verhinderte. Dennoch war es eine Mordsschinderei, und in sein KTB trug Schultze ein:

„Die Torpedotakelage ist noch viel zu unhandlich und schwer, insbesondere die große Mulde. Es wird Zeit, daß sich die Ingenieure intensiv damit befassen, denn beim Umladen der Torpedos ist das Boot hilflos."

Um 21.00 Uhr war die Arbeit beendet. Alle Torpedos lagen klar im Bugraum und in den Rohren. U 48 konnte noch eine Reihe feindlicher Schiffe angreifen und versenken, vorausgesetzt, es kamen welche in Sicht.

Um 8.00 Uhr des 12. Februar ging ein FT-Spruch von U 37 ein: „Verdächtiger Dampfer, Eingang!"

Zehn Minuten vorher hatte der Bootsmannsmaat der Wache einen Geleitzug gesichtet, und Schultze war auf den Turm geeilt, um diesen zu inspizieren. Der Geleitzug bestand aus etwa 14 Dampfern, die von vier Zerstörern geleitet und aus der Luft durch ein Flugboot gesichert wurden. Er lief 260 Grad.

Als um 8.05 Uhr einer der Zerstörer das Boot sichtete und auf es andrehte, ließ Schultze sofort tauchen und unter den Geleitzug laufen. Dort waren sie vor jedem Zerstörer sicher. Die Schiffe rumpelten über U 48 hinweg, und Schultze mußte die Feststellung treffen, daß sein Boot nach Abgabe der Minen und dem Umladen der Oberdecktorpedos tiefensteuermäßig falsch lag. Es war nach dem Umladen noch nicht neu eingesteuert worden.

Durch diese falsche Lage sackte das Boot wie ein Fahrstuhl 80 Meter weit durch, ehe der LI es abfangen und in mühseliger Arbeit wieder nach oben quälen konnte.

Als Schultze das Angriffsrohr ausfahren ließ, erwies sich dieses als milchig beschlagen. Er konnte nichts erkennen, und auch das Abwischen des Spiegels brachte nur geringe Verbesserung der Sichtverhältnisse.

Der Grund zu dieser Kalamität lag darin, daß der neue Zentralemaschinist, der von U 45 gekommen war, plötzlich den Einfall hatte, gerade jezt die Sehrohrheizung einzustellen, wie er dies von seinem früheren Boot her gewohnt war. Dem alten Maschinisten, der das Boot wegen Krankheit hatte verlassen müssen, hatte Schultze diese „Unart" nach vorangegangenen schlechten Erfahrungen streng verboten.

„Nach krampfhaften Einsteuerbemühungen", so Schultze, „komme ich mit dem Milchglas-Sehrohr noch zum Angriff nach RW. Schußwinkelempfänger zeigt auf Frage ‚Schußwinkel falsch!' an. Eine erneute Rückfrage ergab die Antwort ‚Schußwinkel richtig!'

Inzwischen befanden wir uns bereits in einer großen, stumpfen Lage. Trotzdem habe ich geschossen und vorbeigegeigt."

Um 10.00 Uhr tauchte U 48 wieder auf und setzte ein Funksignal ab, mit dem der Geleitzug gemeldet wurde. Danach ließ Schultze laufend Fühlunghaltermeldungen absetzen, um die anderen Boote heranzuführen.

Um 12.00 Uhr stand U 48 südlich von Irland. Es war bedeckt und diesig, die Sicht war mittel, und Wind und See gingen mit Stärke 4 bis 5.

Die Sache mit der „Arc Royal"

Um 12.01 Uhr ging ein FT-Spruch des B.d.U. ein: „Angriffsaufstellung Kanal! – Spatz in der Hand ist besser als Taube auf dem Dach!"

Wenig später folgte ein Ergänzungsspruch, in dem die Einnahme dieser Angriffsaufstellung erneut befohlen wurde, um von dort aus zu einem Angriff auf besonders wertvolle Ziele zu kommen. Dieser Befehl bestand bis zur ausdrücklichen Entlassung aus dieser Aufstellung.

Worum ging es bei diesem Befehl an U 48 und alle weiteren in diesem Seegebiet stehenden Boote?

Eine B(x)-Meldung vom 10. Februar 1940 hatte die Angabe enthalten, daß der englische Flugzeugträger „Arc Royal" mit dem Schlachtkreuzer „Renown" und dem Schweren Kreuzer „Exeter" aus Freetown ausgelaufen sei, und daß die „Arc Royal" am 11. Februar 0.00 Uhr in einer genau angegebenen Position etwa 200 Seemeilen nordwestlich Madeira mit Kurs 15 Grad und 22 Knoten Fahrt stehen werde. 180 Seemeilen dahinter mit 16 Knoten Fahrt würden „Renown" und „Exeter" folgen.

Am 12. Februar gab eine neue B(x)-Meldung den genauen Standort des Flugzeugträgers mit einer Sicherung aus vier Zerstörern für diesen Tag 9.00 Uhr an.

Da U 48 westlich des Kanals stand, erhielt dieses Boot mit U 26 und U 37, die am 13. Februar aufgeschlossen haben würden, Befehl, das Herankommen der „Arc Royal" in dem neu zugewiesenen Operationsgebiet im Kanalausgang zu erwarten, den Träger zu stellen und ihn zu versenken.

Hierzu noch eine Anmerkung aus dem KTB des B.d.U.: „Kurze Zeit nach Abgang dieses Befehls meldete U 48 einen Geleitzug auf westlichem Kurs. Da das Boot am Feind ist und möglicherweise dicht vor einem Erfolg steht, halte ich es für falsch, jetzt in die Operation von U 48 einzugreifen. –

Am Mittag des 13. Februar ging ein FT-Spruch von U 48 ein, aus dessen Standortangabe ersehen werden konnte, daß das Boot versucht hatte, die verlorengegangene Fühlung am Geleitzug wiederzuerlangen. Es ist ihm weit nach Westen nachgelaufen und steht jetzt so weit vom Kanalausgang abgesetzt (340 Seemeilen), daß es (zumal bei Wind aus Ost mit Stärke 7) vor zwei Tagen kaum dort eintreffen wird.

Das Verhalten des Kommandanten von U 48 muß nach seiner Rückkehr genau geklärt werden. Wenn es schon zweifelhaft war, ob es richtig gewesen ist, ihn am Geleitzug zu belassen, so hätte er sich in keinem Falle nach verlorengegangener Fühlung und angesichts meines Befehls so weit nach Westen ziehen lassen dürfen, daß die Ausführung meines Befehls schließlich unmöglich wurde." (Siehe KTB des B.d.U.)

Zurück zu U 48

„Ich entschließe mich trotz des Befehls des B.d.U. zum Fühlunghalten und Dranbleiben am Geleitzug bei Tage und zum Nachtangriff, da ich dies für richtig halte, und alle übrigen Boote – U 37, U 26, U 28 und U 29 heranzubringen, deren Anwesenheit ich in diesem Seeraum vermute. Mein Angriffssehrohr ist außerdem zum Tagesangriff unklar. Es kann *der* Tag des Geleitzugangriffs werden. Rund 15 bis 20 Dampfer, vier Zerstörer und ein Flugboot sind ausgemacht. Die Fahrt des Konvois beträgt 9 Knoten, Ostwind herrscht und ist gut zum Vorlaufen. Alles äußerst günstig, um den Geleitzug zu zerschlagen.

Und ich habe das genaue Besteck, melde regelmäßig meinen

Standort nach Länge und Breite, da keine G-Quadrate an Bord sind.

Leider weiß ich nicht, welche Boote nun tatsächlich angreifen bzw. dies überhaupt können. Das Funksignal von U 37 war im G-Quadrat. Wo ist das? Ich hatte noch extra in Wilhelmshaven gemeldet, daß ich wegen der Sperraufgabe kein G-Quadrat habe, und was geschehen solle, wenn andere Boote Peilzeichen senden und einen Geleitzug nach G-Quadraten meldeten. Man hatte erwidert, daß dies sofort umgesetzt werden solle in offene Quadrate und dann erneut gefunkt werden müsse.

Wozu dann überhaupt G-Quadrate? Wenn sowieso geschlüsselt wird? Doppelt gemoppelt für die Boote. Das Signalverfahren muß kürzer werden und nicht länger!"

Aus seiner Sicht der Dinge hatte Schultze durchaus recht. Ein großer Geleitzug und 5–6 in der Nähe stehende Boote, das hätte eine gelungene Geleitzugschlacht mit enormen Erfolgen werden können, zumal die Sache mit dem Flugzeugträger doch nur eine Meldung war, die jederzeit anders werden konnte, wenn die „Arc Royal" neue Weisungen erhielt.

Auch die Frage des Geheim-Quadratsystems war sinnlos, wenn ein Boot diese Unterlagen nicht hatte und erst die Umsetzung in offene Quadratangaben abwarten mußte. Alle diese Dinge sind immer wieder moniert worden, und es gab durchaus viele, sehr viele Verbesserungsmöglichkeiten, die nicht genutzt werden konnten, weil die U-Boot-Waffe zu schwach war und auch der Ingenieurstab einfach weder vorn noch hinten ausreichte, um diese vielfältigen Aufgaben wahrzunehmen.

Herbert Schultze war sich genau darüber im klaren, was diese „Befehlsverweigerung" bedeuten konnte. Dennoch durfte er nicht anders handeln, weil er am Geleitzug stand. Nur waren die Boote, von denen er annahm, daß sie auf seine Peilzeichen operieren würden, ebenfalls zur Aufstellung gegen den Flugzeugträger kommandiert worden.

Herbert Schultze war außerdem darüber orientiert, daß es schwer war, beim Übergang vom Tag zur Nacht die Fühlung am

Geleitzug richtig zu behalten. Dies erklärte er auch seinen Wachoffizieren und schärfte ihnen volle Wachsamkeit ein.

Danach ging er einen Moment von der Brücke, was sich im nachhinein als schwerer Fehler herausstellte.

Wenige Sekunden danach drehte ein Geleitzerstörer auf U 48 ein. Mit Alarmtauchen ging U 48 auf Tiefe. Die sofort eingestellte Horchpeilung ergab, daß der Gegner achteraus wanderte.

Schultze befahl „Auftauchen!" Mit AK voraus ging es in der bisherigen Richtung hinter dem Konvoi her und – ins Leere. U 48 stieß am Gegner vorbei. Das Boot hatte die Fühlung mit dem Feind verloren.

Schultze ließ zunächst auf dem alten Geleitzugkurs weitersuchen. Als weiter südlich Lichter gesichtet wurden, ließ er darauf zuhalten. Es waren Fischdampfer, die als U-Boot-Jäger umgerüstet worden waren. Dann tauchten im Westen andere schwache Lichter auf. Abermals ging U 48 mit AK darauf zu und stieß erneut auf Bewacher und Fischdampfer. Der Geleitzug war entkommen. Dies änderte natürlich die Sachlage entscheidend. Nun konnte er den erwarteten und erhofften Erfolg nicht für sich und seine Kameraden verbuchen. Dies würde bedeuten, daß der Große Löwe schön sauer sein würde.

Hier Schultzes Bericht: „Meine Erkenntnis: Zerstörer bei Tage vorn und seitlich am Geleitzug, bei Dämmerung ein Feger nach achtern. Inzwischen schlug der Geleitzug einen Haken. Wer also auf dem alten Kurs die Fühlung sucht, stößt dann auf geschickt aufgestellte Bewacher und U-Boot-Jäger mit Lichtern, so daß man diese zunächst für Dampferlichter hält und dann ganz plötzlich mittendrin ist zwischen diesen Kerlen. Und diese ganze Mahalla mitten im Ozean auf 49.50 Grad Nord und 11.25 Grad West.

Es ist klar, daß diese Fahrzeuge U-Boot-Jagdgruppen sind, die auf den Geleitzugwegen verteilt sind und wie die Feuerwehr auf U-Boot-Alarm warten und auf Angriffsmeldungen auf den Geleitzug, um sofort einzugreifen. Im übrigen tun sie so, als seien sie harmlose Fischdampfer, und setzen einen Haufen

Arbeitslampen: im Mast oben Dreifarbenlichter, darunter zwei weiße über den ganzen Horizont. Genau wie damals auf der Cockburnbank.

Ein Tag Arbeit und Mühe anscheinend erfolglos. Ich weiß ja nicht, ob die anderen Boote auf meine Meldung hin rangekommen sind. Das Wetter war für den Nachtangriff noch gerade günstig. Allerdings war die Sicht sehr schlecht. Und ein aus Ost kommender aufbrisender Wind ging bis Stärke 6. Das Fühlungsuchen auf gegißtem Kurs während der Nacht blieb erfolglos." Dies sollte noch ein besonderes Nachspiel haben.

Die „Arc Royal" lief am 15. Februar 1940 zusammen mit der „Renown" und der „Exeter" in Kanalhäfen ein, so daß auch die anderen auf sie angesetzten Boote nicht zum Schuß kamen.

Am 13. Februar um 4.00 Uhr stand U 48 südwestlich Irland und ritt die mit Stärke 6 aus Osten kommende See ab. Um 12.00 Uhr ließ Schultze die Wettermeldung durchgeben und anschließend die Brennstoff- und Torpedobestandsmeldung tasten. Um 15.24 Uhr ging ein neuer Funkspruch des B.d.U. ein: „An U 26, U 37, U 48: neue Aufstellung der Boote."

Die „Sultan Star" wird versenkt

Bei abflauendem Wind und zurückgehender See lief U 48 in dem angegebenen Gebiet auf und ab. Um 14.05 Uhr des 14. Februar mußte das Boot vor einem Flugboot tauchen. 17 Minuten später kehrte es an die Wasseroberfläche zurück, und um 15.55 Uhr kam ein Dampfer in Sicht. Drei Minuten später, nachdem Kurs und Geschwindigkeit des Dampfers geschätzt waren, ging U 48 wieder auf Sehrohrtiefe hinunter. Der Dampfer steuerte zwar Zickzackkurse, doch sein Hauptkurs lag ungefähr auf 40 Grad in Richtung zum St.-Georgs-Kanal.

Um 16.39 Uhr notierte Schultze in seinem KTB: „Ich halte den Dampfer für einen P.u.O.-Dampfer, da er schwarz mit braungelben Aufbauten angemalt war. Der Dampfer lief unter Flugzeuggeleit. Außerdem horchte der Horchraum noch ein zweites Schraubengeräusch, das von einem Zerstörer oder sonstigen Geleitfahrzeug stammen kann."

Die Blicke durch das Sehrohr zeigten Schultze einen großen „Brocken". Er ließ aus 1200 m Distanz einen Torpedoschuß aus Rohr I schießen. Nach 88 Sekunden Laufzeit stieg 40 hinten die Torpedopinie am Schiff empor. Einige Minuten später begann der gestoppt liegende Dampfer bereits zu sinken. Es war die 12306 BRT große „Sultan Star", die um 17.10 Uhr über das Heck sank. Dies wurde in einer Radiomeldung aus London bestätigt.

Unmittelbar nach dem Sinken der „Sultan Star" drehte ein Zerstörer auf U 48 ein, das sofort auf 70 Meter hinunterging. Vier Wasserbomben schüttelten das Boot durch, ohne es aber zu beschädigen, wenn man von einigen zu Bruch gegangenen Gläsern absehen will. Alle 15 bis 30 Minuten wurden erneut vier Wasserbomben geworfen. Das Boot hielt sich im Bereich zwischen 70 und 75 Meter, und Schultze verstand es geschickt, es aus der Gefahrenzone zu bringen, sooft ein neuer Anlauf aus dem Horchraum gemeldet wurde.

Um 18.45 Uhr waren im Gruppenhorchgerät Schraubengeräusche zu hören, die anfangs nur schwach erklangen und später überhaupt nicht mehr gehorcht werden konnten. Dies mußte ein U-Jäger nach dem „Kingfisher-Modell" gewesen sein. Die von ihm geworfenen Wasserbomben lagen zwar sehr nahe, waren jedoch offenbar schwächer als die übrigen.

Um 19.20 Uhr ließ Herbert Schultze auftauchen und über Wasser ablaufen. Die Nacht war mondhell, und am Versenkungsort waren beleuchtete Fahrzeuge zu sehen, die offenbar mit der Bergung der Schiffbrüchigen der „Sultan Star" beschäftigt waren.

Um 20.00 Uhr wurde ein Sunderland-Flugboot entdeckt. Schultze schrieb über diese Flugboote ins KTB: „Jedesmal, wenn ein Geleitzug oder ein einzeln fahrendes wertvolles Schiff erscheint, kommt kurz vorher eines von den dicken Sunderland-Flugbooten als Nah- oder Fernaufklärer vorneweg."

Um 20.15 Uhr tauchte jedoch kein wertvoller Dampfer,

sondern lediglich ein abgeblendet fahrendes schmales Fahrzeug auf, das sich als U-Jäger erwies. Über Wasser konnte U 48 diesem Fahrzeug ausweichen.

Um 24.00 Uhr verließ U 48 dieses Seegebiet und lief in Richtung Quessant, um zu sehen, ob auf diesen Tankerwegen noch etwas zu holen war.

Prompt wurde am Morgen des 15. Februar um 9.15 Uhr ein Tanker gesichtet, der mit Kurs auf den englischen Kanal lief. U 48 setzte sich vor, mußte aber um 10.46 Uhr vor einem Flugboot tauchen. Nach dem um 11.13 Uhr erfolgten Wiederauftauchen setzte sich das Boot abermals vor und tauchte um 12.45 Uhr zum Angriff auf Sehrohrtiefe weg. Es war der niederländische Motortanker „Den Haag", mit 8971 BRT ein großer Brocken, der sorgfältig angelaufen wurde. Um 13.59 Uhr erfolgte der Torpedoschuß aus Rohr II. Die Entfernung zum Ziel war etwa 1400 Meter. Nach 112 Sekunden Laufzeit riß der Torpedo mittschiffs am Tanker die Bordwand auf und detonierte in einer haushohen Feuersäule.

U 48 blieb nahe dem Tanker unter Wasser, und Schultze konnte sehen, wie sich dieser weit durchbog und schließlich in der Mitte durchknickte. Damit war sein Schicksal besiegelt, und U 48 brauchte keinen weiteren Torpedo anzulegen. Um 14.23 Uhr tauchte das Boot auf und lief über Wasser in Sonnenpeilung ab.

Am nächsten Tage stand das Boot südlich Irland in den Standorten 1470 Otto bis 1383 Otto auf und ab. Am nächsten Vormittag wurde um 7.40 Uhr ein Dampfer gesichtet, aber inzwischen hatte die See derart aufgefrischt, daß man bei Windstärken zwischen 7 und 8 und Seegang in Stärke 7 schon von einem ausgewachsenen Sturm sprechen konnte, so daß keine Waffenverwendung möglich war. Der Dampfer steuerte 320 bis 340 Grad, und das kam Herbert Schultze seltsam vor. Sein Instinkt sollte ihn nicht getäuscht haben. Um 14.00 Uhr kam ausgerechnet *dieser* Dampfer wieder in Sicht. Diesmal aber steuerte er 80 Grad. Schultze war sicher, daß es sich um den gleichen Dampfer handelte. Das Wetter wurde besser. Der

Sturm flaute ab, und nun konnte sich das Boot zum Angriff auf diesen eigenartigen Dampfer vorsetzen. Um 17.23 Uhr wurde zum Angriff getaucht, aber bereits um 17.48 Uhr mußte Schultze das Boot wieder auftauchen lassen, da der Dampfer im Sehrohr wegen der hohen Dünung noch nicht erkennbar war. Eine Minute später, das Boot war an die Wasseroberfläche zurückgekehrt, sichtete die Brückenwache den Dampfer an Steuerbord achteraus. Abermals ging es in den Keller.

Um 18.30 Uhr fiel der Unterwasserschuß aus Rohr III. Er wurde ein Fehlschuß, da Schultze die Fahrt des Dampfers überschätzt hatte. Der Dampfer hatte während der gesamten Jagdzeit zwischen acht und neun Knoten Fahrt gemacht; jetzt aber, nachdem das Boot getaucht hatte, lief er bedeutend weniger.

„Ich beschließe, ihn über Wasser anzugreifen und zu versenken!" trug Schultze in sein KTB ein.

Um 18.40 Uhr wurde aufgetaucht. Erneut begann das Vorsetzen, wobei der Gegner wieder auf 9 Knoten Fahrt heraufging.

Um 20.00 Uhr kam ein zweites Fahrzeug in Sicht. Es war beleuchtet und erwies sich als Holländer, der auf Gegenkurs vorbeilief. Außerdem erschien an Backbord vor dem Boot ein Patrouillenfahrzeug mit abgeblendeten Lichtern.

U 48 wurde seitlich herausgesteuert und drehte sofort wieder ein, als das Patrouillenfahrzeug ausgetrickst war. Um 20.36 Uhr fiel im Quadrat 49.17 Grad Nord und 8.15 Grad West der Torpedoschuß aus Rohr IV. Die geschätzte Entfernung war 2000 Meter. Der Treffer blies achtern 30 nach einer Laufzeit von 108 Sekunden empor. „Im Augenblick des Treffers steht dieser Dampfer in hellen Flammen. Der Himmel ist blutrot übergossen. Er hat anscheinend Faßbenzin oder Pulverladung. Größe ungefähr 6000 bis 7000 Tonnen. Der Patrouillendampfer steht dem brennenden Dampfer bei. Ich trete den Rückmarsch an."

Um 23.10 Uhr setzte U 48 einen FT-Spruch an den B.d.U. ab: „Rückmarsch angetreten. Ein Torpedo achtern."

Der auf Westkurs laufende Holländer funkte nicht. Offenbar fürchtete er, sich einer Feindhandlung schuldig zu machen und das gleiche Schicksal zu erleiden wie der andere Dampfer. Dem Bewacher oder Zerstörer mußte U 48 noch über Wasser ausweichen. Der ging aber nach den Beobachtungen von Kptlt. Schultze auch nicht an den brennenden Dampfer heran.

Der 18. Februar sah U 48 um 4.00 Uhr bei Windgeschwindigkeit und Seegang um 4 und Regenschauern auf dem Marsch nach Hause. Als dieser Tag zu Ende ging, stand das Boot bereits westlich der „Grünen Insel" und setzte den Marsch in Richtung zu den Westlichen Hebriden fort. Am 20. Februar mußte U 48 um 8.44 Uhr vor einem Flugzeug tauchen, das eine Bombe warf, die im Kielwasser des Bootes detonierte. Um 9.17 Uhr kehrte das Boot an die Wasseroberfläche zurück, aber nur, um gleich darauf abermals mit Alarmtauchen in den Keller zu gehen, weil das Flugzeug zurückkam. Es war 9.27 Uhr, als das Flugzeug endgültig verschwunden war und U 48 den Rückmarsch über Wasser fortsetzen konnte.

Am Nachmittag, das Boot stand bereits westlich von Fair Island, tauchten ein Zerstörer und drei Bewacher auf. Diesmal konnte Schultze ihnen über Wasser entkommen, indem er einen Haken schlug.

Gegen Mitternacht zum 21. Februar stellte Schultze fest, daß die Nordpassage von Fair Island nicht besetzt war. Bei dem klaren Wetter konnte er sehr gut die brennenden Feuer von Skrov und Sumburg Head sehen.

Zwei Stunden nach Mitternacht tauchten zwei abgeblendete Zerstörer auf, in deren Begleitung drei beleuchtete Bewacher marschierten, um als Lockvögel zu ziehen. Über Wasser wich das Boot diesen Fallen aus und mußte um 10.40 Uhr vor einem Flugzeug tauchen, das dem Boot eine Bombe nachschickte, die jedoch keine Wirkung hinterließ, weil sie weit achtern im Kielwasser niederging.

Der um 13.13 Uhr eingehende Funkspruch des B.d.U. ließ das Boot um 14.07 Uhr auf Tauchstation gehen und den Rückmarsch unter Wasser fortsetzen. Der Große Löwe hatte dem Boot vorgeschrieben, das Einlaufen auf Weg II durchzuführen. Dies war in derselben Nacht nicht mehr möglich, außerdem war die Sicht sehr schlecht. Als dann in großer Entfernung Wasserbomben gehört wurden, die in jeweils Dreier-Serienwürfen geworfen wurden, ließ Schultze um 17.25 Uhr auftauchen und den Marsch über Wasser fortsetzen.

Kurz nach Mitternacht des 22. Februar hatte U 48 die mittlere Nordsee erreicht und mußte um 4.20 Uhr wegen dichten Nebels tauchen. Die Besatzung wurde auf Ruhestationen entlassen, während sich U 48 den Weg zum Eingang von Weg II im Unterwassermarsch bahnte.

Nach dem Einlaufen in die Deutsche Bucht um 20.00 Uhr und dem sich anschließenden Überwassermarsch auf Weg II wurden um 23.35 Uhr zwei Flugzeuge gesichtet. Offenbar waren es deutsche Maschinen.

Um 10.10 Uhr des 23. Februar lief U 48 in Helgoland ein und machte längsseits am bereits hier liegenden U 52 fest. Um 11.30 Uhr wurde der Marsch nach Wilhelmshaven fortgesetzt, doch beim Leuchtschiff „Fritz" mußte um 14.30 Uhr wegen starken Nebels geankert werden.

Um 20.15 Uhr legte sich das Boot auf Grund, um erst am nächsten Morgen um 7.45 Uhr wieder aufzutauchen und unter Eisgeleit eines Sperrbrechers nach Wilhelmshaven zu laufen. Das Boot erreichte um 11.45 Uhr die III. Einfahrt Nordschleuse und machte dort fest.

Ab 12.30 Uhr wurde das Boot aufgeklart, und anschließend gab es für die Besatzung, die sich inzwischen „landfein" gemacht hatte, Freizeit.

Am 25. Februar wurde die gesamte Besatzung durch den B.d.U. begrüßt, und eine Stunde darauf lief das Boot zu seinem Stützpunkt Kiel weiter. Brunsbüttel-Schleuse wurde um 18.15 Uhr erreicht; dort machte U 48 fest. Am anderen Morgen um 7.20 Uhr begann der Marsch durch den Kaiser-Wilhelm-Kanal unter Eisgeleit durch die „Hessen" und im Schlepp des Schleppers „Monsun" nach Kiel, wo das Boot um 17.00 Uhr bei der Germania-Werft festmachte.

Am Morgen des 25. Februar hatte Kapitänleutnant Schultze dem Befehlshaber der U-Boote seinen Bericht erstattet. Nach den allgemeinen Fragen und Antworten kam der Große Löwe auch auf die „Befehlsverweigerung" Schultzes zu sprechen.

Die Bemerkungen des B.d.U. zu dieser Feindfahrt eines seiner besten Kommandanten lautete nach Schultzes Bericht:

„Das Boot hat seine Sperraufgabe gut und schnell gelöst und außerdem 34130 Bruttoregistertonnen feindlichen Handelsschiffsraumes versenkt (es waren nach späteren vom Gegner bestätigten Erkenntnissen 31 526 BRT). Damit hat U 48 die zur Zeit höchste Versenkungsziffer von etwa 110 000 BRT. Die Leistungen sind ausgezeichnet. Sie müssen um so höher bewertet werden, als die letzte Unternehmung eine Minen- und Torpedounternehmung war, über deren Minenerfolge noch nichts bekannt geworden ist, die aber mit Sicherheit erwartet werden können und die dann noch zu der angegebenen Versenkungsziffer hinzukommen. –

Was den Beschluß des Kommandanten, dem Geleitzug nachzustreben, anlangt, so ist der Tatbestand als Ergebnis des Berichtes des Kommandanten der, daß er einen Verstoß *gegen* den von mir gegebenen Befehl begangen hat. Dem Kommandanten ist angesichts der Eindrücke, unter denen er stand, jedoch erst später klargeworden, daß er falsch gehandelt hat. Ich habe daher von weiterem abgesehen."

Das war Karl Dönitz, der von den U-Boot-Fahrern verehrte Große Löwe: Irrtümer seiner Kommandanten nahm er als das, was sie waren. In sein KTB aber trug Herbert Schultze folgenden Nachsatz ein:

„Bei nachträglicher Betrachtung der Zusammenhänge und nach Rücksprache mit dem B.d.U. ergibt sich für mich folgende grundsätzliche Erkenntnis, die ich hier einfüge:

1. Ich habe falsch gehandelt, als ich den Funkbefehl über die Einnahme der Angriffsaufstellung im Kanal nicht befolgte, sondern am Geleitzug geblieben bin.

2. Ich hätte spätestens nach Verlieren der Fühlung am Geleitzug den Marsch zur befohlenen Aufstellung antreten

müssen, anstatt nun in der Nacht auf vagen Kursen wieder Fühlung zu suchen.
3. Daß ich keine G-Quadratkarten an Bord hatte, war dem B.d.U. selbstverständlich bekannt, und meine Überlegungen und Sorgen überflüssig und nur daraus zu erklären, daß ein junger Kommandant in vielen Situationen dazu neigt, sich nur auf sich selbst gestellt zu fühlen und dabei das Mitdenken der Führung und deren Maßnahmen verkennt bzw. sogar außer acht läßt, in der Überzeugung, die Situation selber besser überblicken zu können."

Daß Karl Dönitz den Kommandanten nicht „unterbutterte", geht aus der Tatsache hervor, daß er ihn nach Erreichen der 100 000-Tonnen-Versenkungsgrenze zum Ritterkreuz des Eisernen Kreuzes vorschlug.

Am 1. März 1940 versammelten sich in Kiel am Tirpitzufer die Männer von U 48. Sie nahmen Aufstellung, und der Befehlshaber der U-Boote verlieh dem Kommandanten dieses bis dahin erfolgreichsten Bootes im Handelskrieg das Ritterkreuz des Eisernen Kreuzes als zweitem U-Boot-Soldaten überhaupt.

Das Hurra der angetretenen Männer hallte über die Piers hinweg, und an der Seite des Großen Löwen schritt Herbert Schultze die Front der angetretenen Ehrenkompanie ab.

Das Boot hatte bis dahin 16 Schiffe mit insgesamt 109 074 Bruttoregistertonnen versenkt und einen hervorragenden Beitrag zum Wirtschaftskrieg gegen England geleistet.

Die hölzernen Schwerter

*U 48 auf der 5. Feindfahrt –
Vorbereitungen zu „Hartmut"*

Nach dem Einlaufen der noch Ende Februar 1940 in See stehenden U-Boote hatte der B.d.U. keine Boote mehr für den Einsatz im Atlantik zur Verfügung. Admiral Dönitz versuchte alles, um bis Mitte März wieder acht Boote für den Atlantik-Einsatz freizubekommen. Sechs kleine Boote sollten für Minenaufgaben und für Einsätze im Nordkanal vor der Haustür des Gegners freigemacht und ausgerüstet werden.

Durch diese Planungen aber wurde dem B.d.U. ein scharfer Strich gezogen, als er am 4. März 1940 vom Ob.d.M., Großadmiral Raeder, folgenden Befehl erhielt:

„Auslaufen weiterer U-Boote zunächst abstoppen. Kein Einsatz der bereits ausgelaufenen Boote an der norwegischen Küste. Verwendungsfähigkeit aller Seestreitkräfte beschleunigt herstellen, keine besondere Bereitschaft." (Siehe: Skl I op 226/40, Chefsache.)

Am 5. März erhielt Dönitz die erste Unterrichtung über jene Absicht, die sich hinter dem Codewort Unternehmen „Weserübung" verbarg: Norwegen und Dänemark sollten durch eine schlagartige Landung deutscher Truppen besetzt werden. Für Norwegen waren Landungen in Narvik, Drontheim, Bergen, Egersund, Kristiansand und Oslo in der Planung vorgesehen. Die dorthin zu bringenden Truppen sollten durch Seestreitkräfte und Truppentransporter ans Ziel geschafft werden. Darüber hinaus sollten weitere Truppen auf dem Luftwege nach Stavanger, Kristiansand und Oslo transportiert werden.

Admiral Dönitz erfuhr, daß der eigene B-Dienst einwandfreie Vorbereitungen Englands zu militärischen Aktionen gegen Norwegen erkannt und gemeldet hatte und daß es im Falle eines Gelingens dieser feindlichen Vorhaben kein Erz mehr aus den schwedischen Minen geben werde.

Der B.d.U. erhielt den Befehl, mit der U-Boot-Waffe die eigenen Seestreitkräfte zur See hin zu decken und zu sichern, nachdem diese in die angegebenen Ausladehäfen eingelaufen waren und dort festgemacht hatten. Die Überlegungen des B.d.U. zu dieser Planung lauteten:

„Hierfür erschien es zweckmäßig, die U-Boote ab sofort nach dem Einpassieren der eigenen Streitkräfte in die betreffenden Fjorde einlaufen und hier in möglichst tiefer Staffelung, soweit ihre begrenzte Zahl dies nur zuließ, Aufstellung nehmen zu lassen.

Der Schwerpunkt mußte hierbei auf Narvik liegen. Wegen seiner abgesetzten Lage und wirtschaftlichen Bedeutung für die Erzausfuhr nach Deutschland war hier in erster Linie ein Angriff des Gegners zu erwarten." (Siehe Dönitz, Karl: a.a.O.)

Als weitere Aufgabe hatten die U-Boote feindliche Gegenlandungen zu bekämpfen. Bei der Vielzahl der in Betracht kommenden Landungsplätze konnte jedoch nicht das Abwehrverfahren der unmittelbaren Sicherung der Fjorde durch U-Boote angewandt werden. Tat man dies, so konnte man sich nur der Gefahr aussetzen, entweder am falschen Ort mit zu starken oder am richtigen mit zu schwachen Kräften zu stehen. Für diese Aufgabe erschien es ratsamer, zunächst U-Boot-Gruppen als Verfügungsgruppen im freien Seeraum, in der Nähe der gefährdeten Gebiete aufzustellen. Mit ihnen konnte dann nachgestoßen und abgeriegelt werden, wenn die Richtung der feindlichen Landungsabsichten erkannt war.

Eines war allerdings sicher: Diesmal mußte der Gegner kommen, wenn die Beobachtungen der B-Dienste stimmten. Und das war auf alle Fälle besser, als mit U-Booten in die Weite des Atlantiks hinauszulaufen und den Gegner dort im Ungewissen zu suchen. Sicher schien auch, daß die U-Boot-Waffe bei diesem Unternehmen eine Vielzahl an Erfolgen erringen werde, denn sie sollte ja massiert vor der norwegischen Küste eingesetzt werden, die von starken feindlichen

Seestreitkräften zum Ziel genommen werden würde. Immer vorausgesetzt, daß die Beobachtungen auch stimmten.

Jene Gruppen, die in einer Vorpostenstellung in See standen, sollten noch eine weitere Aufgabe erfüllen: den Angriff gegen jene feindlichen Seestreitkräfte führen, die versuchen würden, die Seeverbindungen von Norwegen nach Deutschland zu unterbrechen.

Diesen drei Zielen konnte ebensogut entsprochen werden, wenn der Feind bereits auf seinem Anmarschweg zum Ziel gestellt und geschädigt wurde. Deshalb war es zweckmäßig, U-Boote auch auf den Anmarschwegen des Gegners, möglichst dicht vor dessen eigenen Stützpunkten, aufzustellen.

„Die Erfüllung aller dieser Aufgaben", berichtete Großadmiral Dönitz nach dem Kriege in seinem Werk „Zehn Jahre und zwanzig Tage", „erforderte eine hohe Zahl von U-Booten. Dafür reichten die zur Verfügung stehenden Frontboote nicht aus. Ich ordnete daher an, daß die U-Boot-Ausbildung in der Ostsee vorübergehend eingestellt wurde und die sechs kleinen Boote der U-Boot-Schule zur Front treten sollten." (Siehe Dönitz, Karl: a.a.O.)

Darüber hinaus ließ der B.d.U. die beiden gerade in der Erprobung stehenden U-Boote kriegsbereit machen. Die Boote stellten das Einfahrprogramm ein und meldeten nach ihrer Ausrüstung ihre Einsatzbereitschaft.

Damit waren alle einsatzbereiten deutschen U-Boote in diese Operation eingebunden, und im Stabe des B.d.U. war man einhellig der Überzeugung, daß *jedes* Vordringen der englischen Kriegsflotte in die norwegischen Gewässer mit einem Desaster für den Gegner enden *müsse*.

Der von Admiral Dönitz mit dem Operationsstab erarbeitete Aufgabenplan und die Verteilung der Boote sah vor, zur Sicherung der deutschen Landungsplätze 13 Boote einzusetzen. Für Stavanger waren es zwei Boote, Drontheim sollte ebenfalls durch zwei Boote gesichert werden. Für Bergen waren insgesamt fünf Boote vorgesehen, von denen jeweils zwei die beiden Haupteinfahrten sichern und das fünfte unmittelbar den Hafen zu sperren hatte.

In Narvik, dem norwegischen Erzhafen für den Erztransport nach Deutschland, waren vier Boote in tiefer Staffelung vorgesehen. Hinzu kamen zwei U-Boot-Rudel, die als Angriffsgruppen für den Fall feindlicher Landungen oder Gegenlandungen einsatzbereit in See stehen mußten. Der ersten Gruppe wurde eine Lauerstellung im Norden zugewiesen. In ihr wurden sechs Boote der mittleren Größe vereinigt. Diese standen nordostwärts der Shetlandinseln. Die Südgruppe hatte mit drei Booten ostwärts der Orkneyinseln Aufstellung zu nehmen.

Eine weitere Gruppe, bestehend aus vier kleinen Booten, sollte den Aufstellungsstreifen ostwärts und westlich des Pentland-Firth beziehen. Dort war ebenfalls starker Verkehr feindlicher Seestreitkräfte zu erwarten.

Vor Stavanger sollte schließlich noch eine kleine Verfügungsgruppe von zwei Booten bereitliegen. Das gleiche galt für den Seeraum westlich von Lindesnes. Hier waren es drei Boote.

Die beiden letztgenannten kleinen Gruppen sollten eine Unterbrechung des eigenen Seeverkehrs durch feindliche Seestreitkräfte in schnellem und entschlossenem Angriff vereiteln. Damit standen von Norden nach Süden vor der norwegischen Küste und im Seeraum zwischen den Shetlands und den Orkneys bis nach Bergen hinüber insgesamt neun deutsche U-Boot-Gruppen mit 26 und dann (als ein weiteres Boot hinzukam) 27 Booten bereit.

Die 7. dieser U-Boot-Gruppen sollte übrigens im englischen Kanal operieren.

Admiral Dönitz ließ allen in Frage kommenden Booten den versiegelten Operationsbefehl „Hartmut" übergeben. Die Beschriftung dieser Umschläge lautete: „Dieser Befehl wird erst auf Stichwort in See geöffnet."

Karl Dönitz war mit seinen Stabsoffizieren der vollen Überzeugung, daß dieser einmalige Großeinsatz aller deutschen

U-Boote ein voller und durchschlagender Erfolg werden mußte. Er bemerkte dazu:

„Bis auf die Schul- und die soeben erst aus der Erprobung gekommenen Boote waren alle Kommandanten und Besatzungen kriegserfahren und hatten in der zurückliegenden Zeit zum Teil bereits erhebliche Erfolge erzielt. So gehörten die Kapitänleutnante Prien auf U 47 und Herbert Schultze auf U 48 zu den für Norwegen vorgesehenen Kommandanten. Beide waren bereits mit dem Ritterkreuz des Eisernen Kreuzes ausgezeichnet. Ich war daher, was die Erfolgsaussichten meiner U-Boote anbetraf, durchaus zuversichtlich." (Siehe Dönitz, Karl: a.a.O.)

Am 2. April 1940 teilte die Seekriegsleitung der U-Boot-Führung mit, daß der Stichtag für die beabsichtigte Operation „Weserübung" der 9. April 1940 sein werde. Am 6. April erhielten alle Boote, die in See standen, den Befehl, den verschlossenen Umschlag mit dem Operationsbefehl „Hartmut" zu öffnen.

U 48 im Norwegen-Einsatz

Am 4. April 1940, genau 48 Stunden nachdem Admiral Dönitz den Stichtag für die beabsichtigte Operation erhielt, liefen die Boote U 48, U 9, U 14, U 56, U 60 und U 61 aus den Stützpunkten aus und strebten den Aufmarschpositionen entgegen.

Am Tage zuvor bereits waren die Boote U 7, U 10, U 19, U 25, U 30, U 34, U 47 und U 49 zur gleichen Unternehmung ausgelaufen. Damit stand eine ziemlich große Zahl an U-Booten gleichzeitig in einem begrenzten Seegebiet bereit. Ihnen folgten am 5. April U 1, U 2, U 4, U 5 und U 6 nach. Am 6. April geleiteten U 50 und U 64 den Hilfskreuzer Schiff 36 auslaufend, um sich dann ebenfalls auf ihre Positionen zu begeben. Alle U-Boote nahmen ihre Einsatzstreifen zum Unternehmen „Weserübung" ein.

Die Fahrt von U 48 ging in den nördlichen Sektor ins Seegebiet der Shetlandinseln. Dort angekommen, stand das Boot in einem eng umgrenzten Suchstreifen auf und ab. Als der Funkspruch vom Funkmaaten von U 48 aufgenommen wurde, den Operationsbefehl „Hartmut" zu öffnen, wußte Kptlt. Schultze, daß nunmehr die Zeit des Wartens vorüber war. Er öffnete den Umschlag und studierte den Befehl, der ihn zur Unterstützung der Narvik-Gruppe in den dortigen Seeraum rief.

Mit äußerster Kraft voraus lief das Boot in Richtung Narvik, wo bereits zehn deutsche Zerstörer mit den Soldaten der 1. Gebirgs-Division unter Generalmajor Dietl an Bord eingelaufen waren.

Als das Boot vor dem Narvik-Fjord stand, wurde ein Zerstörer gesichtet. Oblt.z.S. Teddy Suhren, der gerade die Wache ging, hielt diesen Zerstörer für ein feindliches Fahrzeug, während Kptlt. Schultze es für einen deutschen Zerstörer hielt. Aber Suhren widersprach entschieden. Hier sein Bericht über diese kritische Situation:

„Ich bin als Fähnrich Zerstörer gefahren und weiß, wie die deutschen aussehen. Der da ist ein waschechter Engländer!

Der Kommandant meinte: ‚Geben Sie Erkennungssignal!' Worauf ich ihm erwiderte: ‚Was soll das denn? Wir müssen tauchen! Je schneller, desto besser!'

Schultze gab widerwillig nach, weil ich stur blieb, denn der Zerstörer war schon ziemlich nahe gekommen, lag quer und hatte alle seine Rohre auf uns gerichtet. Dann sind wir getaucht – und die Wasserbomben fielen!

Schultze war wütend: ‚Und Sie sind schuld daran, daß wir jetzt deutsche Wasserbomben auf den Hut kriegen!'

Ich entgegnete: ‚Das sind keine deutschen, das sind englische, und sie krachen so laut, weil wir hier im engen Fjord liegen und sich der Schall am steilen Felsufer bricht.'

Nach der achten Wasserbombe meinte ich beiläufig und eher aus dem Gefühl heraus: ‚Wenn das ein Engländer ist, schmeißt er jetzt noch fünf. Es ist heute Freitag, der 13. April, und der

Tommy schmeißt 13 Wasserbomben, passen Sie mal auf, Herr Kaleu!'

Vati Schultze sah mich an, als ob ich ihn auf den Arm nehmen wollte, und es war eigentlich auch nur Flax. Doch wirklich: Der Zerstörer ließ noch fünf Wasserbomben fallen und verzog sich dann." (Siehe: Brustat-Naval, Fritz, und Teddy Suhren: Nasses Eichenlaub.)

Unmittelbar nach dem Wiederauftauchen sichtete die Brückenwache U 46 unter Kptlt. Sohler. Das Boot wollte gerade den Fjord verlassen. Schultze rief den Kameraden an:

„Kommandant an Kommandant: Sie sollen mit mir einlaufen!" – „Aber ich habe Auslaufbefehl, um meine neue Position einzunehmen", rief Sohler zurück. „Ihr Befehl ist aufgehoben. Sie sollen mir folgen. Auf FT kommt nichts mehr durch." – „Gut, fahren Sie voraus, ich drehe und folge nach!"

Als erstes lief U 48 in den Innenfjord hinein. Langsam tasteten sich die beiden Boote weiter vor. Es ging durch den Hauptfjord von Narvik empor. Immer wieder mußten beide U-Boote vor englischen Fliegern in den Keller gehen.

Inzwischen hatte Schultze durch FT-Verbindung mit U 46 erfahren, daß alle zehn deutschen Zerstörer im Narvik-Fjord vom Gegner vernichtet worden seien und daß es im Fjordinnern von englischen Zerstörern nur so wimmele. Außerdem sei auch das englische Schlachtschiff „Warspite" noch irgendwo im Fjord.

Das war selbst für den eisenharten Herbert Schultze ein unverdaulicher Brocken. Im Weiterlaufen hörten sie aus verschiedenen Nebenfjorden Gefechtslärm und ahnten, daß sich an diesem 13. April tatsächlich das Schicksal der deutschen Zerstörer vollzog.

„Torpedo-Versager!"

„Diesmal müssen wir einen der großen Pötte kriegen. Nicht so wie am 11. April", sagte der Kommandant, als sie wieder einmal vor einem Zerstörer in den Keller gehen mußten.

Am Abend dieses 11. April, von dem Vaddi Schultze gerade sprach, hatte das Boot einen Dreierfächer auf einen großen Kreuzer geschossen und keinen Treffer erzielt. Alle Aale waren Selbstdetonierer gewesen. Dazu hatte der B.d.U. in sein KTB vermerkt:

„Diese Versagermeldung läßt zusammen mit den Meldungen von U 51 und U 25 die schwersten Zweifel hinsichtlich der Anwendbarkeit der Magnetzündung in der Zone 0 entstehen. Die Torpedoversagerfrage scheint den Erfolg des gesamten Ansatzes der U-Boote zu bedrohen. Nach den Funksprüchen von U 51 und U 48 war auch bei U 25 nach dessen FT die Möglichkeit eines Frühzünders gegeben."

U 51 unter Kptlt. Knorr hatte zwei Angriffe gegen die anlaufenden englischen Zerstörer im Vestfjord am 10. April gefahren. Wären diese Angriffe von Erfolg gekrönt gewesen, hätte unter Umständen das Desaster der deutschen Zerstörerverluste zumindest vermindert werden können. Gegen die auslaufenden Zerstörer hatte das Boot gemeinsam mit U 25 unter KKpt. Schütze je einen Angriff gefahren. Alle Angriffe waren wegen Torpedoversager erfolglos geblieben.

Der Angriff von U 48 am 11. April hatte sich übrigens gegen die Schweren Kreuzer „Devonshire", „Berwick" und „York" gerichtet, die vor der norwegischen Küste zwischen Drontheim und Vestfjord gegen deutsche Streitkräfte eingesetzt waren. Zweimal lief U 48 zum Torpedoschuß heran, zweimal schoß Schultze jeweils die volle Chargierung; alle Torpedos versagten.

Kurz darauf schlug auch ein Angriff von U 37 unter KKpt. Hartmann gegen die Kreuzer „Glasgow" und „Sheffield" fehl.

Und während U 48 in den Narvik-Fjord eindrang, lief U 38 unter Kptlt. Liebe zum Angriff gegen englische Großkampfschiffe an. Er visierte den britischen Kreuzer „Southampton" an und mußte ebenfalls Torpedoversager erleben. U 65 unter Kptlt. von Stockhausen verfehlte das polnische Passagier-Motorschiff „Batory", in dem englische Truppen nach Norwegen gekarrt wurden.

U 38 kam am Abend des 14. April auf das britische Schlachtschiff „Valiant" zum Schuß.

Das vor dem Vaagsfjord stehende U-Boot U 49 wurde nach Fehlschüssen von den britischen Zerstörern „Fearless" und „Brazen" geortet und mit Wasserbomben versenkt. Aus den aufschwimmenden Trümmern dieses Bootes wurden Geheimunterlagen geborgen. Darunter auch eine Karte mit den Positionen der deutschen U-Boote.

Damit nicht genug, schoß U 47 unter Kptlt. Prien in der Nacht zum 16. April zwei Viererfächer gegen vor Anker liegende Truppentransporter und Kreuzer, die allerdings ebenfalls vollzählig Versager waren.

Doch zurück zu U 48. War dieses Boot nach seinem Einlaufen in den Narvik-Fjord glücklicher als die anderen?

Am 14. April lief das Boot, das gemeinsam mit U 52 von der Operationsabteilung des B.d.U. bestimmte Weisungen zur Aufklärung von Gebieten im direkten Operationsbereich erhalten hatte, in den befohlenen Seeraum. Der B.d.U. wollte sich damit ein Bild von der herrschenden chaotischen Lage in Norwegen machen und zugleich den Booten Gelegenheit geben, selbst den Feind zu suchen und nicht nur darauf zu warten, daß dieser in ihre Suchstreifen hineinlief.

Am 14. April sichtete U 48 in Ausführung dieses Befehls im Westfjord das britische Schlachtschiff „Warspite". Schultze ließ so nahe wie möglich herangehen. Im Sattelsitz des Angriffssehrohrs sitzend, hatte Schultze den Gegner voll im Visier. Der Befehl zum Dreierfächer-Schuß erfolgte. Alle drei Torpedos liefen und – brachten kein Ergebnis.

Am Nachmittag meldete Herbert Schultze dem Großen Löwen, daß ihm der zweite Versuch, nach Narvik zu marschieren, mißlungen sei, weil er von feindlichen Zerstörern in einer schweren Horch- und Wasserbombenverfolgung abgedrängt worden sei.

Am 15. April gingen dann beim B.d.U. gleich eine Reihe von Meldungen ein, von denen jede niederschmetternder als die vorhergehende war.

„U 48: Fehlschüsse und Versager auf Zerstörer.
U 65: Doppelfehlschuß auf Transporter im Vaagsfjord.
U 47: Vier Fehlschüsse auf vor Anker liegende Transporter.
U 47: Ein G 7a-Versager; drei Etos Nichtzünder, Vaagsfjord."

Die Antwort darauf vertraute Dönitz dem KTB an: „Diese Meldungen sind deprimierend. Die Hoffnung auf eine Besserung der Lage und Waffenwirkung durch Übergang zur Aufschlagzündung sind zunichte gemacht. Ich habe an diese Brennpunkte die befähigtsten Kommandanten gestellt. Daß sie mit Schneid rangegangen sind, daß sie das überhaupt Mögliche versucht und getan haben, steht nach den Meldungen und nach Kenntnis der persönlichen Eigenschaften der Männer außer Zweifel."

Auf eine sofort durchgegebene Anfrage mit dem größten Dringlichkeitsvermerk an die Torpedo-Inspektion bestätigte diese, daß U 65 und U 48 mit Zündpistolen mit vierflügeligen Propellern ausgerüstet waren.

„Bei diesen Pistolen", so die TI, „besteht die Gefahr des Nichtscharfwerdens. Sie sind ohne ausreichende Erprobung an die Boote gegeben worden."

Dies war eine Antwort, die im Kriege in *jedem* Land der Erde mit sofortigem Zusammentreten des Kriegsgerichtes beantwortet worden wäre. Viele hektische Besprechungen wegen der Torpedos erfolgten. Immer neue Hinweise und Anweisungen an die Kommandanten der in See stehenden Boote wurden erlassen. Immer wieder drängten die Kommandanten an den Gegner heran, um stets das gleiche Debakel und anschließend schwerste Wasserbombenverfolgungen über sich ergehen zu lassen, weil das ausersehene Opfer immer noch schwamm und zur Offensive überging.

Am 19. April liefen nacheinander U 3, U 5, U 6 und U 48 in ihre Stützpunkte ein. Als Herbert Schultze dem B.d.U. Meldung gemacht hatte, brach es aus ihm heraus. Er beschuldigte die Verantwortlichen an diesem Debakel der offenen Sabotage und forderte ihre sofortige Absetzung und ein Kriegsgerichtsverfahren, wo er selber aussagen würde, wie oft und wie lange schon seine Meldungen über solche Torpedoversager erfolgt waren.

Es kostete Admiral Dönitz die größte Mühe, den verzweifelten Kommandanten zu beruhigen und zu verhindern, daß er sich um Kopf und Kragen redete. Daß er selber diesen Weg beschreiten werde, das versicherte er Schultze feierlich.

Als Günther Prien am 26. April wieder in Kiel einlief, war auch er wutentbrannt. Auch er schilderte minutiös die Schüsse und die Versager, und zum Schluß, nachdem Dönitz auch ihm versichert hatte, daß er bei der nächsten Unternehmung wieder Erfolg haben werde, bemerkte Prien:

„Jawohl, Herr Admiral! Wenn wir die richtigen Torpedos kriegen und nicht mit hölzernen Schwertern fechten müssen."

Die Liste der Boote, die auf große englische Kriegsschiffe und Transporter zum Schuß gekommen waren, war sehr lang. Wenn auch nur die Hälfte dieser geschossenen Torpedos gezündet hätte, wäre dies zu einer vernichtenden Niederlage für England geworden. Aber keines der U-Boote, mit Ausnahme von U 9 unter Oblt.z.S. Wolfgang Lüth, der am 20. April einen Transporter versenkte, war zu einem Erfolg gekommen.

Kommandanten wie Kretschmer, Prien, Schultze und andere waren zwar in todsicheren Positionen zum Schuß gekommen, hatten aber durch die Torpedokrise keinen Erfolg erzielen können. Weder die Magnetpistole noch die Aufschlagpistole oder die Tiefensteuerung der deutschen Torpedos war in Ordnung.

„Die Torpedokrise ist ein nationales Unglück", erklärte Großadmiral Raeder entsetzt. Admiral Dönitz aber stand nach dieser Tragödie vor der Entscheidung, ob die Torpedowaffe mit einem derart mangelhaften Torpedo weiterhin auslaufen dürfe. Jeder Angriff, der dadurch ohne Erfolg blieb, brachte die zum Torpedoschuß nahe an den Feind herangegangenen U-Boote in die Gefahr der eigenen Vernichtung. In einem Gespräch mit seinem Chef des Operationsstabes, KKpt. Godt, war dieser der entschiedenen Meinung, daß es nicht zu verantworten sei, U-Boote mit solchen Torpedos hinauszuschicken.

„Ich empfand jedoch", schrieb Dönitz, „daß ich zu diesem Zeitpunkt die U-Boote nicht einfach stillegen konnte, ohne damit der Waffe in unübersehbarem Maße zu schaden." (Siehe KTB des B.d.U. vom 15. Mai 1940.)

Der B.d.U. ging in den Wochen, die auf dieses Debakel folgten, von einer Flottille zur anderen und auch zu den Ausbildungsstätten in der Ostsee. Er sprach mit Kommandanten und Besatzungen und richtete die entmutigten Männer wieder auf.

Zur gleichen Zeit lief die Verhandlung vor dem Reichskriegsgericht. Zwar hatte vorher der neue Torpedo-Inspekteur, KAdm. Oskar Kummetz, beim B.d.U. versucht, die Torpedofrage einer Klärung zuzuführen. Aber auch er, erst seit kurzer Zeit im Amt, konnte nichts anderes sagen, als daß die Torpedos, mit denen die Boote den Kampf gegen die größte Seemacht Europas aufnehmen sollten, nicht einmal vorher angeschossen worden waren.

Bis zum 20. April war durch Großadmiral Raeder bereits ein Sonderausschuß eingesetzt worden, der die Ursachen der vielen Versager untersuchte. Als Mitte Mai die ersten Ergebnisse dieses Sonderausschusses unter der Hand durchgegeben wurden, nannte der Befehlshaber der U-Boote sie verbrecherisch. Schließlich gab der Ob.d.M., Großadmiral Raeder, das Ergebnis bekannt:

„1. Ich habe nach den Erfahrungen mit den Torpedos G 7a und G 7e während der Norwegen-Unternehmung eine Untersuchung darüber angeordnet, worauf die aufgetretenen Mängel zurückzuführen sind und inwieweit schuldhaftes Versagen vorliegt.

2. Die Untersuchungen haben festgestellt, daß Schwächen

der Torpedos und Vorbereitungsmängel vor der Anbordgabe hierbei ausschlaggebend gewesen sind.

a) Tiefenhaltung und Tiefenlauf entsprachen weder beim G 7a noch beim G 7e den Anforderungen, die an eine frontbrauchbare Waffe gestellt werden müssen.

b) Die Zündpistole war in ihrem M.Z.-Teil (Magnetzündungsteil) technisch nicht voll brauchbar. Der A.Z.-Teil (Aufschlagszündungsteil) erfüllte nicht die an ihn gestellten Forderungen.

c) Bei dem Torpedoressort der Kriegsmarinewerft in Kiel und im Einschießbetrieb der Torpedo-Versuchsanstalt der Kriegsmarine haben sich Mängel bezüglich der Vorbereitungen der Torpedos zur Anbordgabe herausgestellt. Dieser Punkt wird besonders verfolgt.

Aufgrund dieser Feststellungen ordnete der Oberbefehlshaber der Kriegsmarine ein Ermittlungsverfahren an, das zur kriegsgerichtlichen Verurteilung der verantwortlichen Mitglieder der Torpedo-Versuchsanstalt führte."

Das war nach den Worten der Kommandanten, die das völlige Versagen der Torpedos vor der Küste von Norwegen miterlebt hatten, *die Untertreibung des Jahres.* Und so wurde es dann auch formuliert: „Die Torpedos hatten keine Mängel, sie waren total untauglich. Sie hatten keine Schwächen, sondern sie waren einfach katastrophal."

Admiral Wehr, der Leiter der TVA, und zwei seiner leitenden Beamten, wurden für schuldig befunden und verurteilt, als sich am 23. Juli 1940 nach Ende der Nachforschungen des Untersuchungsausschusses das Reichskriegsgericht mit dieser Angelegenheit befaßte. Auch dort wurde die Torpedo-Versuchsanstalt als alleiniger Sündenbock hingestellt, obgleich die Oberste Führung spätestens seit Bekanntwerden des Ergebnisses des Probeschießens im August 1938 wußte, daß der für die U-Boote vorgesehene Torpedo ein halber Blindgänger war.

Die Tatsache, daß Günther Prien in Scapa Flow sieben Torpedos schießen mußte, um ein Schiff zu treffen, konnte noch geheimgehalten werden. Aber dieses Ausmaß der Versager mit diesem Anteil an Kommandanten vor Norwegen war nicht mehr zu unterdrücken.

Was bis heute noch nicht genügend an dieser Misere gewürdigt wurde, ist die Tatsache, daß höchste britische Stellen, als sie davon erfuhren, nachträglich blaß wurden. Ihre Großkampfschiffe waren nicht durch die eigenen Bewacher von der Vernichtung verschont geblieben, sondern durch die Tatsache, daß die deutschen U-Boote mit „hölzernen Säbeln" fechten mußten. Hrowe H. Saunders, der englische Seekriegshistoriker, berichtete dem Verfasser, daß England zum Frieden bereit gewesen wäre, wenn es der deutschen U-Boot-Waffe im Unternehmen „Weserübung" gelungen wäre, alle anvisierten und aus kürzester Distanz beschossenen Großkampfschiffe auch zu versenken.

„Dies allein hätte England dazu veranlassen können, Hitlers Friedensfühler aus der Reichstagsrede vom 19. Juli 1940 aufzugreifen und dem Krieg ein rasches Ende zu bereiten."

Inwieweit diese Torpedomisere gezielte Sabotage zum Schaden des Deutschen Reiches war, suchte das Reichskriegsgericht nicht zu klären, nach dem Motto, daß nicht sein konnte, was nicht sein durfte.

Kapitänleutnant Herbert Schultze erkrankte nach dem Norwegen-Einsatz schwer und mußte sein Boot an seinen Nachfolger abgeben. Für ihn stieg Korvettenkapitän Hans-Rudolf Rösing als neuer Kommandant ein. Rösing, ein Soldat der Crew 24, der zur Zeit der Übernahme von U 48 bereits 35 Jahre alt war, galt als ausgezeichneter Experte. Er hatte den Aufbau der U-Boot-Waffe von Anfang an mitgemacht und war als Kommandant mehrerer Boote in der Entwicklungsphase als besonnener und zugleich doch auch wagemutiger Seeoffizier erkannt worden.

Er kam aus einer Familie mit Marinetradition und war mit der Tochter des Konteradmirals Looff verheiratet, der als Kommandant des Kreuzers „Königsberg" im Ersten Weltkrieg vor Ostafrika die Vernichtung seines Schiffes erleben mußte.

An Bord blieben die bewährten beiden Wachoffiziere Oblt.z.S. Suhren und Oblt.z.S. Ites. Ebenfalls an Bord blieb auch der L.I., Kptlt.(Ing.) Zürn.

Hans-Rudolf Rösing sollte dieses bereits sehr erfolgreiche Boot auf zwei weiteren Feindfahrten führen und ebenfalls große Erfolge erringen.

Lassen wir im Folgenden diese beiden Feindfahrten nach dem Kriegstagebuch des Kommandanten, das dieser dem Autor zur Verfügung gestellt hat, Revue passieren.

Die Schlacht im Atlantik

U 48 unter neuem Kommando

Die Weisung des Oberkommandos der Wehrmacht an den B.d.U. vom 1. Juni 1940 lautete in ihrem Hauptpunkt: „Möglichst starker U-Boot-Einsatz im Atlantik."

Damit begann jener dramatische Einsatz mit seinen Höhen und Tiefen, der in die Annalen der Kriegsgeschichtsschreibung als „Schlacht im Atlantik" einging. Seit drei Monaten waren keine deutschen U-Boote mehr in den Atlantik ausgelaufen. Alle verfügbaren Boote waren seit März im Seeraum um Norwegen konzentriert worden. Hier hatten sie die Torpedomisere erlebt, das völlige Versagen aller Torpedos, jenes rätselhafte Unglück, das die U-Boot-Waffe einige große Erfolge gekostet hatte und die in Norwegen stehenden deutschen Truppen an den Rand des Abgrundes brachte, so daß sogar erwogen wurde, die deutschen Verbände des Heeres nach Schweden übertreten und sich internieren zu lassen.

Die Operationsabteilung des B.d.U., die ihren Sitz in Sengwarden bei Wilhelmshaven hatte, verfügte eingangs Juni über keinerlei gesicherte Erkenntnisse mehr über die Feindlage im Atlantik.

In dieser kritischen Situation schickte Admiral Dönitz den 1. Admiralstabsoffizier der Operationsabteilung, Kptlt. Oern, mit U 37 bereits am 15. Mai in den Atlantik. Die Stelle des 1. Astos übernahm Korvettenkapitän Werner Hartmann.

U 37 lief in die Seeräume nordwestlich Cap Finisterre. Kapitänleutnant Oern meldete sehr bald, daß er gegnerische Dampfer gesichtet und angegriffen habe. Von fünf geschossenen Torpedos mit Magnetzündung seien zwei Frühzünder und zwei weitere Nichtzünder gewesen. Das war wiederum eine niederschmetternde Nachricht. Für Admiral Dönitz war dies der Beweis, daß die Magnetzündung nicht kriegsbrauchbar war. Er verbot sofort ihre Anwendung und befahl, nur noch mit der Aufschlagzündung zu schießen.

Als U 37 am 9. Juni 1940 nach einer Feindfahrt von nur 26 Seetagen wieder in Wilhelmshaven einlief, hatte das Boot dennoch zehn Schiffe mit insgesamt 41 207 BRT, darunter das französische Motorschiff „Brazza" mit 10 387 BRT, versenkt und die „Dunster Grange" mit 9494 BRT durch Artilleriebeschuß schwer beschädigt.

Viktor Oern hatte mit U 37 unter Beweis gestellt, daß die Kampfkraft der deutschen U-Boote nicht gelitten hatte, vorausgesetzt, sie erhielten die richtigen Torpedos. Dazu der Befehlshaber der U-Boote:

„Die weiteren Boote gingen wieder mit der Überzeugung in See, es U 37 gleichtun zu können. Damit war der Norwegen-Mißerfolg psychologisch überwunden." (Siehe Dönitz, Karl, a.a.O.).

Die Schlacht im Atlantik begann. Hier hoffte Dönitz die Schlagkraft seiner Wolfs-Rudel – wie die U-Boot-Gruppen vom Gegner genannt wurden – an Geleitzügen und in der Jagd auf Einzelfahrer unter Beweis stellen zu können.

Noch ein weiterer Kommandant lief am 26. Mai 1940 mit seinem Boot zur Feindfahrt aus. Es war Korvettenkapitän Hans-Rudolf Rösing mit U 48. Er sollte zu jener Handvoll Kommandanten zählen, die mit einem schon legendär gewordenen Boot an Geleitzügen Erfolg erzielten.

Rösing hatte das Boot von Kptlt. Herbert Schultze übernommen. Schultze selber hatte Anfang Mai aussteigen müssen, weil er schwer erkrankt war.

Bei seinem Abschied vom Boot und von seiner Besatzung hatte er noch gesagt: „Denkt daran, daß ihr alle eine Reputation zu verteidigen habt, und daß ich wiederkommen werde, um euch alle kielzuholen, wenn ihr unter meinem Nachfolger nachlaßt."

Das Boot hatte bereits fünf Feindfahrten hinter sich und

dabei 16 Schiffe versenkt und eine Versenkungsquote von 109 074 BRT erzielt. Seit dem 1. März 1940 trug Kapitänleutnant Schultze das Ritterkreuz.

Leitender Ingenieur des Bootes war Kptlt. (Ing.) Zürn, I. WO Oblt.z.S. „Teddy" Reinhard Suhren und II. WO Oblt.z.S. Otto Ites. Alle drei genannten Offiziere sollten später ebenfalls hoch ausgezeichnet werden.

Am 26. Mai legte U 48 zu seiner sechsten Feindfahrt ab. Bei der fünften hatte es sich um das unglückselige Norwegenunternehmen gehandelt. Die Tirpitzmole in Kiel sah den Aufbruch dieser Besatzung, die von den wachfreien Männern der Flottille verabschiedet wurde.

Das Boot durchlief die Holtenauer Schleuse und den Kaiser-Wilhelm-Kanal. Vom Sperrbrecher 9 wurde es von Brunsbüttel bis zum Feuerschiff „Elbe I" geleitet und dann zur Feindfahrt entlassen.

Als sich am zweiten Tag ein kleines Montageluk als undicht erwies, ließ Korvettenkapitän Rösing, Chef der 7. U-Flottille, der „U-Flottille Wegener", der diesmal als Kommandant ein Boot übernommen hatte, U 48 bei 28 Meter Wassertiefe auf Grund legen. Mit Bleidraht wurde das Luk abgedichtet. Danach setzte das Boot den Weitermarsch fort.

Am 29. Mai setzte der Funkmaat des Bootes das vereinbarte Kurzsignal an den B.d.U. ab, als U 48 39 Grad Nord passierte. Bei den nächsten Tauchversuchen stellte Kptlt. (Ing.) Zürn fest, daß das Montageluk bereits in 25 Meter Wassertiefe undicht war und Wasser machte. Der Tauchversuch wurde dennoch fortgesetzt, um zu wissen, bis auf welche Tiefe das Boot hinuntergehen konnte. Bei einer erreichten Wassertiefe von 50 Meter standen eineinhalb Tonnen Wasser im Boot. Rösing ließ den Versuch abbrechen. Er konnte mit diesem Boot die Feindfahrt nicht fortsetzen, da die Gefahr bestand, sie könnten bei der ersten Wasserbombenverfolgung so tief hinuntergedrückt werden, daß es kein Auftauchen mehr für sie gab.

„Wir laufen Bergen an, Suhren", sagte er dem Wachhabenden Offizier. Dann ließ er einen Funkspruch absetzen:

„Stehe Qu 7871 AF. Kleines geschraubtes Montageluk ab fünfzig Meter stark undicht. Mit Bordmitteln nicht zu beheben. Erbitten Instandsetzung Bergen." (Aus: Kriegstagebuch von U 48).

Die Antwort des B.d.U. ließ nicht lange auf sich warten, sie lautete: „Beschleunigt Drontheim gehen. Instandsetzen, Vorräte auffüllen. Minen- und U-Boot-Gefahr im Drontheim-Laden. Einlaufen durch Frohavet." (Siehe: KTB des Befehlshabers der U-Boote.)

U 48 nahm Kurs auf Drontheim. Dreimal mußte es vor anfliegenden Feindflugzeugen tauchen, ehe es über das Frohavet westlich Husöy in den Drontheimfjord einlaufen und festmachen konnte.

In Drontheim wurde ein neues Montageluk aufgesetzt. Ein Probetauchen zeigte, daß auch dieses Luk leckte, wenn auch nicht so stark und erst in größerer Tiefe.

Erfolgreiche Feindfahrt

Am 3. Juni 1940 legte U 48 in Drontheim ab und nahm Kurs auf die offene See. Eine Maschine der Küstenfliegergruppe 506 geleitete das Boot durch das Frohavet. Am Rande des Geleitstreifens drehte die He 115 noch eine Kurve über dem Boot, ehe sie wieder Richtung Drontheim nahm.

Am 5. Juni abends sichtete einer der Ausgucks auf dem Turm von U 48 den ersten Dampfer. Ganz überraschend kam er aus dem Abenddunst heraus. Unter Ausnutzung dieses unsichtigen Wetters setzte sich U 48 noch etwas vor, ehe das Boot tauchte und in Sehrohrtiefe auf den kleinen Dampfer zulief.

„Wir schießen einen Hecktorpedo", sagte der Kommandant, der am Angriffssehrohr stand und das Näherkommen des Dampfers beobachtete.

Der Heckaal wurde fertiggemacht, und wenige Minuten später gab Rösing den Befehl zum Schuß. Der Zentralemaat stellte durch Zufluten des achteren Tanks die Normallage des Bootes wieder her. Die Zeit vertickte.

„Zeit ist um!" meldete der II. WO nach einem Blick auf die Stoppuhr. Weitere Sekunden vergingen in großer Spannung. Dann aber war sicher, daß der Torpedo längst vorbeigerauscht sein mußte.

„Der Torpedo hat den Frachter wahrscheinlich unterlaufen", meldete der Mixer aus dem Hecktorpedoraum.

„Welche Tiefe haben Sie eingestellt?" fragte Rösing noch einmal nach.

„Vier Meter, wie befohlen, Herr Kapitän!"

„Wir lassen ihn ablaufen!" Korvettenkapitän Rösing ließ noch einige Male das Sehrohr ausfahren. Als er sah, daß dieser Gegner weit genug abstand, ließ er auftauchen. Die Brückenwache stand bereit, und als der LI „Boot ist durch!" meldete, entriegelte Rösing das Turmluk und glitt auf die Brücke. Ein erster Rundblick zeigte ihm, daß die Luft rein war. „Brückenwache aufziehen!" befahl er.

Mit AK beider Diesel stampfte U 48 hinter dem langsam laufenden Frachter her. Als sie nahe genug herangekommen waren, ließ Rösing das 8,8-cm-Buggeschütz klarmachen. Granaten wurden in den Turm gewuchtet und über die angebrachte Rutsche an Deck befördert. Dann fiel der Befehl zum Schießen.

Die ersten Granaten schlugen dicht vor dem Schiff ein und rissen hohe Wassergeysire empor. Sofort verlor der kleine „Kolcher" an Fahrt. Der vierte und fünfte Schuß saßen. Das Schiff stoppte, und durch sein Fernglas sah Rösing, daß die Boote gefiert wurden.

„Feuer stoppen! – Lassen Sie die Männer erst in die Boote gehen!" befahl er.

Als die Rettungsboote weit genug von dem nunmehr bereits in Brand geratenen Dampfer entfernt waren, wurde das Feuer wieder eröffnet. Es bedurfte 77 Schuß Munition, ehe der Dampfer sank.

„An das Rettungsboot an Backbord voraus heranfahren", befahl der Kommandant des Bootes. U 48 glitt rasch an die Flanke des Bootes heran. Einer der darin sitzenden Seeleute hatte ein Hemd an eines der Ruder gebunden und schwenkte es.

„What ship?" fragte Rösing den Mann, der vorn im Boot saß und der Kapitän zu sein schien.

„The ship's name is ‚Stancor'", sagte der Angesprochene. Dann bat er um etwas Wasser, was sie vergessen hätten. Korvettenkapitän Rösing ließ einen Behälter mit Wasser füllen und hinübergeben. Dann entfernten sich die Boote von dem U-Boot, das wieder auf Generalkurs ging und seinen Weg ins Operationsgebiet hinein fortsetzte.

Die „Stancor" war ein kleiner englischer Dampfer mit 798 BRT. Er ging auf 58.48 Grad Nord und 08.45 Grad West unter.

Am folgenden Tage wurde ein schwerbeladener Dampfer gesichtet, der den Nordkanal ansteuerte. Auf seinem Heck erkannte Rösing ein Geschütz von beachtlichem Kaliber.

„Das Boot setzt sich zum Angriff vor!" befahl der Kommandant.

Das Donnern der Diesel wurde lauter, als die Fahrt auf AK heraufgesetzt wurde. Das Boot gewann rasch an Vorlauf, und um 0.07 Uhr fiel der erste Torpedoschuß aus Rohr IV. Doch auch dieser Torpedo untersteuerte den Gegner, wie dies einwandfrei durch das Horchgerät festgestellt werden konnte.

Fieberhaft wurde nachgeladen, und um 2.13 Uhr war das Boot abermals in die rechte Schußposition gelangt. Der Zielgeber meldete „Hartlage!".

„Rohr I – lllos!" Der Torpedo flitzte aus dem Rohr. U 48 bäumte sich vorn auf und wurde durch das Fluten der Trimmtanks wieder in die Horizontale gebracht.

„Torpedo läuft!" meldete der Mixer, der zur Vorsicht noch auf die Handabzugstaste geschlagen hatte für den Fall, daß die „Elektrik" versagen sollte.

„Zeit ist um!" wurde dem Kommandanten gemeldet. Eine Sekunde später stieß mittschiffs an dem anvisierten Dampfer eine haushohe feuerdurchmischte Sprengsäule der Torpedodetonation empor.

„Treffer mittschiffs!" wurde der Besatzung auf ihren Stationen berichtet. Der dumpfe Schlag des Torpedotreffers und der folgende berstende Schlag einer Detonation im Schiffsinneren hätte ihnen ohnehin einen Treffer angezeigt.

„Das Schiff sinkt sehr schnell!" Zwanzig Sekunden nach dem Treffer war die „Frances Massey", ein britischer Dampfer mit 4212 BRT, gesunken. U 48 lief ab und schnitt weiter mit halber Fahrt durch die nur mit Stärke zwei laufende See.

Eine halbe Stunde später wurde ein zweiter Dampfer gesichtet, der sehr hohe Fahrt lief.

„Beide AK voraus!" Das Jichern der Diesel steigerte sich zu einem dumpfen Dröhnen, mit 16 Knoten Fahrt lief U 48 in die zum Schuß günstige Position. Die Entfernung zum Dampfer war etwa 3000 m, als Korvettenkapitän Rösing den Befehl zum Schuß gab.

Wieder lief ein Torpedo durch die See und suchte sein Ziel, das offenbar immer noch nichts von der Anwesenheit eines deutschen U-Bootes bemerkt hatte.

„Treffer vorn 30", berichtete der Kommandant der wartenden Besatzung, als er die aufblitzende Trefferdetonation sah. Dann erst krachte der Donner des Einschlages.

Der Dampfer geriet in Brand, und aus dem Funkraum schallte die Stimme des Funkmaaten herauf:„SOS from ‚Eros' sinking at 55.33 Nord und 8.26 West. Torpedoed by Submarine, we are sinking!"

„‚Eros' ist britischer Dampfer mit 5888 BRT", meldete der Mann aus dem Funkraum, der das Lloyds-Register durchgesehen hatte.

„Fliegeralarm", meldete wenig später der I. Wachoffizier, der den Horizont nach Steuerbord hin abgesucht hatte, von woher Flugzeuggeräusche hörbar wurden.

„Auf Tauchstationen!" befahl Rösing. „Turm räumen!" Die Brückenwache glitt durch das Turmluk nach innen und enterte in die Zentrale ab. Als letzter verließ Rösing den Turm, als das Flugboot bereits sehr nahe herangekommen war.

„Luk ist zu!" meldete er, als er das Turmluk dichtgedreht hatte.

Der Leitende Ingenieur ließ fluten. Das Boot stieß stark vorlastig auf Tiefe und wurde in 40 Meter Wassertiefe eingependelt. Alle warteten auf den Bombenwurf, doch der erfolgte nicht. Offenbar hatte dieses Flugboot sie nicht gesehen, sondern suchte lediglich nach den Schiffbrüchigen der „Eros".

Als U 48 eine Viertelstunde später auf Sehrohrtiefe hinaufging, suchte der Kommandant zunächst mit dem Luftzielfernrohr den Himmel ab. Dann nahm er einen Rundblick. Aber weder vorn noch achtern oder an Backbord oder Steuerbord war etwas von einem Gegner zu sehen.

„Brückenwache sich im Turm klarhalten!" befahl Rösing. Dann öffnete er das Turmluk. Ein Schwall frischer Seeluft schlug den Männern entgegen, die nun auf ihre Positionen auf dem Turm eilten.

„Wir halten Kurs auf die ‚Eros' zu. Mal sehen, ob sie schon unterschnitten ist."

Das Boot näherte sich der Stelle, an welcher das Schiff torpediert worden war. Eigentlich hätten sie es schon sehen müssen, falls es nicht bereits untergegangen war. Doch dies schien unwahrscheinlich, da der Horchraum keine Sinkgeräusche gemeldet hatte.

„Flugzeug von achtern!" meldete der Backbordachtere Ausguck. „Kommt in Lage Null."

„Alarm, Schnelltauchen!" In der oftmals geübten Routine „stiegen die Männer auf dem Turm" ein, und Rösing schloß das zweite Mal in dieser Nacht das Turmluk mit einer schnellen Drehung, ehe das Boot mit Schnelltauchen auf Tiefe ging.

Weit hinter dem Boot fiel eine Bombe ins Kielwasser und detonierte. Die Detonationsstelle war weit von U 48 entfernt. Dennoch ließ der Kommandant das Boot mit Hartruderlegen um 90 Grad aus dem gelaufenen Kurs herausdrehen. Daß dies eine gute Reaktion war, zeigte sich an der zweiten Bombe, die genau dort fiel, wo sich das Boot ungefähr befunden hätte, wenn diese Kursänderung nicht durchgeführt worden wäre.

Noch zweimal wurde U 48 im Verlaufe dieser Nacht und des Morgens des 7. Juni 1940 unter Wasser gedrückt. Dann entschloß sich Korvettenkapitän Rösing dazu, zwei Stunden im Unterwassermarsch abzulaufen.

Die „Eros", deren Sinken alle als sicher angenommen hatten, sank nicht. Sie wurde durch schnell herbeigeeilte Zerstörer in den nächstgelegenen englischen Hafen eingeschleppt.

Am späten Nachmittag des 7. Juni entschloß sich der Kommandant bei völliger Windstille und glatter See dazu, die Oberdecktorpedos umzuladen. In einem Funkspruch an den B.d.U. ließ Rösing melden:

„Vor dem Nordkanal zwei Dampfer versenkt, den dritten torpediert. Wind 0, See 0, diesig, Qu 4941 AM."

Zwei Tage darauf, am 9. Juni, wurde ein weiterer Dampfer gesichtet. Da man ihn rechtzeitig als neutralen Schweden erkannte, ließ Rösing ihn laufen.

In der folgenden Nacht traf das Boot auf einen hell beleuchteten Dampfer, der sehr schnell war. Es dauerte bis zum anderen frühen Morgen, bevor U 48 in günstige Schußposition herangeschlossen hatte. Um 1.10 Uhr fiel der Einzelschuß aus einer Entfernung von etwa 600 Metern. 39 Sekunden, nachdem der Torpedo das Rohr verlassen hatte, traf er mittschiffs und löste eine Höllenkaskade weiterer Explosionen aus, die das Schiff binnen einer Minute in Stücke rissen und sinken ließen. Mit AK mußte sich U 48 von dem sinkenden Dampfer absetzen.

Es war die „Violanda N. Goulandris" mit 3598 BRT, ein griechischer Frachter, der auf 44.04 Grad Nord und 12.30 Grad West sank.

Um 8.43 Uhr ging eine Sichtmeldung von U 43 ein. Das Boot hatte einen Konvoi gesichtet und gab Peilzeichen, damit die anderen in der Nähe stehenden Boote heranschließen konnten. Sofort operierte auch U 48 auf diesen Geleitzug. Wenig später meldete U 29 einen zweiten Geleitzug. Einige weitere Boote forderten Peilzeichen an und kamen heran. Dann befahl ein Funkspruch des B.d.U.:

„An U 29, U 43, U 46, U 48, U 101: Auf von Booten dieser Gruppe gemeldete Ziele operieren. Kommando taktische Führung durch U 48-Kommandant. Wenn dieser nicht eingreift und Ansatz erforderlich: durch Fühlungshalter."

Korvettenkapitän Rösing gab den ihm mit diesem Befehl unterstellten Booten keine Anweisungen. In richtiger Beurteilung der Lage sagte er sich, daß jedes der Boote schon seit dem Morgengrauen auf einen der gesichteten Konvois operierte, ohne daß *er* wußte, auf welchen. Zudem war ihm nicht bekannt, wo die einzelnen Boote inzwischen standen. Dies alles machte eine durch ihn geleitete und koordinierte Zusammenarbeit unmöglich.

Trotz der Sichtmeldung einiger anderer Boote konnte U 48 keinen der beiden Konvois erreichen.

U 46 unter Oberleutnant zur See Endraß und U 101 unter Kapitänleutnant Frauenheim versenkten allein am 11. und 12. Juni insgesamt vier Schiffe. Allerdings zeigte es sich später, daß noch ein fünftes Schiff, der Motortanker „Athelprince", von U 46 torpediert worden war.

In der Frühe des 14. Juni sichtete der Ausguck von U 48 einen Schweren Kreuzer der London-Klasse, der mit hoher Fahrtstufe, auf Südostkurs laufend, rasch näherkam. U 48 tauchte. Als der Kreuzer dann mit den Brückenaufbauten in die Sehrohroptik hineinwanderte, hatte er bereits seinen Kurs auf 85 Grad geändert und entfernte sich mit großer Fahrt von U 48, das damit diese Chance verloren hatte, denn mit der Geschwindigkeit dieses Schiffes konnte es kein U-Boot aufnehmen, auch nicht im Überwassermarsch mit AK.

Unmittelbar danach fielen dicht beim Boot vier kleine Fliegerbomben. Im Sehrohrausblick sah Rösing an Steuerbord die Einschläge der Bomben ins Wasser. Sofort ließ er auf 30 Meter hinuntergehen, um einen weiteren Angriff dieser Maschine, die ihn offenbar in dem sichtigen Wasser ausgemacht hatte, zu entkommen.

Das Boot lief eine Meile ab und ging wieder auf Sehrohrtiefe empor. Rösing nahm einen ersten Rundblick und entdeckte durch das Luftzielfernrohr einen Doppeldecker mit Schwimmern. Die Bomben waren also durch ein Bordflugzeug des feindlichen Kreuzers geworfen worden. Dieses Bordflugzeug mußte auch das feindliche U-Boot gemeldet und die schnelle Kursänderung des Schweren Kreuzers bewirkt haben.

Dieses Vorkommnis zeigte Rösing, wie wichtig es für Kriegs- und Handelsschiffe war, wenn sie „Augen" hatten, die ihnen eine sich nähernde Gefahr melden konnten.

Am Nachmittag des 18. Juni sichtete U 48 einen Geleitzug auf Nordwestkurs. Er lief geringe Fahrt und setzte sich aus 20 Dampfern zusammen. Unter ihnen ein Tanker. Da unter den gegebenen Umständen nur ein Angriff von der „Landseite" her Erfolg versprach, lief U 48 zunächst nach Westen und wich dabei dem als Feger vor dem Konvoi laufenden Kanonenboot aus.

„U-Boots-Zieloptik auf den Turm!" befahl er und ließ den I. WO an das Zielgerät, das heraufgereicht und auf die Zielsäule aufgesetzt wurde. Teddy Suhren visierte den ersten und zweiten Dampfer der Westreihe an. Suhren gab den Feuerbefehl, als der erste Dampfer riesengroß in der Zieloptik zu sehen war. Doch der Schuß aus Rohr I fiel nicht, da die UZO-Übertragung wegen eines abgesoffenen Kabels versagte.

„Dann Schuß aus Rohr IV nach der Vorhaltetabelle, Suhren!" Der Vorhaltewinkel war jedoch etwas zu groß gewählt, und der Schuß ging vorbei.

Inzwischen war U 48 durch das Warten auf den Schußerfolg nahe an das Schlußschiff der Westreihe herangekommen und wurde vom Gegner gesichtet, der nunmehr die Warnung an alle hinausrief: „SSS – Submarine, Submarine, Submarine!"

Mit AK lief das Boot in einem großen Bogen ab und entging so einem Geleitschiff, das versuchte, das feindliche U-Boot zu stellen. Einige Schreck-Wasserbomben wurden geworfen, die aber weitab detonierten.

„Boot greift wieder an!" befahl Rösing, als diese Gefahr vorüber war. „Aufpassen, Suhren! Schießen Sie auf den 5000-Tonner, der gerade in 1000 Meter Seitenabstand läuft!"

Oberleutnant zur See Suhren winkte klar. Er visierte diesen

Gegner an. „Dann noch ein Heckschuß auf den nächsten, Herr Kapitän?" fragte er.

„In Ordnung! Nach dem Schuß aus Rohr III abdrehen und Heckschuß auf den folgenden Dampfer!"

Der aufgefaßte und anvisierte Dampfer lief in die Zieloptik ein. Suhren sah, daß dahinter noch ein bedeutend größerer Dampfer lief. Wenn der Torpedo an dem anvisierten Dampfer achtern vorbeigehen sollte, dann würde er mit Sicherheit den dahinter halb überlappend laufenden größeren Dampfer treffen.

„Schießen, Eins-WO!" befahl der Kommandant. Teddy Suhren drückte die elektrische Abfeuerung. Das Boot hob sich leicht, wurde aber sofort wieder vom Zentralemaaten durch Fluten der Ausgleichstanks in die Horizontale gebracht.

„Torpedo läuft!" meldete der Maat aus dem Bugtorpedoraum.

Ein Ruderbefehl des Kommandanten wurde von dem Gefechtsrudergänger im Turm sofort ausgeführt. U 48 drehte ab, und als das Boot weit genug gedreht hatte, fiel auch der Schuß aus dem Heckrohr. Er wurde ein Fehlschuß, weil in der Eile der Vorhalt nicht mitgedreht worden war.

Genau 114 Sekunden nach dem Schuß traf der Aal aus Rohr III den hinter dem zuerst anvisierten Dampfer laufenden Dampfer. Es war der Norweger „Tudor" mit 6607 BRT, der auf 45.10 Grad Nord und 11.50 Grad West auf Tiefe ging.

Zum Konvoi zurückblickend, sah Korvettenkapitän Rösing, daß dort eine große Anzahl von Buntsternschüssen in den Nachthimmel geschossen wurde.

Durch eines der mitlaufenden Kanonenboote wurde U 48 kurzzeitig vom Konvoi abgedrängt und verlor die Fühlung. Doch wenig später schloß das Boot wieder auf und lief auf einen Dampfer zu, den der Kommandant als 5000-Tonner ansprach.

Wenig später legte der gesamte Konvoi einen vom Kommodore dieses Verbandes befohlenen Zwischenzack ein. Auch der aufgefaßte Dampfer drehte und lief nun direkt auf U 48 zu.

Dann sichtete man dort auf der Brücke das U-Boot und schoß zuerst Buntsternschüsse und danach rote Signalsterne.

„Das Schiff kommt genau auf uns zu, Herr Kapitän!" meldete Suhren. „Schießen Sie aus Rohr I!"

„Schuß aus Rohr I – lllos!" Nach einer Laufzeit von 75 Sekunden traf der Torpedo die „Baron Loudoun" mit 3164 BRT und versenkte diesen britischen Dampfer.

Das Kanonenboot drehte ein weiteres Mal auf U 48 ein. Auf seiner Back blitzten Abschüsse. Heulend flogen Granaten durch die Nacht und schlugen dicht an Backbord von U 48 in die See.

„Beide dreimal AK – Zickzackkurse laufen!"

„Wahrschau!" rief der Kommandant ins Boot hinunter, als nun U 48 mit höchster Fahrtstufe zackend durch die See lief. Granaten verfolgten das U-Boot, konnten es aber nicht erreichen.

Im Boot selbst klammerten sich die auf ihren Gefechtsstationen stehenden Männer an den Streben und Röhren fest. Loses Gut wurde durch die Räume geschleudert.

Mit letzter Kraft entkam U 48 dem Granatenregen, in dem einige Granaten sehr dicht am Boot in die See schlugen. Der Konvoi drehte laufend nach Steuerbord, bis er einen ganzen Kreis geschlagen hatte. So gelang es ihm, U 48 zweimal vergeblich anlaufen zu lassen. Beim dritten Angriff aber faßte U 48 einen Dampfer von geschätzten 7000 Tonnen auf. Das Schiff wanderte in die Zieloptik hinein. Aus Rohr IV wurde ein Einzelschuß geschossen, der den Dampfer nach einer Laufzeit von 122 Sekunden mittschiffs traf. Es war genau 3.46 Uhr, als die Trefferfontäne aufblies, und dann war an dieser Stelle der See der Teufel los. Alle übrigen Schiffe schossen Leuchtraketen, und die bewaffneten feuerten Leuchtgranaten durch die Nacht, ohne zu wissen, wo sich das deutsche U-Boot befand.

Der britische Dampfer „British Monarch" mit 5661 BRT ging auf 45.00 Grad Nord und 11.21 Grad West unter.

Obgleich jetzt auch von den Schiffen des Konvois geschossen wurde und eines mit seinen Schüssen dicht bei U 48 lag, ließ

Korvettenkapitän Rösing das Boot auf den nächsten Frachter anlaufen. Doch kurz vor dem Torpedoschuß drehte dieser Frachter und schoß mit seiner Artillerie.

Das Boot mußte abdrehen, und als dann auch noch gegen 7.35 Uhr das Kanonenboot wieder auftauchte und in Lage Null auf U 48 zulief, ging es mit Alarmtauchen in die Tiefe. Erst drei Stunden später tauchte das Boot nach einem intensiven Rundblick aus Sehrohrtiefe durch beide Sehrohre auf und setzte einen Funkspruch an den B.d.U. ab:

„Drei Schiffe versenkt. Geleitzug versprengt. Stehe auf Qu 7165 BF."

In der Nacht zum 20. Juni wurde ein größeres Schiff gesichtet, das als Einzelfahrer unterwegs war. Da es auf günstigem Kurs lief, ließ Rösing auf Sehrohrtiefe gehen und schwang sich in den Sattelsitz des Sehrohrs. Sehr rasch wuchs der schnellfahrende Einzelfahrer in die Optik hinein.

„Ein Tanker", berichtete der Kommandant der wartenden und auf Gefechtsstationen stehenden Besatzung. Durch das Sehrohr erkannte er auf dem schwarzen Schornstein des Tankers einen runden weißen Ring mit einem „V" darin.

„Unterwasserangriff! – Wir gehen nahe heran, damit wir diesen Tanker auch sicher kriegen", ließ er die Männer wissen. Das Rohr I wurde gewässert. Dann meldete der Torpedomaat das Rohr I klar. U 48 schob sich näher und näher an den Tanker heran, bis dessen achtere Aufbauten genau im Visier lagen. Der Schuß fiel aus nur 350 m Distanz. 22 Sekunden nachdem der Aal das Rohr verlassen hatte, traf er den Tanker dicht vor dem Schornstein. Nach einer schweren Explosion sank der Tanker zwei Minuten nach dem Treffer auf 43.34 Nord und 14.20 West über den Achtersteven.

Es war der niederländische Motortanker „Moerdrecht" mit 7493 BRT, der hier sein Ende fand. Damit hatte das Boot wieder einmal „Edelwild" erlegt.

Am 21. Juni trat U 48 den Rückmarsch an und meldete über Funk: „Stehe Qu 8121 BE. Bisher versenkt acht Dampfer mit 42 860 BRT. Rückmarsch, zwei Torpedos."

Es waren zwar „nur" sieben Schiffe versenkt worden und das achte, die „Eros", torpediert, dennoch war dies eine ganz hervorragende Feindfahrt, wenn man die schwiegen Bedingungen sah, unter denen diese Erfolge errungen worden waren.

Um 23.36 Uhr traf die Antwort des B.d.U. ein: „Bravo, U 48!"

Auf dem Rückmarsch wurde das Boot allein an einem Tage achtmal von Flugzeugen unter Wasser gedrückt und mußte mit Alarmtauchen in die Tiefe. Es entging zweimal nur mit viel Glück den ihm nachgeschickten Bomben.

Am 26. Juni lief U 48 in Wilhelmshaven ein, wo der B.d.U. es willkommen hieß und KKpt. Rösing dem Großen Löwen am anderen Morgen Bericht erstattete.

Von dort lief das Boot am nächsten Tag wieder aus und stieß um 13.07 Uhr auf den Sperrbrecher 9, der ihm bis zur Schleuse Brunsbüttel das Geleit gab.

Um 23.42 Uhr machte U 48 nach seiner sechsten, wieder erfolgreichen Feindfahrt an der Tirpitzmole in Kiel fest. Es wurde von der gesamten wachfreien Stützpunktbesatzung begrüßt.

Wenig später lagen mit U 46, U 47, U 48 und U 51 die erfolgreichsten Boote der 7. U-Flottille hier vereint, um nach intensiver Überholung und Neuausrüstung wieder auszulaufen.

Die Stellungnahme des B.d.U. zu dieser Feindfahrt lautete: „Ausgezeichnete Unternehmung! Zäher Angriff auf Geleitzug am 19. Juni beispielhaft, Dönitz."

Ein Teil der Besatzung ging sofort in Urlaub, und in drei Törns konnten in jeweils Einwochenabstand alle Männer heimfahren. Es sollte bald wieder hinausgehen, und sicherlich würde wieder Korvettenkapitän Rösing das Boot führen, weil der „Alte", Vaddi Schultze, noch immer nicht völlig genesen war.

Die 7. Feindfahrt – Sommerduell

Am 7. August 1940 lief U 48 zu seiner siebten Feindfahrt von Kiel aus. U 65, das gemeinsam mit ihm ankerauf ging, marschierte am 9. August getrennt weiter.

In den frühen Morgenstunden des 12. August befand sich U 48 im Gebiet nördlich der Shetlands. Zwei Tage später war die befohlene Position im Quadrat 0316 AL südwestlich der Hebriden erreicht. Nach Sichten eines Zerstörers tauchte das Boot. Bei dem diesigen Wetter war der Gegner danach durch das Sehrohr nicht mehr auszumachen.

Am 16. August erhielt U 48 einen Funkspruch der Operationsabteilung, der es mit den Booten U 38 und U 30 auf einen vom B-Dienst aufgefaßten westgehenden Konvoi ansetzte. Als das fragliche Gebiet erreicht war, ließ Rösing das Boot zunächst auf Sehrohrtiefe gehen, denn schon kamen Mastspitzen und Rauchfahnen über dem Horizont heraus. Beim Anlaufen auf diesen Geleitzug erkannte der Kommandant, daß dieser aus 40 bis 50 Schiffen bestand, die in vier oder gar fünf Kolonnen liefen.

Sofort ließ U 48 Peilzeichen geben, um die beiden genannten Boote ebenfalls heranzuholen. Danach ließ Rösing das Boot mitten in den Konvoi einsickern und kam wenig später auf einen Frachter zum Schuß. Der laufende Torpedo wurde bis zu seinem Aufschlagen beim Dampfer gehorcht, doch er detonierte nicht.

Infolge der dauernden Manöver der einzelnen Kolonnen dieses Konvois, die auch voreinander ausweichen mußten, lief U 48 fast Bord an Bord mit den Schiffen der südlich herausgesetzten Reihe.

Drei Minuten nach Mittag kam dann U 48 doch noch zum Schuß aus Rohr II. Der schwedische Dampfer „Hedrun" mit 2325 BRT, ein kleiner Kolcher, wurde getroffen und sank.

Die beiden nächsten Einzelschüsse trafen nicht, da der Konvoi plötzlich in dieser Reihe mit der Geschwindigkeit herunterging. Das Boot sackte nach achtern aus dem Konvoi heraus. Ein U-Jäger und ein Kanonenboot drehten auf U 48 ein und drängten es ab.

Als das Boot wieder aufgetaucht war und dem Geleitzug hinterherlief, sah Rösing einen Dampfer, der sich ebenfalls nach achtern aus dem Konvoi hatte heraussacken lassen. Der Korvettenkapitän beobachtete dieses Schiff genau. Er erkannte auf der Back einen Holzverschlag, der ihn fatal an ein Geschütz erinnerte, das er verdeckte. Dann entdeckte er auch achtern einen solchen Verschlag.

Mit großer Fahrt lief U 48 ab. Sie hatten es hier mit einer U-Boot-Falle zu tun, die sich ihnen als Köder präsentierte, um sie „unter Deck zu schieben", wie einer der Männer von der Brückenwache dies formulierte.

Am Abend des 18. August sichtete der wachhabende II. WO, Oblt.z.S. Ites, einen sehr schnellen Einzelfahrer auf Kurs 260 Grad.

„Der macht mindestens seine 15 Knoten, Herr Kapitän", meldete Ites dem auf den Turm aufgeenterten Kommandanten.

„Hinterher. Den müssen wir uns schnappen!" befahl der Korvettenkapitän und hob sein Fernglas, um den Gegner zu beäugen.

Zwei Stunden lang lief U 48 mit äußerster Kraft hinter dem schnellen Schiff her, ohne auch nur einen Meter aufzuholen. Dann aber wanderte der Dampfer langsam in die Zieloptik hinein. Um Mitternacht war alles zum Überwasserschuß bereit. Die Rohre I und II waren aufgedreht, und hinter der UZO stand Teddy Suhren, um zu schießen.

Um 0.05 Uhr fielen die mit zeitlicher Verzögerung von zehn Sekunden zueinander abgeschossenen Torpedos ins Wasser und jagten ihrem gemeinsamen Ziel entgegen.

Beide Torpedos trafen nach nur 40 Sekunden Laufzeit den Belgier „Ville de Gand". Der Dampfer funkte „SSS" und blieb bewegungslos auf der See liegen. Seine Besatzung ging in die Boote, und mit einem Fangschuß aus Rohr V sank das Schiff zwei Minuten darauf in die Tiefe. Das Meer schloß sich über weiteren 7590 BRT feindlichen Schiffsraumes.

Als in den Morgenstunden des nächsten Tages ein weiterer Dampfer gesichtet wurde, kam beim Vorsetzen auch U 57 unter Oberleutnant zur See Topp in Sicht. Topp tauschte mit seinem Kameraden Rösing einige Grüße aus. Beide beschlossen, getrennt weiter zu operieren, und trennten sich wieder. Der hart zackende Einzelfahrer entkam.

U 57, das Boot der „roten Teufel", so genannt nach den auf der Turmseite aufgemalten tanzenden roten Teufeln, war Anfang August 1940 aus Lorient ausgelaufen. Es war damit eines der ersten Boote, die aus den neugewonnenen Atlantikstützpunkten zur Feindfahrt ankerauf gegangen waren. Es hatte zwar einen kleinen Dampfer versenkt, aber bei sehr schwerer See den über 16 000 BRT großen Dampfer „Ceramic" passieren lassen müssen, der zwei Jahre später von U 515 unter Kapitänleutnant Henke versenkt wurde.

Kurz darauf war dieses Boot von einem Flugzeug angegriffen worden. Die geworfenen Bomben lagen so dicht bei dem Boot, daß durch die Erschütterung ein Dieselfundament riß und die Nockenwelle brach. Dennoch hatte Topp nach einer Befragung seiner Offiziere den Marsch fortgesetzt. Mit nur noch neun Knoten Höchstfahrt (mit einem Diesel) waren die Chancen des Bootes gering; dennoch wollte Topp sie nutzen.

Im Nordkanal hatte U 57 einen Geleitzug gesichtet und zwei gezielte Schüsse abgefeuert, als zwei Geleitzerstörer in Lage Null auf das Boot eindrehten. Noch im Alarmtauchen begriffen, fielen die ersten Wasserbomben. Das Boot hatte einen starken Wassereinbruch und stieß in 45 m Wassertiefe auf Grund.

In den nächsten Stunden wurde das Boot systematisch gebombt, und erst kurz vor Mitternacht konnte Topp auftauchen lassen. Mit kleiner E-Maschinenfahrt lief es aus der Nähe der gestoppt liegenden und lauernden Verfolger ab und erreichte schließlich das Operationsgebiet westlich der Hebriden. Hier war es auf U 48 gestoßen.

Aus der Sicht von U 57 stellte sich dieses Zusammentreffen mit U 48 folgendermaßen dar:

„Kommandant auf die Brücke!" hallte der Ruf des Wachhabenden Offiziers in die Stahlröhre von U 57 hinunter.

Oberleutnant z.S. Topp war gerade dabei, das KTB zu vervollständigen, als ihn dieser Ruf erreichte. Er verließ seine Kammer, eilte durch das Kugelschott in die Zentrale und enterte in den Turm auf. Im Vorbeigehen blickte er auf den anliegenden Kurs des Rudergängers und nickte diesem freundlich zu. Ein weiterer Schritt, und er schob sich durch das Ausstiegsluk auf den Turm.

„Eigenes U-Boot, Herr Oberleutnant!" meldete der II. WO, der diese Wache ging und reichte dem Kommandanten das Fernglas, durch das er nach vorn geblickt hatte. „Genau zehn Grad Steuerbord voraus auf Gegenkurs!"

„Erkennungssignal schießen!" befahl Topp.

Mit dumpfem Knall jagte das ES aus der Signalpistole gen Himmel und wurde Sekunden darauf von dem anderen U-Boot, dessen Turm bereits zur Gänze herausgekommen war, erwidert.

„Das ist U 48, Herr Oberleutnant!" meldete einer der Ausgucks.

Die beiden Boote liefen aufeinander zu. Dann waren sie auf Rufweite herangekommen, und beide Kommandanten griffen nach den Megaphonen, die ihnen gereicht wurden.

„Kommandant an Kommandant", vernahm Topp die Stimme des Chefs der 7. U-Flottille, der vertretungsweise das Boot auch auf seiner zweiten Feindfahrt ohne Schultze führte. „Irgendwo in der Nähe muß der Geleitzug herumkrebsen. Hat wahrscheinlich seinen Kurs geändert."

„K an K!" rief Topp zurück, „Erfolg gehabt?"

„K an K: Gestern die ‚Ville de Gand' versenkt; mit 7590 BRT. Am 16. auch einen kleinen Kolcher. Dann bin ich auf eine U-Boot-Falle gestoßen. Alles aus dem westgehenden Konvoi."

„K an K: Habe verdammtes Pech gehabt, fahre mit halblahmem Boot. Aber vielleicht kommen wir doch noch heran. Habe noch ein paar Aale in den Rohren."

„K an K: Sehr gut, Topp, aber Vorsicht, verstanden!"

Diese Warnung konnte sich der ältere Kommandant erlauben, der ja bereits seine Erfahrungen und Erfolge als Flottillenchef zu verzeichnen hatte, ohne sein Gegenüber zu kränken.

„K an K: Ich werde schon aufpassen, Herr Kapitän!"

„K an K: Dann also Mast- und Schotbruch! Wer den Konvoi zuerst sieht, der gibt Peilzeichen, verstanden?"

„K an K: Verstanden! – Schade, daß euer Einzelfahrer nun weg ist."

Ein letztes Winken der Besatzungsangehörigen auf den beiden U-Boot-Türmen, dann liefen beide Boote, mit der Fahrt angehend, auf entgegengesetztem Kurs auseinander.

U 57, das seine beiden in den Oberdeckstuben lagernden Torpedos umgeladen hatte, kämmte die See in Richtung des gemeldeten Geleitzuges durch. Nichts war zu sehen an diesem 20. August. Erst am Mittag des 21. August wurde vom Funkmaaten ein FT-Spruch der Operationsabteilung auf den Turm gegeben, wo der Kommandant vergebens nach einem Zeichen des Konvois oder eines Einzelfahrers suchte.

Topp las den Funkspruch. Dann wandte er sich dem Turmluk zu und rief den Rudergänger: „Rudergänger! – Steuerbord zehn! Neuer Kurs 255 Grad!"

„255 Grad liegt an!" meldete der Rudergänger. Sekunden später, und die Männer spürten, wie der graue Wolf seine Richtung änderte.

„Was liegt an, Herr Oberleutnant?" fragte der II. WO.

„Meldung vom B-Dienst. Sie haben die Funksprüche eines Konvois entziffert. Der Geleitzug hat seinen Treffpunkt um 50 Seemeilen verschoben, deshalb gurken wir hier so vergeblich herum. Mit dem neuen Kurs werden wir ihn packen."

Neben U 57 war auch das noch in der Nähe stehende U 48 auf diese Kursänderung aufmerksam gemacht und auf den Konvoi angesetzt worden. Neben diesen beiden Booten versuchten auch noch U 30 und U 38 Anschluß zu gewinnen, doch sie standen so weit ab, daß es höchst zweifelhaft war, ob sie

Anschluß gewinnen konnten. Höchstens auf einen Nachzügler durften sie hoffen.

Den ganzen Tag klotzte U 57 hinter dem gemeldeten Geleitzug her. Dieser Konvoi konnte jedoch nicht gesichtet werden. Erst am späten Vormittag des 23. August um 11.20 Uhr fing das Boot eine Fühlungshaltermeldung von U 48 auf.

„Rösing hat den Geleitzug gesichtet. Ich glaube fast, der kann solche Konvois auf hundert Meilen Distanz riechen", meinte Topp, an seinen I. WO gewandt, der die Wache soeben für kurze Zeit übernommen hatte, weil der II. WO ein gewisses inneres Rühren verspürt hatte, dessentwegen er sich in Behandlung befand.

Eine Stunde darauf meldete der steuerbordachtere Ausguck: „Flugzeug an Steuerbord, 20 Grad achterlicher als querab!"

„Rauchsäulen!" meldete unmittelbar darauf der Maat der Wache. „Das ist der Konvoi!"

Von der anderen Seite dieses Geleitzuges dröhnten Wasserbombenwürfe zu U 57 herüber.

„Die gelten U 48", sagte Topp nachdenklich. „Hoffentlich schafft es Rösing, den Brüdern davonzulaufen!"

„Bestimmt, Herr Oberleutnant", erwiderte der Maat im Brustton der Überzeugung. „Der Korvettenkapitän ist ein ganz ausgebuffter Fuchs. Den erwischt nichts und niemand so leicht!"

U 57 hatte sich, mit der Marschfahrt heraufgehend, dem Geleitzug vorgesetzt, dabei immer am Rande der Sichtweite bleibend. Nun gab es nur noch eines: mit höchster Unterwassergeschwindigkeit heranzuschließen und mit allen Aalen zum Schuß zu gelangen.

Das Boot ging auf Sehrohrtiefe hinunter. Oberleutnant zur See Topp befahl: „Auf Gefechtsstationen!" Nunmehr war der stählerne Wolf, der durch die See schnürte, bereit zum Biß. Immer wieder ließ Erich Topp das Sehrohr ausfahren und nahm einen kurzen Blick auf das Ziel mit dem anschließenden Rundblick, der möglichen feindlichen Geleitfahrzeugen galt, die irgendwo sein mußten.

„Wir schaffen es mit dieser Fahrtstufe nicht, Herr Oberleutnant!" meldete der Leitende Ingenieur. „Beide E-Maschinen AK!"

Heller und schriller wurde das Summen der E-Maschinen, das Boot wurde schneller, und wieder befahl Erich Topp: „Aus!"

Surrend fuhr der Motor das Sehrohr aus. Im Sattelsitz hockend, blickte Topp zuerst in die Richtung, auf die sie zuliefen und von woher die Schraubengeräusche im Horchraum gehorcht wurden.

Die Augen des Kommandanten weiteten sich in ungläubigem Erstaunen. „Vor uns ein Tanker! Das ist Edelwild, Wir schießen einen Zweierfächer. Rohre I und III Mündungsklappen auf!"

„Mündungsklappen sind auf, Rohre gewässert!" meldete der Torpedomaat aus dem Bugraum.

Der Tanker lief stur seine Bahn. Aber Topp sah, wie sie langsam aufholten und näher herankamen. Das niedrige Vorschiff des Tankers wuchs bereits ins Visier. Dann füllte sein Mittelschiff die gesamte Optik aus, die achteren hohen Aufbauten wurden sichtbar.

„Fächerschuß aus Rohr I und III – lllos!" Es gab einen harten Ruck. Das Boot bäumte sich vorn empor und wurde sofort wieder durch den Zentralmaaten in Trimm gebracht, der die Ausgleichstanks flutete.

„Beide Torpedos laufen!" meldete der Torpedomaat. Mit etwa 38 Knoten Eigenfahrt liefen die beiden Torpedos, mit jeweils 350 Kilogramm Trinitrotoluol in den Köpfen, auf das große Ziel zu.

Zehn Sekunden vor den erwarteten Treffern ließ Erich Topp das Sehrohr wieder ausfahren. Der Obersteuermann, der die Stoppuhr bediente, meldete: „Zeit ist um!"

Sekunden darauf stoben an dem Tanker zwei masthohe Feuer- und Wassersäulen empor, und als der Donner der

Doppeldetonation das Boot erreichte, loderte bereits eine gigantische Flamme mittschiffs aus dem Tanker hinaus. Der glühende Feuerball breitete sich in Sekundenschnelle weiter aus, und bald war der Tanker von einer dunkelrot glühenden Lohe überzogen, über die schwarzer Qualm emporwölkte.

Zwei Minuten nach dem Doppeltreffer brannte der Tanker bereits über alles. Gewaltige Detonationen brüllten zu U 57 hinüber, das abgedreht hatte, um weit genug ablaufen zu können, dann aufzutauchen und am Rande des Sichtkreises wieder aufzuholen und zum neuen Angriff den nötigen Vorlauf zu erreichen.

In dieser Sekunde tauchte ein zweiter und Sekunden darauf ein dritter Dampfer aus dem Nachtdunst auf.

„Einzelschüsse auf zwei Dampfer von geschätzten 5000 Tonnen. Rohre II und IV fertig!"

Das Boot erreichte die günstigste Schußposition, und Topp gab die Feuerbefehle. Beide Aale verließen die Rohre mit jeweils besonderer Einstellung und liefen auf ihre Ziele zu. Als die Zeit abgelaufen war, die beide Torpedos unterwegs sein würden, sah Topp die Treffersäulen an den beiden anvisierten Dampfern aufsteigen.

„Beide Aale Treffer!" meldete er. Jubel brandete durch das Boot. „Ich bitte mir Ruhe aus!" sagte Topp, und es wurde sogleich wieder still.

„Der eine Dampfer sinkt. Er liegt gestoppt mit schnell größer werdender Schlagseite. Der zweite hat Geschwindigkeit verringert. Dem müssen wir noch einen Torpedo verpassen. So schnell wie möglich Rohr I nachladen!"

Im Bugraum begannen die Männer zu schuften. Die Ketten des Zuges, der von Hand bedient werden mußte, rasselten. Der Torpedo wurde aus dem Lager gehoben und zum Rohr bugsiert. Bei Unterwasserfahrt war dies noch leichter möglich als bei grober See in Überwasserfahrt.

Wieder ließ Erich Topp den „Spargel" ausfahren. Dort, wo der Tanker lag, war die See mit brennendem Öl bedeckt. Von dem Tanker selbst ragten nur die achteren Aufbauten aus dem Flammengetöse heraus, auch sie von Flammen umzuckt.

Der erste Dampfer war im Sinken begriffen. Sein Bug hatte sich gesenkt, und soeben kam die Schraube aus dem Wasser empor und drehte nunmehr leer, um dann stehenzubleiben.

Eine gewaltige Explosion riß den Tanker auseinander, als sich die Gase in seinem Bauch genügend mit Luft vermischt hatten, um jenes hochexplosive Gemisch zu ergeben, das solche gewaltigen Explosionen hervorruft, wie diese eine war. Planken und Aufbautenteile wurden durch die See gewirbelt.

Sekunden später sah der Oberleutnant einen niedrigen Schatten aus dem Feuerwerk herausflitzen und direkt auf das Boot zuhalten.

„Alarmtauchen! – Auf achtzig Meter gehen!" befahl Topp.

Rauschend stob Wasser in die Ballasttanks, und das Boot bewegte sich, mit halber Fahrt laufend, in die Tiefe hinunter. Eine Ruderkorrektur ließ es herumgehen.

U 57 hatte vielleicht zweihundert Meter auf dem neuen Kurs zurückgelegt, als die Schraubengeräusche selbst mit bloßem Ohr zu vernehmen waren. Dann hämmerten Wasserbomben in die See und schüttelten das Boot durch.

Eine heftige Wasserbombenverfolgung setzte ein. Achtzig überschwere und schwere Wasserbomben wurden insgesamt geworfen. Und neben dem Kanonenboot waren zwei weitere Geleitfahrzeuge hinzugekommen. Das Boot erlitt zwar weitere leichte Schäden, doch diese konnten mit Bordmitteln behoben werden. Allerdings hatte U 57 den Anschluß an den Geleitzug verloren.

U 57 hatte in diesem Angriff gegen den Konvoy OB 202 zuerst den 10 939 BRT großen britischen Dampfer „Cumberland" und im zweiten Angriff den Dampfer „Saint Dunstan" mit 5681 BRT versenkt. Der dritte getroffene Dampfer, die „Havildar" mit 5407 BRT, konnte sich halten und nach schneller Notreparatur seinen Weg fortsetzen.

Am nächsten Abend, es war der 25. August 1940, kam U 57 mit seinem letzten Torpedo auf den britischen Motortanker

„Pecten" mit 7468 BRT zum Schuß. Der Torpedo traf diesen Tanker mittschiffs und ließ ihn binnen weniger Minuten sinken.

Als U 57 durch die Schleuse Brunsbüttel einlaufen wollte, glitt dort gerade der norwegische Frachter „Rona" heraus. Der Norweger rammte das U-Boot. U 57 sank und nahm sechs seiner Besatzungsmitglieder mit in den Tod.

Doch zurück zu U 48, das unmittelbar, nachdem es sich von U 57 getrennt hatte, ebenfalls die Oberdeckstorpedos umlud, um sie einsetzen zu können.

Einen Tag nach dem Treffen mit U 57 sichtete der Bootsmannsmaat der Wache einen einzelnen Dampfer. Danach wurde ein Konvoi gesichtet, zu dem dieser langsamer gewordene Nachzügler offenbar gehörte. Das Boot lief mit AK zum Angriff heran, um den notwendigen Vorlauf zu erreichen und eindrehen und schießen zu können.

Es war dunkel geworden. Im Überwassermarsch ging es näher heran. Eine Korvette tauchte auf und lief in Lage Null auf das Boot zu.

„Alle Mann aus dem Turm. Vorbereiten zum Alarmtauchen", befahl Rösing.

Er stand nun allein auf dem Turm und starrte zu der Korvette hinüber, deren hell leuchtender Schnauzbart der Bugwelle deutlich sichtbar war. Das Boot wurde vorgeflutet. Nunmehr konnte es in 20 Sekunden getaucht haben, aber diese Zeit konnte noch zu lang sein, wenn man ihn auf der Korvette gesehen hatte.

Daß dem nicht so war, zeigte sich, als die Korvette plötzlich in einem weiten Bogen zum Geleitzug zurücklief.

„Brückenwache wieder aufziehen. Boot greift wieder an. Auf Gefechtsstationen!"

U 48 schnürte an den Feind heran, der durch die Nacht lief. Aus den Schornsteinen der Dampfer stiegen dicke Rauchwolken empor, Funkenregen bei einem der Geleitfahrzeuge deuteten auf eine defekte Feuerungsanlage hin.

„Wir greifen zwei Dampfer von 4000 und 5000 Tonnen an."

Die U-Boots-Zieloptik wurde auf die Zielsäule vorn auf dem Turm aufgebaut. Sie war ebenso wie die Hauptanlage direkt mit der Rechenzentrale verbunden. Die einzelnen Werte wurden eingegeben und die Torpedos danach eingestellt.

26 und 27 Minuten nach Mitternacht fielen die beiden gezielten Einzelschüsse. Wenige Sekunden nach Ablauf der Laufzeiten dröhnten zwei Torpedodetonationen durch die Nacht.

„Zerstörer in Lage Null!" meldete der steuerbordachtere Ausguck. „Alarmtauchen!"

Wie reife Pflaumen fielen die Männer, durch das Turmluk einsteigend, in die Zentrale hinunter. Als letzter schwang sich Hans-Georg Rösing ins Boot und wuchtete das Turmluk zu, um es mit einer einzigen raschen Drehung dichtzuschrauben. „Luk ist dicht!"

Mit den beiden vorderen Tanks zuerst geflutet, dann die anderen nachgeflutet, stieß das Boot steil vorlastig in die Tiefe hinunter. Plötzlich vernahmen sie alle die Geräusche der auftreffenden Ortungsstrahlen des Verfolgers. Das hart klingende und mählich lauter werdende „pink-pink" dröhnte ihnen allen wie Paukenschläge in den Ohren. „Hart Backbord! – Schleichfahrt!"

Noch immer tauchend, drehte das Boot, verlor an Fahrt, wurde leiser. „Alle überflüssigen Geräte ausschalten!" befahl Rösing.

Achtern hinter ihnen wurde die See tobsüchtig, als vier geworfene Wasserbomben mit verschiedenen Tiefeneinstellungen nacheinander explodierten. Das Boot wurde vom auftreffenden Detonationsdruck etwas herumgeworfen, beruhigte sich aber rasch wieder und wurde vom Leitenden Ingenieur bei 90 Meter eingependelt.

Die nächsten Wasserbombenwürfe lagen bereits weit von ihnen entfernt. Offenbar war durch den Detonationsdruck das Asdic-Gerät des Gegners ausgefallen. Dann begann es wieder zu arbeiten, wurde lauter, zeigte einen zweiten Anlauf ihres Gegners an.

„Backbord zehn!" Sie glitten mit kleinster Fahrt herum, und der Steven des Zerstörers rauschte in vielleicht 200 Meter Seitenabstand und neunzig Meter über ihnen vorbei. Wieder die hämmernden Schläge der Wasserbomben. Diesmal an Steuerbord querab. Diese Druckwellen trafen U 48 stärker. Ein paar Glühbirnen zerklirrten. Ein Manometerglas zersprang. Alles wurde sofort wieder von den betreffenden Diensten in Ordnung gebracht, ohne daß es dazu eines Befehls bedurft hätte.

„Auf 120 Meter gehen!" Der Anzeiger des Tiefenmanometers näherte sich dem roten Strich auf der Skala. Das Boot schien in seinen Verbänden zu ächzen. Doch es hielt diesem übermächtigen Druck der auf ihm lastenden Wassermassen stand.

Die Schraubengeräusche zeigten dem Kommandanten, daß sich der Verfolger entfernte. Die nächsten Wasserbombendetonationen waren bereits 600 bis 700 Meter entfernt. Sie hatten es geschafft.

Als U 48 nach zweistündigem Unterwassermarsch auftauchte, empfing der Funkmaat des Bootes einen FT-Spruch des B.d.U. Darin wurde dem Boot ein neuer Aufstellungsstreifen zugewiesen. Es lief in diesen Streifen hinein und erreichte am Morgen des 23. August den Seeraum westlich der Hebriden. Hier schien es von Überwachungsflugzeugen des Gegners zu wimmeln. Zweimal mußte das Boot ihnen ausweichen, und weitere zweimal mußte es vor Landflugzeugen wegtauchen.

Als es nach dem zweiten Alarmtauchen wieder auf Sehrohrtiefe emporstieg, waren die Flugzeuge verschwunden. Rösing ließ auftauchen und ging als erster auf den Turm, bereit, bei dem geringsten Anzeichen eines Feindes wieder in den Keller zu gehen. Doch Luft und See waren rein.

„Brückenwache aufziehen! – Frischluftumwälzer einschalten!"

Jankend begannen die Ventilatoren zu arbeiten und frische Seeluft in den engen Leib des Bootes zu wirbeln.

Ein Konvoi wurde wenig später anhand seiner Rauchsäulen

gesichtet. In schneller Fahrt hinterherknüppelnd, sahen die Wachgänger auf dem Turm die Aufbauten der am weitesten zurückgesetzten Schiffe auftauchen.

„Brücke an Funkraum: Geben Sie Peilzeichen!" befahl der Kommandant. Dies würde für alle in der Nähe stehenden Boote das Zeichen sein, daß U 48 den Gegner aufgefaßt und sich an dessen Fersen geheftet hatte. Wer nun die Peilung aufnahm, der konnte schnell heranschließen, vorausgesetzt, er stand in einer günstigen Position und war nicht zu weit entfernt.

Um 11.30 Uhr wurde U 48 abermals unter Wasser gedrückt. Diesmal waren es drei Flugzeuge, die sogleich nach der Sichtung des deutschen U-Bootes noch einen Zerstörer herangerufen hatten, der wenig später sichtbar wurde. Die Bomben der drei Flugzeuge fielen weit hinter dem Boot in die See, das nun mit Alarmtauchen hinunterging und dabei versuchte, im rechten Winkel aus dem Kurs des Zerstörers auszudrehen.

Als der Zerstörer ihren alten Standort erreicht hatte, warf er einige Schreckbomben. Offenbar hatte er kein Asdic an Bord, denn die Ortungsstrahl-Geräusche waren nicht zu hören. Eine Stunde mußte U 48 unter Wasser weiterlaufen. Als das Boot endlich wieder auftauchen konnte, war das schnelle Geleit entkommen.

Der 24. August war ein strahlender Sonnentag, in aller Frühe hatte der Kommandant nacheinander einige Leute von den „Jumbos", wie die Dieselmotoren genannt wurden, nach oben kommen lassen, um ihnen Gelegenheit zu geben, eine „Aktive" zu rauchen.

Dies war ungeschriebenes Gesetz an Bord, daß auch die Männer, die im Innern des Bootes Dienst taten, diese kleinen Pausen der Erholung erhielten und Frischluft tanken oder auch rauchen konnten.

Als gerade zwei Männer der Freiwache den Turm wieder verlassen hatten, um zwei Kameraden von den E-Maschinen Platz zu machen, kam ein einzeln laufender Tanker in Sicht.

„Der ist verdammt schnell, Herr Kapitän, den kriegen wir nicht, wenn wir nicht sofort schießen!"

„Beide Diesel dreimal AK!" Diesmal wurde alles aus den beiden „Jumbos" herausgeholt. Das Boot glitt mit beinahe 18 Knoten Fahrt durch die See und holte jetzt auch auf. Es lief in einer Seemeile Seitenabstand, und als es eine einigermaßen günstige Schußposition erreicht hatte, ließ Hans Rösing durch den TWO den Einzelschuß schießen. Es wurde ein Oberflächenläufer.

Der Tanker, der als „Lacklan" angesprochen wurde und nach dem Lloydsregister 8670 BRT hatte, lief unbeirrt seinen Weg, ohne auch nur einmal seinen Kurs zu verändern.

„Zeit ist um!" wurde dem Kommandanten gemeldet. Drei Sekunden darauf stieg die Treffersäule 40 hinten am Tanker empor.

Der Tanker blieb nach einigen tausend Metern bewegungslos auf der See liegen und sank langsam tiefer.

Zwanzig Minuten später verschwand er von der Wasseroberfläche, und Hans Rösing ließ nach Norden ablaufen.

Er hatte jedoch nicht den Tanker „Lacklan", sondern den britischen Tanker „La Brea" mit 6666 BRT versenkt.

An Steuerbord querab wurde eine Stunde darauf U 38 gesichtet. Beide Boote liefen auf demselben Kurs und näherten sich auf Winkspruchweite, um ihren Erfahrungsaustausch per Winkerfahnen zu betreiben. Kapitänleutnant Liebe, der Kommandant von U 38, wollte ebenfalls auf diesen Konvoi operieren.

Beide Boote setzten ihren Marsch nach fünf Minuten auf verschiedenen Kursen, weit genug voneinander abgesetzt, um eine Suchharke bilden zu können, fort.

Unmittelbar nach Mitternacht des 25. August kam an Backbord querab das verfolgte Geleit in Sicht.

„Auf Gefechtsstationen! – Boot läuft auf Gegenkurs an der Backbordseite des Konvois entlang. Wir machen einen Überwasserangriff."

Die U-Boot-Zieloptik wurde heraufgereicht und auf die Zielsäule aufgesetzt. Oberleutnant Teddy Suhren nahm seinen Platz dahinter ein. Er sollte schießen. Die Fahrt und der Kurs des Gegners, die Eigenfahrt und die Torpedogeschwindigkeit und -tiefe wurden ebenso eingestellt wie der Vorhaltewinkel.

Die Rohre II und III waren klar zum Schuß. Voll gespannter Aufmerksamkeit stand der Torpedomaat im Bugtorpedoraum hinter den Handabzugstasten, auf die er zur Sicherheit noch schlagen würde, falls das elektrische Abfeuersystem versagen sollte.

„Rohre II und III – lllos!" Die beiden gezielten Einzelschüsse, die auf einen Tanker von geschätzten 8000 BRT und einen auf 6000 BRT Größe geschätzten Frachter gezielt waren, liefen. Eine Minute Abstand lag zwischen diesen beiden Schüssen. Der im Abdrehen auf den Tanker geschossene Torpedo traf nach 133 Sekunden Laufzeit den britischen Motortanker „Athelcrest" mit 6825 BRT, und nach genau 182 Sekunden ging der zuerst geschossene Aal an der „Empire Merlin", einem britischen Dampfer, hoch. Beide Schiffe explodierten kurz nach den Treffern mit hellem Feuerschein.

„Gut geschossen, Suhren!" lobte der Kommandant seinen Ersten Wachoffizier.

Ablaufend sah Korvettenkapitän Rösing, daß die beiden vorher gesichteten Geleitfahrzeuge und ein drittes, das soeben in Sicht kam, auf die Untergangsstellen der beiden Schiffe zuliefen. Dann drehte einer der Bewacher ab. Er hielt direkt auf sie zu.

„Boot vorfluten!" befahl Rösing. „Turmwache in den Turm!" Doch bevor der Kommandant den Befehl zum Schnelltauchen geben konnte, zackte das Kanonenboot wieder weg und verschwand mit großer Fahrt in der Weite der See.

Zehn Wasserbombendetonationen wurden wenig später gehört. „Das Kanonenboot hat wahrscheinlich einen Unterwasserangriff angenommen und hält unsere fernen Dieselmotor-Geräusche für nahe E-Maschinengeräusche, Herr Kapitän!"

„Funkraum von Brücke: Fühlunghaltermeldung machen und Peilzeichen geben."

Der Befehl wurde bestätigt, und nur Minuten darauf waren weitere U-Boote, die noch in Reichweite dieses Geleitzuges standen, auf der Fährte. Es war der HX 65 A, der hier aufgespürt worden war.

Als U 48 zu einem neuen Angriff heranschnürte, wurde das Boot von zwei Geleit-Kanonenbooten unter Wasser gedrückt und verlor die Fühlung. Um 22.24 Uhr ließ der Kommandant nach Stunden des Unterwassermarsches wieder auftauchen. Gierig wurde die durch die Luftumwälzer ins Boot gewirbelte frische Meeresluft geatmet.

Die See war leer, soweit die aufgezogenen Soldaten der Brückenwache mit ihren Ferngläsern sehen konnten. Sie liefen auf dem Generalkurs hinterher, und Hans Rösing ließ einen weiteren Funkspruch an den B.d.U. absetzen:

„An BdU: 46.070 BRT versenkt. Noch zwei Hecktorpedos. Gehe zur Ergänzung Lorient."

Kurz darauf ging die Antwort des Stabes der Operationsabteilung ein:

„Ausgezeichnet! Zahl der versenkten Schiffe melden."

Der Antwortspruch war kurz: „Versenkt sieben Schiffe, darunter zwei Tanker. Fünf Schiffe davon aus Geleitzügen."

Das Boot hatte jedoch nur fünf Schiffe versenkt mit einer Gesamttonnenzahl von 29169 BRT. Zwei weitere Schiffe waren torpediert worden. Ihr Schicksal ist ungewiß.

Wenige Minuten nach diesem Funkspruch hörten die Männer der Brückenwache dumpfe Torpedodetonationen und dann achteraus den Widerschein von Flammen am Himmel.

„Da rakt noch eines unserer Boote, Herr Kapitän", meinte der Bootsmannsmaat der Wache.

„Ja, stimmt! Und wir wünschen ihm Erfolg."

Es war U 124 unter Kapitänleutnant Georg Wilhelm Schulz. Er hatte während des Norwegenfeldzuges sein Boot U 64 verloren und unternahm mit U 124 die erste Feindfahrt. Es war dies ein Boot des Typs IX-B, und es gehörte zur 2. U-Flottille „Saltzwedel". An Bord befand sich als Kommandantenschüler und Wachoffizier der Oberleutnant z.S. Reinhard Hardegen, der später einer der Großen der U-Bootsfahrt werden sollte. Schulz hatte nach den erhorchten Peilzeichen, die ihm eine

Richtungspeilung ermöglichten, an den Geleitzug herangeschlossen und war mit drei gezielten Einzelschüssen abgekommen. Zwei der drei anvisierten Dampfer sanken, der dritte konnte nach kurzer Reparatur seine Fahrt fortsetzen.

Währenddessen befand sich U 48 auf dem Rückmarsch nach Lorient, dem zukünftigen Stützpunkt des Bootes an der französischen Atlantikküste. Unter Geleit von drei Räumbooten und einem Sperrbrecher lief es ein und machte am 28. August 1940 um 22.45 Uhr vor der Kaserne fest.

Die Stellungnahme des Befehlshabers der U-Boote zu dieser Feindfahrt lautete: „Kurze, mit Zähigkeit und Schneid und taktisch vorzüglich durchgeführte Unternehmung."

Als zehntem Kommandanten der U-Boot-Waffe wurde Korvettenkapitän Rösing am 29. August 1940 das Ritterkreuz zum Eisernen Kreuz verliehen.

Nun mußte Rösing aussteigen, denn Admiral Dönitz hatte für diesen Seeoffizier, der ja bereits erfolgreich eine Flottille geführt hatte, eine andere große Aufgabe vorgesehen. Und zwar sollte er als Verbindungsoffizier in den Stab der italienischen U-Boot-Führung unter Admiral Parona gehen und mithelfen, die italienischen U-Boot-Fahrer in die Gegebenheiten auf dem Atlantik einzuführen. Als italienischer Verbindungsoffizier kam Comandante Sestini in die Operationsabteilung des B.d.U. Dazu Dönitz:

„Ich schickte Rösing, der sich bereits als U-Boot-Kommandant und als Flottillenchef bewährt hatte, in Peronas Stab." (Siehe Dönitz, Karl: a.a.O.).

Das Fazit des ersten Kriegsjahres

Wenige Tage nach dem Einlaufen von U 48 von seiner achten Feindfahrt ging das erste Kriegsjahr zu Ende. Es hatte der U-Boot-Waffe einige aufsehenerregende Erfolge, aber auch eine Reihe herber Verluste gebracht. Wichtig war jedoch, daß in der letzten Phase dieses Jahres wieder Boote ausgelaufen und zu guten Erfolgen gelangt waren, so daß die U-Boot-Krise des Norwegenfeldzuges als überwunden gelten konnte.

Der Sieg der Deutschen Wehrmacht über Frankreich hatte die französischen Biskayahäfen im Sommer 1940 für die deutschen U-Boote freigemacht. Damit war den Booten der lange An- und Abmarschweg zum und vom Operationsgebiet etwa um 450 Seemeilen verkürzt worden. Die englischen Seeverbindungen lagen nunmehr direkt vor der Haustür der U-Boot-Stützpunkte.

Von seiner Befehlsstelle Sengwarden bei Kiel aus, veranlaßte Konteradmiral Dönitz, daß die ersten U-Boote, die in einen der französischen Häfen einlaufen sollten, direkt von ihrer Feindfahrt nach Lorient zurückliefen.

Arbeiter der Germaniawerft in Kiel wurden dazu abgestellt, die Reparaturen und Neuausrüstungen in Lorient durchzuführen. Vorkommandos der ersten Frankreich-Flottillen wurden in Marsch gesetzt.

Zum ersten Male sah Karl Dönitz die Chance eines günstigen Kriegsausganges. Die Materialtransporte rollten. Wenige Tage darauf lief das erste deutsche U-Boot in Lorient ein. Die Übersiedlung des Operationsstabes von Sengwarden nach Frankreich wurde vorbereitet.

Dönitz, der sich darüber im klaren war, daß nichts wichtiger sein konnte als engste Fühlung mit seinen Kommandanten und Besatzungen, traf bereits Mitte Juni 1940 Vorbereitungen zu seiner persönlichen Übersiedlung nach Frankreich.

Es war für ihn zur Selbstverständlichkeit geworden, die heimkehrenden U-Boote ebenso zu empfangen, wie er die auslaufenden Boote persönlich verabschiedete, wenn dies zeitlich möglich war. Die von Feindfahrt zurückgekehrten Kommandanten der betreffenden Boote mußten dem „großen Löwen", wie sie Dönitz nannten, am Vormittag nach ihrer Rückkehr Bericht erstatten, wobei die Astos gehalten waren, jede Besonderheit festzuhalten und auf ihre Auswertbarkeit für die anderen Boote zu durchleuchten.

Auf diese Art und Weise war es Dönitz möglich, alle Sorgen

und Nöte der U-Boot-Fahrer zu erfahren und berechtigte Beanstandungen, welcher Art auch immer diese sein mochten, abzustellen.

Alles, was der Befehlshaber der U-Boote tat, war genau darauf abgestimmt, seine Kommandanten und die Besatzungen der Boote zu einer verschworenen Gemeinschaft zusammenzuschließen.

Am 23. Juni fuhr der B.d.U. zur Biskayaküste. Am 7. Juli lief U 30 als erstes Boot aus dem Atlantik zur Neuausrüstung mit Brennstoff und Torpedos und zur Verproviantierung für eine neue Feindfahrt nach Lorient ein. Bis zum 2. August war auch die Lorienter Werft für die Reparatur von U-Booten hergerichtet.

Nunmehr sparte jedes auslaufende Boot eine ganze Woche Marschfahrt durch gefährdete Gewässer, denn der frühere Weg aus deutschen Einsatzhäfen und Stützpunkten um Nordengland herum in den Atlantik war 450 Seemeilen länger.

Während die Organisationsabteilung des B.d.U. unter Kapitän zur See von Friedeburg mit dem organisatorischen, technischen und waffentechnischen Stab in die Ostsee ging, verlegte die Operationsabteilung an die Atlantikküste.

Aufgabe des späteren Kommandierenden Admirals der U-Boote, Hans Georg von Friedeburg, war es, die Ausbildung auf den neu in Dienst gestellten U-Booten sowohl personalmäßig als auch technisch zu leiten und alle damit zusammenhängenden technischen, waffentechnischen und personellen Fragen zur Lösung zu bringen. Der operative Stab des B.d.U., die Operationsabteilung, wurde unter dem ehemaligen 1. Admiralstabsoffizier, Korvettenkapitän, dann Fregattenkapitän Godt, zusammengefaßt.

Die Hauptsorge des B.d.U. galt im zweiten Halbjahr des Einsatzes der U-Boote im Krieg vor allem dem möglichst schnellen und ausreichenden Neubau von U-Booten. Diese Aufgabe zu fördern und zu forcieren, war die Aufgabe des neugeschaffenen U-Boot-Amtes des OKM, das wiederum verpflichtet war, die besonderen Wünsche des B.d.U. zu beachten und zu fördern.

Bereits am 8. September 1939, gut eine Woche nach Kriegsbeginn, hatte Karl Dönitz seine Wünsche hinsichtlich des U-Boot-Baues in einer Denkschrift an das OKM geleitet. Die Forderung des B.d.U. auf mindestens 300 Front-U-Boote blieb dabei bestehen.

Der Ob.d.M. billigte in seinem Neubauprogramm, das die Friedensplanung aufhob, im September 1939 den Neubau von U-Booten typenmäßig nach den Vorschlägen von Dönitz.

Daraus ergab sich – unter Berücksichtigung des laufenden Abganges durch Verlust und dauernden Ausfall, die ja zusätzlich gedeckt werden mußten – für den U-Boot-Bau ein monatlicher Produktionsausstoß von 29 Booten.

Da jedoch die Zeit von der Erteilung des Bauauftrages bis zur Ablieferung des fertigen Bootes zwischen 19 und 30 Monaten schwankte und danach noch weitere drei bis vier Monate für Erprobung und Ausbildung sowie das Einfahren des Bootes hinzukamen, konnte der B.d.U. nicht vor Juni 1941 mit einem Ansteigen der für die U-Boot-Kriegführung zur Verfügung stehenden Boote rechnen.

Am 8. März 1940 war dann auch noch durch den Oberbefehlshaber der Kriegsmarine, Großadmiral Raeder, das U-Boot-Bauprogramm auf monatlich 25 Boote beschnitten worden. Doch selbst diese verkürzte Bauplanung konnte nicht eingehalten werden. Die monatliche Ablieferung an U-Booten betrug im ersten Halbjahr 1940 durchschnittlich zwei (!) Boote, die nicht einmal den Abgang an Booten durch Versenkungen des Gegners deckten.

Als in der Operationsabteilung der U-Boote am 31. August 1940 das Fazit des ersten Kriegsjahres gezogen wurde, ergab sich folgende Erfolgsbilanz:

Versenkt wurden: ein Schlachtschiff, ein Flugzeugträger, drei Zerstörer, zwei U-Boote und fünf Hilfskreuzer. Dazu: 440 Handelsschiffe mit insgesamt 2330000 BRT.

Die Liste der Angehörigen der U-Boot-Waffe, die mit dem

Ritterkreuz ausgezeichnet worden waren, sah an diesem Tage folgendermaßen aus.:

1. Kapitänleutnant Günther Prien (U 47) am 18. 10. 39
2. Kapitänleutnant Herbert Schultze (U 48) am 1. 3. 40
3. Konteradmiral Karl Dönitz (B.d.U.) am 21. 3. 40
4. Korv.-Kapitän Werner Hartmann (U 37) am 9. 5. 40
5. Kapitänleutnant Otto Schuhart (U 29) am 16. 5. 40
6. Kapitänleutn. Wilhelm Rollmann (U 34) am 31. 7. 40
7. Kapitänleutnant Otto Kretschmer (U 99) am 4. 8. 40
8. Kapitänleutnant Heinrich Liebe (U 38) am 14. 8. 40
9. Kapitänleutnant Fritz-Julius Lemp (U 30) am 14. 8. 40
10. Korvettenkapitän Hans Rösing (U 48) am 29. 8. 40
11. Kap.-Leutn. Fritz Frauenheim (U 21, U 101) am 29. 8. 40

Die U-Boot-Verluste im ersten Jahr des Krieges beliefen sich auf insgesamt 29 Boote. Es waren dies:

U 39 Kapitänleutnant Glattes am 14. 9. 39
(Westlich der Hebriden durch britische Zerstörer)
U 27 Kapitänleutnant J. Franz am 20. 9. 39
(Nordwestlich der Hebriden durch britische Zerstörer)
U 35 Kapitänleutnant Werner Lott am 29. 9. 39
(Ostwärts der Shetlands durch brit. Zerstörer)
U 12 Kapitänleutnant von der Ropp am 8. 10. 39
(Im Kanal auf Mine gelaufen)
U 40 Kapitänleutnant Barten am 13. 10. 39
(Im Kanal auf Mine gelaufen)
U 42 Korvettenkapitän R. Dau am 13. 10. 39
(Südwestlich Irland durch Zerstörer)
U 45 Kapitänleutnant Gelhaar am 14. 10. 39
(Ostwärts Irland durch Zerstörer)
U 16 Kapitänleutnant Weingaertner am 24. 10. 39
(Durch Mine vor Dover)
U 36 Kapitänleutnant W. Fröhlich am 4. 12. 39
(In der Nordsee durch brit. U-Boot „Salmon")
U 55 Kapitänleutnant W. Heidel am 30. 1. 40
(Im Nordatlantik durch brit. Zerstörer)

U 15 Oberleutnant z. See P. Frahm am 31. 1. 40
(In der Nordsee durch T-Boot „Iltis" gerammt)
U 41 Kapitänleutnant Mugler am 5. 2. 40
(Südlich Irland durch Zerstörer)
U 33 Kapitänleutnant H. W. von Dresky am 12. 2. 40
(Im Firth of Clyde durch brit. Minen-Räumboot „Gleaner")
U 53 Korvettenkapitän Grosse am 23. 2. 40
(Ostwärts der Orkneys durch brit. Zerstörer)
U 63 Oberleutnant z. S. Lorentz am 25. 2. 40
(Südlich der Shetlands durch brit. Zerstörer)
U 54 Kapitänleutnant Kutschmann am 13. 2. 40
(In der Nordsee auf Mine gelaufen)
U 31 Kapitänleutnant Prellberg am 11. 3. 40
(Im Jadebusen durch Fliegerbomben; gehoben)
U 44 Kapitänleutnant L. Mathes am 20. 3. 40
(Nördlich der Shetlands durch Zerstörer)
U 50 Kapitänleutnant Max-Hermann Bauer am 10. 4. 40
(Nordostwärts der Shetlands durch Zerstörer)
U 64 Kapitänleutnant Wilhelm Schulz am 13. 4. 40
(Ofotfjord durch Fliegerbomben; später gehoben)
U 1 Kapitänleutnant J. Deecke am 15. 4. 40
(Bei Stavanger durch brit. U-Boot „Porpoise")
U 49 Kapitänleutnant von Goßler am 15. 4. 40
(Im Ofotfjord durch brit. Zerstörer)
U 22 Kapitänleutnant K. H. Jenisch am 25. 4. 40
(In der Nordsee auf Mine gelaufen)
U 13 Kapitänleutnant Max Schulte am 31. 5. 40
(Nordwestl. Newcastle durch brit. Sloop „Weston")
U 122 Kapitänleutnant Looff am 21. 6. 40
(Im Nordkanal vermißt)
U 26 Korvettenkapitän Scheringer am 1. 7. 40
(Im Nordatlantik durch Korvette „Gladiolus" und Fl.)
U 25 Kapitänleutnant Beduhn am 3. 8. 40
(vor Terschelling auf dt. Mine gelaufen)
U 51 Kapitänleutnant D. Knorr am 16. 8. 40
(in der Biskaya durch brit. U-Boot „Cachalot")

U 102 Kapitänleutnant von Klot-Heydenfeld   am 21. 8. 40
(In der Biskaya vermißt)

Bei Kriegsbeginn hatte der Bestand von U-Booten 57 betragen. Der Indienststellung von 28 Booten im ersten Kriegsjahr stand ein Verlust von ebenfalls 28 Booten (das 29. konnte wieder gehoben und noch im ersten Kriegsjahr wieder einsatzbereit gemacht werden) gegenüber.

Dennoch war trotz des nominellen Bestandes an 57 Frontbooten die tatsächliche Zahl der für den Einsatz zur Verfügung stehenden Boote zurückgegangen, und zwar um 12 Boote. Dies lag daran, daß einmal für die zu erwartenden Indienststellungen neuer Boote Männer auf Schulbooten ausgebildet werden mußten, die dem Kader der Frontboote entnommen werden mußten. Ferner befanden sich noch einige der neu in Dienst gestellten Boote in der Erprobung.

Diese Tatsache, daß trotz des augenscheinlich überragenden Erfolges der deutschen U-Boote so wenige Boote gebaut wurden, war für Großbritannien so unfaßbar, daß selbst die Fragebogen der britischen Admiralität, die Großadmiral Dönitz im Juli 1945 in Mondorf ausfüllen mußte, immer wieder die gleiche Frage an den Anfang stellten:

„Warum haben die Deutschen nicht alles für den U-Boot-Bau getan, nachdem sie doch im Ersten Weltkrieg die Generalprobe gemacht hatten und wußten, was sie mit einer großen U-Boot-Waffe anfangen konnten?"

„Diese Langsamkeit, mit der die Deutschen ihren U-Boot-Bau intensivierten", so urteilte Captain Roskill im amtlichen britischen kriegsgeschichtlichen Werk WAR AT SEA, „hatte für Großbritannien höchst glückliche Folgen."

Die U-Boot-Waffe hatte ihre Schlagkräftigkeit unter Beweis gestellt, doch ihre große Zeit sollte noch kommen.

U 48 im zweiten Kriegsjahr

Allgemeine Übersicht

Nachdem am 29. August 1940 das Vorkommando der Operationsabteilung des B.d.U. nach Paris übergesiedelt war, fuhr am 1. September auch die Stabsabteilung von Sengwarden dorthin. Diese Übersiedlung erfolgte, weil alle Befehlsstellen der Marine für die „Operation Seelöwe" in Paris zusammengefaßt werden sollten.

Am Bois de Boulogne auf dem Boulevard Suchet richtete sich der Stab in einem schmalen vierstöckigen Etagenhaus, das die Nummer 18 trug, ein. Es war ein Privathaus, und Karl Dönitz hatte strikten Befehl erlassen, nichts, aber auch gar nichts aus diesem Hause zu entwenden, auch nichts zu verändern, was nicht zu den beschlagnahmten Diensträumen gehörte.

Dieses Haus reichte gerade aus, um alle Angehörigen der Operationsabteilung aufzunehmen einschließlich des Wachpersonals und der Funkstelle.

Alle privaten Schränke in diesem Hause wurden versiegelt. Keines dieser Siegel wurde während der langen Zeit, in der sich auch nach dem Auszug der Operationsabteilung eine Unter-Dienststelle des B.d.U. darin befand, erbrochen. Für den B.d.U. und seinen Stab war es selbstverständlich, fremdes Privateigentum zu achten.

Von hier aus leitete der „Große Löwe" die Operationen seiner „Wölfe". Hierhin kamen die Kommandanten nach ihren Feindfahrten. Als einer der ersten stand hier Korvettenkapitän Rösing vor seinem Befehlshaber und erfuhr aus dessen Mund, daß er nunmehr U 48 abzugeben habe, weil er, der Befehlshaber, eine andere äußerst wichtige Aufgabe für ihn habe. Und zwar sollte Hans Rösing zu Admiral Paronas Stab gehen:

„Sie gehen nach Bordeaux, Rösing. Dort werden Sie die

noch nicht für den Atlantikkampf geeichten italienischen Kommandanten einweisen und veranlassen, die Lücken, die diesbezüglich in ihrer Ausbildung vorhanden sind, zu füllen."

„Also gewissermaßen als Kindermädchen, Herr Admiral!" sagte Rösing. Ein feines Lächeln umspielte die Lippen des Befehlshabers. Diese freimütigen Äußerungen liebte er an seinen Kommandanten.

„Das auch, aber vor allem will ich damit eines erreichen: daß jene 27 U-Boote, die man uns von italienischer Seite als Hilfe für den U-Boot-Krieg im Atlantik zur Verfügung gestellt hat, auch wirklich zu einer Hilfe werden. Wenn Sie das schaffen, Rösing, dann haben Sie *sehr* viel erreicht.

Wir müssen uns davor hüten, von einer fremden Nation und ihren Soldaten alle jene Eigenschaften zu erwarten, die wir selber zu besitzen glauben. Das Wesen, die Denkungsart und die Erziehung und Ausbildung der italienischen Soldaten sind anders als unsere. Man hätte uns von oben nicht erst Richtlinien dazu geben müssen, damit wir dies beherzigen. Sie führen unsere italienischen Kameraden so an die Aufgaben heran, daß sie schließlich ‚gewissermaßen von selbst' darauf kommen, was zu tun und was zu lassen ist."

„Und wo sollen die italienischen Boote eingesetzt werden, Herr Admiral?" fragte Rösing nun.

„Ich denke, daß diese bei Eingewöhnungsfahrten im Seeraum der Azoren Atlantikerfahrungen sammeln können. Danach werde ich ihren Einsatz gemeinsam mit deutschen Kameradenbooten westlich des Nordkanals im Hauptverkehrsgebiet der Geleitzüge befehlen."

Zum Schluß sagte Karl Dönitz seinem Gegenüber noch einige Worte des Dankes, die auch die Besatzung von U 48 und das Boot selber mit einbezogen: „Sie haben U 48 auf seiner sechsten und siebten Feindfahrt vorbildlich geführt. Ihr Nachfolger wird es sehr schwer haben. Vielleicht sprechen Sie mit ihm über die Eigenheiten des Bootes und der Besatzung. Man sollte ihn nicht seine eigenen Fehler machen lassen, das ist für uns alle nicht gut."

„Danke, Herr Admiral!" erwiderte Rösing, um dann die Frage nach dem neuen Kommandanten zu stellen: „Und wer ist der Glückliche, der U 48 auf seiner achten und möglichst vielen weiteren Feindfahrten führen wird?"

„Es ist der Kapitänleutnant Bleichrodt. Sie kennen ihn ja."

„Natürlich, unser ‚Ajax!'"

Nun lächelte Dönitz offen. Er erhob sich und reichte dem Korvettenkapitän die Hand. „Mast- und Schotbruch, Rösing!"

So wie Korvettenkapitän Hans Rösing empfangen wurde, so empfing der Admiral in den ersten Septembertagen alle mit ihren Booten eingelaufenen Kommandanten. Da kam am 5. September auch Oberleutnant z. See Endraß und erhielt aus der Hand seines Befehlshabers das Ritterkreuz. Am 19. September folgte Günther Kuhnke, und am 29. September erhielt hier Kapitänleutnant Schepke das Ritterkreuz.

Jeden Morgen hielt Korvettenkapitän Werner Hartmann im Lagezimmer den Vortrag. Es war *jener* Hartmann, der am 9. Mai 1940 als vierter U-Boot-Kommandant das Ritterkreuz erhalten hatte und der nun als 1. Admiralstabsoffizier die Ereignisse des Vortages, der vergangenen Nacht und die allerletzten Meldungen der in See stehenden U-Boote zusammenfaßte.

Hier arbeitete der Befehlshaber der U-Boote und dirigierte den Einsatz jedes einzelnen Bootes, er sorgte für die Aufstellung der Rudel in bestimmten Suchharken und setzte einzelne Boote auf erkannte oder gemeldete Konvois an. Zusammen mit seinem Chef des Stabes und den Admiralstabsoffizieren versuchte man immer wieder, die richtige Aufstellung für die Boote zu finden und sie von diesen Positionen aus nach den Meldungen des B-Dienstes anzusetzen.

Wenn Admiral Dönitz *jetzt* jene Zahl an U-Booten zur Verfügung gestanden hätte, wie er sie lange vor dem Krieg als notwendig erachtet und gefordert hatte, dann wäre der Gegner sicherlich bald in große Bedrängnis geraten und vielleicht auch noch mehr, wie die Fachleute der Gegenseite bekundet haben.

Im Oktober 1940 übersiedelte die Operationsabteilung des

B.d.U. endgültig an die Westküste von Frankreich. Die Operation „Seelöwe" fand nicht statt, und so war das Bleiben des Stabes in Paris nicht länger gerechtfertigt. Dönitz wollte auf jeden Fall seinen U-Boot-Stützpunkten an der Atlantikküste näher sein, um unmittelbar am Ort des Geschehens von Auslaufen und Einlaufen zu sein.

Der B.d.U. bezog mit seinem Stab die leere Villa eines französischen Sardinen-Fabrikanten in Kernevel nahe Lorient. In den Nebengebäuden wurden die Funkstelle, die Fernschreibstelle, die Unterkünfte und Messen, das Lagezimmer und die Kantine untergebracht.

Diese Villa lag inmitten eines alten Parks mit hohen Bäumen und dicht am Atlantik, dessen Wellenschlag als dauerndes dumpfes Grollen und Rollen bis zur Villa herüberdrang. Von hier aus konnte Karl Dönitz bis weit auf die See hinausblicken. Er konnte sehr rasch an der Pier sein, wenn ein einlaufendes U-Boot gemeldet wurde. Und er verpaßte keines, wenn dies nicht zwingend notwendig wurde: sei es, daß er nach Berlin mußte oder daß er zur Inspektion in einen der anderen Stützpunkte gefahren war.

Von hier aus bereitete er auch jenen großen U-Boot-Einsatz vor, der als die „Nacht der langen Messer" in die U-Boot-Geschichte eingehen sollte. Und eines jener Boote, die in dieser gewaltigen Geleitzugsschlacht eingesetzt wurden, war wieder U 48.

Mit der 1. U-Flottille war U 48 direkt nach Brest verlegt worden, und Heinrich Bleichrodt, ein Marineoffizier der Crew 31, der nicht von der U-Boot-Waffe kam, hatte es nicht leicht, nach zwei so erfahrenen U-Boot-Kommandanten als dritter im Bunde dieses erfolgreiche Boot zu führen, zumal er in den beiden Wachoffizieren Suhren und Ites zwei Offiziere an Bord hatte, die bereits sieben Feindfahrten unter zwei Kommandanten mitgemacht hatten und ihr Geschäft aus dem Effeff verstanden. Dies führte zu einigen schwierigen Situationen während der achten Feindfahrt, zu der U 48 am 8. September 1940 ablegte.

U 48 und sein neuer Kommandant – Am SC 3

Das Boot war unter seinem neuen Kommandanten Heinrich Bleichrodt zur achten Feindfahrt aus Lorient ausgelaufen. Etwa zur gleichen Zeit waren auch U 99 (am 5. September) und U 59 (am 7. September) ankerauf gegangen. Noch einige Tage später als U 48 war U 43 zur Feindfahrt ausgelaufen; es befand sich demzufolge noch in der nördlichen Nordsee, als U 48 bereits ins Operationsgebiet in den Raum südwestlich von Irland marschierte.

Am Mittag des 14. September kam für kurze Zeit ein Zerstörer in Sicht, der aber sehr rasch wieder hinter der Kimm verschwand. Das Boot hatte seit etwa 36 Stunden das Operationsgebiet erreicht. In der kommenden Nacht passierte es dann, was „Teddy" Suhren in seinem Buch gemeinsam mit Fritz Brustat-Naval berichtete:

„Die Nacht war stockfinster, als mich Otto (Ites) beim Wachwechsel ablöste. Aber anstatt aufzupassen, fingen wir an zu klönen, und ehe wir uns versahen, wurden wir überrascht und fanden uns plötzlich vor der mittleren Säule eines Geleitzuges.

Durch hartes Ruderlegen und mit Boxen der Maschinen konnte ich das Boot abseits drehen. Wie üblich der Ruf ‚Kommandant auf die Brücke!'

Vor uns hatte sich eine Lücke geöffnet, durch die wir uns hätten absetzen und von draußen treffsicher in den Geleitzug hineinschießen können. Aber der aus dem Schlaf gerissene Bleichrodt sah nur eine zum Greifen nahe haushohe Bordwand neben sich, verkannte die Situation und rief in der ersten Schrecksekunde auch schon: ‚Alarm-Tauchen!' Und damit waren alle unsere Angriffschancen vertan, wir waren weg vom Fenster.

Beim blitzschnellen Einsteigen fiel Otto fast in die Zentrale hinunter und schimpfte lauthals auf den Kommandanten, der hinter uns das Turmluk schloß.

Ich war noch vor dem Kommandanten unten, packte Otto

beim Kragen und zischte: ‚Hältst du wohl die Klappe! Bist du verrückt? Willst du unser Boot kaputtmachen?' Denn wenn das Vertrauen der Besatzung zum Kommandanten einen Knacks bekommen hätte, ließen sich die Folgen nicht absehen."

Dieses Vorkommnis, das von den beiden genannten Autoren in ihrem Werk „Nasses Eichenlaub" geschildert wurde, erklärt sich aus der Unerfahrenheit des Kommandanten, der sehr bald lernte, worum es ging; daher führte er das Boot schon auf seiner ersten Feindfahrt mit großem Erfolg und brachte es heim.

Die zwei Wachoffiziere hatten auf dem Turm ihres U-Bootes ein Schiff so nahe herankommen lassen, daß es „haushoch über dem Turm aufragte", das war allerdings schon „kriegsgerichtsreif", wie einer der Brückenwächter bemerkte. Da die Besatzung einiges von diesem Geschehen mitbekommen hatte, sickerte es durch und führte zu einer Befragung durch den Flottillenchef. Suhren spielte die Sache anständigerweise herunter und bemerkte auch in seinem Buch, daß Bleichrodt nach und nach mitbekam, „wo es langging."

Doch zurück zum Geschehen auf See während der achten Feindfahrt.

Nach dem Auftauchen schloß U 48 an den Geleitzug SC 3 heran. Das Boot machte für die anderen in der Nähe stehenden eigenen U-Boote Peilzeichen und hängte sich am Nachmittag des 14. September am Rande der Sichtweite an, um nach Einfall der Abenddämmerung heranzuschließen.

U 48 wich nach Süden aus und lief dann in der Generalrichtung des Geleitzuges am Rande des Sichtkreises mit. Dabei holte das Boot zusehends auf, und als es dunkel wurde, hatte es bereits die vordersten Schiffe des SC 3 erreicht.

„Auf Gefechtsstationen! – Wir fahren einen Überwasserangriff!"

Die U-Boots-Zieloptik wurde auf die Zielsäule aufgesetzt. Der TWO stand bereit. Alle Rohre waren klargemeldet, als das Boot heranschnürte und den am günstigsten laufenden

Dampfer anvisierte. Mit dem Fallen des Schusses tauchte der niedrige Schatten einer Korvette auf, die in Lage Null auf U 48 zulief. Der hoch aufschäumende Schnauzbart der Bugsee war deutlich zu erkennen.

„Korvette in Lage Null." Ein Blick zeigte Heinrich Bleichrodt, daß es für ein Tauchmanöver zu spät sein würde. In dieser ersten großen Bewährungsprobe auf U 48 tat er das, was einzig in dieser Situation richtig war. Er befahl, mit Hartruderlegen zu drehen und auf AK heraufzugehen.

Als das Boot in der Drehung begriffen war, befahl er dem hinter der UZO stehenden I. WO: „Auf die Korvette halten und schießen!"

Die Korvette wanderte ein. Sie wollte offenbar versuchen, nun zum Boot Vorlauf zum Ramming zu gewinnen. Blitzschnell waren die Werte eingegeben, und eine Minute nach dem ersten Torpedoschuß flitzte der zweite Torpedo hinaus und jagte auf die nur noch etwa 900 m entfernt stehende Korvette zu.

Und noch während dieser Torpedo lief, hatte der erste Einzelschuß sein Ziel erreicht. An dem griechischen Frachter „Alexandros" stieg die feuerdurchmischte Wassersäule der Torpedodetonation empor, und nur wenige Sekunden darauf traf der zweite Torpedo die Korvette „Dundee".

Unmittelbar nach dem Treffer achtern gingen auf der „Dundee" die Wasserbomben hoch, und in einem infernalischen Todeswirbel wurde die Korvette auseinandergerissen. Mit ihr ging fast die gesamte Besatzung unter.

Mit großer Fahrt ablaufend, sahen die Männer auf dem Turm das Sinken des griechischen Frachters.

„Nachladen! – Boot greift wieder an!" befahl Bleichrodt, als sie die Luft rein fanden. U 48 drehte wieder auf den Generalkurs ein und schob sich mit zwei schußbereiten Rohren und zwei weiteren, die binnen dreißig Minuten nachgeladen waren, an den Konvoi heran. Eine zweite Korvette, die vorn vom Geleitzug wegdrehte und in einer Seemeile Distanz am U-Boot vorüber nach achtern lief, sichtete das U-Boot nicht. Bleichrodt hatte vorfluten lassen, brauchte aber nicht in den Keller zu gehen.

Das Boot schnürte nun mit jeder Schraubenumdrehung dichter an die Backbordkolonne des Geleitzuges heran. Dann war alles wieder bereit zum Schuß. Hinter der UZO stand breitbeinig der Torpedowaffen-Offizier in Gestalt des I. WO., Oblt.z.S. Suhren.

„Wir nehmen den vorn laufenden Dampfer von geschätzten 6000 Tonnen und den dahinter laufenden, der etwa 7000 Tonnen hat. Haben Sie die beiden, Eins-W-O?"

Der Torpedowaffen-Offizier zeigte klar. Beide Schußwerte wurden in die Rechenanlage eingegeben, die sechs Ziele auf einmal ausrechnen konnte. Dann waren die Dampfer bis auf 1000 Meter herangekommen, und der Zielgeber meldete „Hartlage!" Aber der I.WO ließ noch etwas weiter einlaufen, dann gab er den Feuerbefehl zum ersten Schuß.

„Torpedo läuft!" meldete der Mixer aus dem Bugraum. „Korvette in Lage Null!" – „Zwanzig Grad Steuerbord. – Beide AK!"

Das Boot drehte ab, und die Diesel hämmerten in härterem Takt, daß das Boot zu zittern begann, um dann, schneller und schneller werdend, abzulaufen.

Die Korvette lief an ihnen vorbei, und wieder hatten sie die Chance, oben zu bleiben und weiter raken zu können. Während die Korvette einige Schreck-Wasserbomben warf, was ihnen zeigte, daß sie nicht gesichtet worden waren, ging U 48 mit der Fahrt wieder etwas herunter und drehte auf Parallelkurs. „Rohr III nachladen!" befahl Bleichrodt. „Wir versuchen es noch einmal!"

Als sie in Richtung zum Geleitzug zurückdrehten, war der zuvor getroffene Dampfer „Empire Volunteer" immer noch nicht gesunken, aber er hatte bereits starke Schlagseite, und sein Bug stieg mehr und mehr aus dem Wasser heraus. Dort befanden sich zwei Hilfsschiffe, die offenbar dabei waren, die schiffbrüchigen Seeleute zu bergen.

„Boot greift wieder an! – Rohre I und II klar zum Überwasserschuß." Längst war die UZO wieder auf den Turm gereicht und installiert worden.

Es war 3.00 Uhr, als der nächste Schuß fiel, dem der britische Dampfer „Kenordoc" auf 57.42 N und 15.02 Grad West zum Opfer fiel. Dieser Dampfer hatte nur 1780 BRT. Danach wurde U 48 endgültig abgedrängt und unter Wasser gedrückt. Mit kleinster Schleichfahrt der E-Maschinen kroch das Boot zur Seite und entging den ihm nachgeschickten Wasserbomben, die alle weitab detonierten.

Heinrich Bleichrodt hatte sich bei dem ersten großen Einsatz des Bootes dank der guten Assistenz seiner beiden Wachoffiziere als würdiger Nachfolger der vorangegangenen Kommandanten erwiesen und neben drei Dampfern noch eine Korvette versenkt.

Das Boot lief in seinem vorgesehenen Suchstreifen weiter. Noch in den frühen Morgenstunden wurde der Kurzspruch mit den Erfolgen am SC 3 abgesetzt; dann setzte das Boot im Überwassermarsch den Weg nach Westen fort. Dazu der B.d.U.: „U 48 hat vor dem Nordkanal einen auslaufenden britischen Geleitzug angegriffen und zersprengt."

Die vom Funkmaaten aufgefangenen FT-Sprüche führten einige Kameradenboote in die Nähe. So beispielsweise U 99 unter Kapitänleutnant Otto Kretschmer, der in den ersten Morgenstunden des 16. September nordostwärts von Rockall Bank auf dieser Feindfahrt das erste Schiff, den nur 1327 BRT großen Norweger „Lotos", versenkte und schon einen Tag später einen zweiten Dampfer erwischte. Am Nachmittag des 17. September wurde ein Kurzspruch von U 65 aufgefangen, das von Korvettenkapitän von Stockhausen geführt wurde. Es hatte einen guten 5000-Tonner gestellt und versenkt.

„Hundertprozentig guten Ausguck, Männer!" ermahnte Bleichrodt die Brückenwache nicht ohne Grund, als er gegen Abend auf den Turm enterte, um sich etwas frische Luft um die Nase wehen zu lassen, wie er bemerkte.

Eine Stunde darauf wurden „Mastspitzen" gemeldet. Dann kamen einige Schiffe heraus. Offenbar ein Einzelfahrer, dem sich einige andere Einheiten angeschlossen hatten, die infolge ihrer Geschwindigkeit mithalten konnten. Daß ein Zerstörer dabei war, wurde wenig später erkannt.

„Boot greift im Überwasserangriff an!" U 48 jagte nach Nordnordosten, um dem ostgehenden Konvoi den zum Schuß nötigen Vorlauf abzugewinnen. Mit Beide Diesel AK gelang dies auch, und um 23.00 Uhr waren sie so nahe herangekommen, daß sie das vorn laufende Schiff gut erkennen konnten.

„Das ist ein fetter Bissen, Herr Kaleunt", wisperte der Bootsmannsmaat der Wache. „Mindestens 10000 Tonnen!"

„Gut geschätzt, ich denke, die hat er." Das Boot glitt näher und näher heran. Als der Dampfer nahe genug herangekommen war, als die beiden Torpedos des Fächerschusses bereitlagen und der Torpedomixer auf den Feuerbefehl wartete, schienen die Sekunden sich wie Gummi zu dehnen.

„Fächerschuß aus Rohr I und II – lllos!" Beide Torpedos wurden durch die Preßluft der Ausstoßpatronen ausgestoßen und liefen dann mit eigener Kraft durch die See auf den als 10000-Tonner angesprochenen Dampfer zu. Es war genau eine Minute nach Mitternacht des 18. September.

Das Boot hob sich vorn etwas an, als beide Torpedos hinausstießen und durch die See auf den großen Dampfer zuliefen.

„Jetzt den dahinter laufenden Dampfer. Er hat geschätzte 5000 Tonnen, sehen Sie ihn, Eins-WO?"

„Ich sehe ihn, Herr Kaleunt. Einzelschuß aus Rohr IV auf den zweiten Dampfer!"

Während die neuen Werte in den Vorhalterechner gegeben wurden, starrte der Obersteuermann auf die Stoppuhr, die er in der Hand hielt.

„Zeit ist um!" meldete er nach 90 Sekunden. Vier Sekunden darauf stob eine Trefferfontäne mittschiffs am Dampfer empor und einige Sekunden darauf der zweite Treffer achtern 30.

„Dampfer macht Notruf", meldete der Funkraum. „Sein Name ist ‚City of Benares'. Er hat nach dem Lloydregister 11081 Tonnen."

Jubel brandete durch das Boot. Er verstummte sehr rasch, als „Ajax" sich räusperte. „Absolute Ruhe, bitte!" befahl der Kommandant.

Näher und näher schob sich U 48 an den ausgewählten zweiten Gegner zu. Eine Korvette, die in ihre Nähe kam, drehte bald ab, um zu dem liegengebliebenen Dampfer zu laufen und dort die Rettungsarbeiten zu leisten.

„Dampfer sinkt rasch. Die Boote werden gefiert!" berichtete der Kommandant den im Dunkeln der Stahlröhre auf ihren Gefechtsstationen stehenden Männern.

„Rohr IV klar zum Überwasserschuß!" meldete der Torpedomixer.

„Wie sieht es aus, Eins-WO?" fragte der Kommandant. „Haben Sie ihn?"

„Dampfer läuft in die Zieloptik ein, Herr Kaleunt!" meldete Suhren, der breitbeinig hinter der U-Boot-Zieloptik stand und bestätigte, daß der Kommandant, der bei Überwasserangriffen das Boot fuhr, U 48 gut herangebracht hatte.

„Hartlage! – Hartlage! – Hartlage!" meldete der Zielgeber. „Schuß aus Rohr IV – lllos!"

Diesmal hob sich der Bug nicht sehr hoch. Der Zentralemaat hatte rechtzeitig die Ausgleichtanks geflutet. „Aal läuft!" meldete der Torpedomaat.

Und in diesem Augenblick, während der Torpedo des zweiten Schusses zum Gegner unterwegs war, sackte die „City of Benares" weg. Es knirschte und knallte und dröhnte. Das Sterben eines Schiffes ging zu Ende.

„Treffer vorn 20!" meldete der Kommandant, als er die Torpedopinie am neuen Ziel aufsteigen sah. „Das Schiff stoppt und geht mit der Fahrt herunter. Das dahinter laufende Schiff weicht aus. Das nehmen wir und . . . Alarm – Tauchstationen!"

Aus den Augenwinkeln hatte der Kommandant die im fahlen Mondlicht glitzernde Bugwelle eines Geleitschiffes gesehen, das in Lage Null auf U 48 zulief.

Die Turmwache glitt durch das Luk und ließ sich in die Zentrale hinunterfallen. Als letzter stieg Bleichrodt ein. Er drehte das Turmluk dicht und meldete dies dem LI, der in der Zentrale wartete und zuerst die beiden vor deren Tauchtanks öffnete, daß das Boot steil vorlastig in die Tiefe hinunterfiel.

Das zweite getroffene Schiff war die „Marina" mit 5088 BRT. Sie sank auf 56.46 Grad Nord und 21.15 Grad West.

Als dreißig Meter durchgingen, waren die Schraubengeräusche des Verfolgers dröhnend laut geworden. „Hart Backbord!"

Längst waren die beiden Diesel verstummt. Die E-Maschinen jichterten, und mit Hartruderlegen entkam U 48 dem Fünfer-Serienwurf seines Verfolgers. Das Boot wurde von den im Kielwasser Steuerbord achtern erfolgenden Detonationen durchgeschüttelt.

„Schraubengeräusche auswandernd!" meldete der Mann am Gruppenhorchgerät im Funkschapp.

„Zweiter Bewacher aus 170 Grad!" meldete der Funkmaat eine Minute später.

„Auf siebzig Meter gehen!" befahl Bleichrodt, der in der Zentrale am Kartentisch stand. Sein Gesicht war wie immer angespannt von der für ihn neuen Arbeit, das Boot den Verfolgern zu entziehen und mit ihm zu entkommen.

„Steuerbord zehn!" Der Gefechtsrudergänger im Turm wiederholte den Befehl und meldete gleich darauf die Ausführung. „Schleichfahrt!"

Mit der kleinstmöglichen Schraubendrehzahl lief U 48 langsam aus dem Kurs des Verfolgers hinaus. „Wie sieht es aus, Funkenpuster?"

„Verfolger hält den alten Kurs ein – er dreht auf uns zu, kommt in Lage Null!" – „Hart Backbord!"

Es war ein Katz-und-Maus-Spiel, das sie hier miteinander trieben; daß sie die Maus waren, die gejagt wurde, das spürten sie wenig später, als von vorn der vorhin vorbeigelaufene Bewacher zurückkehrte und auf sie zulief.

Fast hätte er sie schon überlaufen, als plötzlich die Wasserbomben-Detonationen krachten. Es hob den Bug des Bootes und riß ihn um zehn Grad aus dem Kurs. Knallend zersprangen Glühbirnen. Das Licht erlosch.

„Notbeleuchtung ein!" befahl Bleichrodt.

„Abgasklappen machen Wasser!" meldete einer der Lords. „Alle Außenbordverschlüsse überholen!" „Wassereinbruch steht." Sekunden darauf leuchtete auch das Hauptlicht wieder auf.

„Horchraum an Kommandant: Zweiter Angreifer ist Zerstörer. Der erste Bewacher läuft ab. Von achtern aufdampfend neue Schraubengeräusche!"

„Die wollen unseren Standort markieren und dann dem dritten die Gelegenheit geben, uns zu zerquetschen", sagte der Kommandant dem Leitenden Ingenieur.

„Beide dreimal AK!" Die Elektro-Maschinen trieben das Boot nun mit acht Knoten Fahrt weiter; wieder nach Steuerbord herumgehend, gelang es Bleichrodt, dem Gegner ein Schnippchen zu schlagen. Dort, wo sie nach seinen Berechnungen liegen mußten, gingen zweimal fünf Wasserbomben hoch und rissen ganze Wassergebirge aus der See.

„Denkste, Busse!" sagte Bleichrodt gemütlich. Der Zehnerteppich hatte keinerlei Schäden verursacht. U 48 lief nun in schnellstmöglicher Unterwasserfahrt weiter. Es gelang dem Kommandanten, das Boot aus der halben Umklammerung der Bewacher zu ziehen und dann auf den Generalkurs einzudrehen.

Als die Schraubengeräusche verstummt waren, ließ Heinrich Bleichrodt auf Sehrohrtiefe auftauchen.

„Boot hängt im Sehrohr!" meldete der LI. Im Sattelsitz des Angriffssehrohrs sitzend unternahm Bleichrodt einen schnellen Ausblick nach vorn. Dann schwenkte ein Pedaldruck das Sehrohr herum. An Steuerbord war die Nacht ebenso dunkel wie voraus, und an Backbord und achtern war es ebenso.

„Brückenwache sich im Turm klarhalten!" hallte der Befehl des Kommandanten. „Auftauchen!"

Als erster sprang Bleichrodt auf die Brücke und nahm einen Rundblick nach allen Seiten. In belebendem Strom drang die

Frischluft ins Boot, und der Gefechtsrudergänger im Turm bekam den ersten kühlen Windstoß mit, den die Frischluftumwälzer ins Boot wirbelten.

„Brückenwache aufziehen!" Die Männer nahmen ihre Positionen auf dem U-Boot-Turm ein. Sie suchten ihre Sektoren ab und waren bemüht, jeden sichtbar werdenden Feind auch sofort zu sehen.

„Wir hängen uns wieder an und versuchen noch einmal zum Schuß zu kommen!"

Das Boot lief durch den Morgen, und als die Sonne über den Horizont gestiegen war, hatte es die ersten Rauchsäulen an Backbord voraus in Sicht.

„Wir laufen am Rande der Sichtweite mit und legen uns vor, um dann im Unterwasserangriff zum Schuß zu kommen, sobald es dunkel wird und wir eindrehen können."

U 48 lief nun mit Beide große Fahrt nach Osten, jenen Weg, den auch der nach England gehende Konvoi nehmen mußte.

An diesem 18. September 1940 wurde im Marinequadrat AM, das zwischen 59 Grad Nord und 13 Grad West bis 57 Grad Nord und 11 Grad West reichte, ein neuer großer Konvoi gesichtet, nachdem er fünf Stunden vorher durch den B-Dienst gemeldet worden war und Dönitz seine in der Nähe stehenden „Wölfe" darauf angesetzt hatte.

U 48 hatte am Morgen des 18. September bereits die Erfolgsmeldung über die beiden vernichteten Dampfer abgesetzt. In der Nacht zum 19. konnte dann der nächste FT-Spruch getastet werden, der die Versenkung des Dampfers „Magdalena" anzeigte, doch bis dahin war es noch Zeit, denn als sich am späten Nachmittag das Boot vorsetzen wollte, wurde es von dem „Feger", der von achtern auflief, unter Wasser gedrückt. Eine Stunde dauerte dieser Zwangsaufenthalt, dann jagte U 48 mit „alle alleee!" hinterher, erreichte den zum Unterwasserschuß notwendigen Vorlauf und ging auf Sehrohrtiefe hinunter. Es lief in einer flachen Kurve auf den Konvoi zu, wurde noch einmal etwas zur Seite gedrückt, als der Feger wieder zum Schluß des Konvois zurücklief, und dann war es soweit.

„Unterwasserschuß aus Rohr I." „Rohre bewässert, Mündungsklappen aufgedreht!" meldete der Bugraum.

Immer wieder zu sparsamen Ausblicken das Sehrohr ausfahrend, ließ Heinrich Bleichrodt das Boot in die richtige Schußposition laufen. Längst füllte der anvisierte Dampfer die Zieloptik aus. Noch eine leichte Korrektur in den Rechner gegeben. Dann erfolgte die automatische Meldung „Hartlage!" Aber Heinrich Bleichrodt wollte sicher gehen. Er schnürte noch näher heran. Dann war es soweit.

„Rohr II – lllos!" Das Boot ging vorn empor, wurde eingetrimmt und drehte leicht aus dem Angriffskurs heraus. Genau nach Ablauf der Laufzeit des Torpedos blitzte an dem Dampfer der Treffer empor, und Bleichrodt sah, wie er wenige Sekunden später stoppte und Flammen aus seinem Achterschiff auflohten.

„Schiff liegt gestoppt, es beginnt zu brennen. Die Besatzung geht in die Boote", berichtete er den Männern, ehe er das Sehrohr wieder ausfahren ließ.

U 48 lief ab, und als Bleichrodt das nächstemal wieder das Sehrohr ausfahren ließ, sah er die Flammen, die lichterloh aus dem Schiff emporstoben.

Vom Gegner war nichts zu sehen. „Auftauchen!" Unmittelbar nachdem der LI sein „Boot ist durch!" meldete, hörte der Funkmaat den Notruf dieses Dampfers auf der 600-Meter-Welle:

„SSS from ‚Magdalena', torpedoed by german Submarine, burning over all, sinking quickly, help!"

„Dampfer heißt ‚Magdalena' und hat nach dem Lloyds-Register 3118 BRT", meldete der Funkmaat.

In Sicht kommende Geleitfahrzeuge zwangen Bleichrodt dazu, abzudrehen, und während das Boot nach Südosten außer Sicht des Konvois geriet, wurde das Rohr I wieder nachgeladen.

In der Frühe des nächsten Morgens wurden die Oberdeck-Torpedos umgeladen. Es war eine sehr schwierige Sache, denn in dem Augenblick, da das Torpedoluk geöffnet war und der

Besatzung von U 47 nach Rückkehr von Scapa Flow im Kieler Hafen

Die Besatzung von U 48 nach der Verleihung der Auszeichnungen

U 124 sichtet am 10. März 1941 die „Scharnhorst"

U 124 im März 1941 im Südatlantik

U 124 hilft schiffbrüchigen Seeleuten

Schiffbrüchige kommen an Bord des Bootes, damit ihr Rettungsboot umgedreht werden kann

Im Atlantik: Treffer mittschiffs!

Ein Dampfer auf dem Weg in die Tiefe

Kapitänleutnant Schulz, Kommandant von U 124, erhält das Ritterkreuz

U 103: Mit diesem Boot errang Korvettenkapitän Schütze das Eichenlaub zum Ritterkreuz

Reinhard „Teddy" Suhren, I. Wachoffizier auf U 48 auf neun Feindfahrten

Otto Ites, II. und I. Wachoffizier auf U 48; ab September 1940 bis März 1941 als I. WO an Bord

Otto Ites erhält noch als II. WO das EK I

Die Besatzung des Bootes nach der Nennung im Wehrmachtsbericht

Heinrich Bleichrodt, der dritte Kommandant des Bootes

Ein brennender Tanker

U 48 nach der Versenkung von 115 000 BRT

Kapitänleutnant Suhren wird nach Rückkehr von der Feindfahrt begrüßt

Vorn U 95 unter Gerd Schreiber, dahinter U 124 unter Wilhelm Schulz

Der „Schmutt" von U 96 in der Pantry　　Die Männer essen auf den Torpedos sitzend

Blick in die Zentrale von U 65

Der Dieselmaschinenraum achtern

Der Bordarzt von U 124 fährt zu U 10 (im Hintergrund) hinüber

U 37 von Feindfahrt zurück. Dönitz begrüßt in Wilhelmshaven die Besatzung.

Willy Kronenbitter, Obersteuermann von U 48, einer der Bewährten

Hans Rudolf Rösing

Heinrich Bleichrodt

Erich Zürn

Herbert Schultze

Aal ins Boot hinabgelassen wurde, war das Boot wehrlos; wenn in dieser Lage ein Gegner auftauchte, dann gnade ihnen Gott. Aber alles ging klar, und auch Heinrich Bleichrodt atmete befreit auf, als alles wieder dicht und das Torpedoluk geschlossen war.

„Torpedos sofort durchprüfen", befahl er den Mixern im Bugraum, und während der Funkenpuster eine neue Schallplatte auflegte, deren Musik durch die Gesamtübertragungsanlage in alle Räume drang, lief das Boot weiter nach Nordwesten. Mit kleiner Fahrt tuckerten die Diesel.

Der Entzifferungsdienst des B.d.U. erfaßte bereits sehr frühzeitig im September und zwar vier Tage *vor* dem vereinbarten Termin den Treffpunkt eines aus Nordamerika kommenden Geleitzuges mit seiner ihm entgegenlaufenden Heimatsicherung. An diesem Geleitzug hatte sich U 47 unter Günther Prien völlig verschossen. Es war der SC 2 gewesen. Da Prien verschossen hatte, aber noch über genügend Treibstoff verfügte, hatte der Große Löwe ihn mit U 47 auf einem Seeraum westlich des 23. Längengrades als „Wetterboot" aufgestellt. Von dort aus tastete der Funker von U 47 zweimal am Tage die Wettermeldungen für den Einsatz der Luftwaffe. In dieser Position stehend, sichtete die Brückenwache von U 47 am 20. September 1940 den aus Halifax/USA kommenden Geleitzug HX 72. Prien meldete sofort an den B.d.U. und hielt Fühlung am Konvoi. Admiral Dönitz setzte fünf Boote auf den HX 72 an. Es waren: U 99 unter Kapitänleutnant Kretschmer, U 100 unter Kapitänleutnant Schepke, U 32 unter Kapitänleutnant Jenisch, U 47 unter Günther Prien, das jedoch nur noch mit seiner Artillerie eingreifen konnte, und U 48 unter Kapitänleutnant Bleichrodt.

Als die Meldung aus dem Funkraum zur gegenüberliegenden Kommandantenkammer gebracht wurde, wo Heinrich Bleichrodt beim Ausarbeiten des KTB war, griff der Kommandant nach der Mütze und dem Feldstecher. Er erreichte durch das Kugelschott die Zentrale und rief unter dem Turm stehend sein

„Aufwärts!", damit ihm kein von oben abenternder Sailor auf den Kopf stieg, und ging nach einem Seitenblick auf den anliegenden Kurs und einem beifälligen Nicken, das dem Rudergänger galt, auf den Turm.

Das Boot lief in Generalrichtung zur gegebenen Peilung und versuchte am Abend des 20. September heranzukommen. Kurz vor Mitternacht wurde eine weitere Peilung genommen, als Prien auf der U-Boot-Welle seine Position, den gelaufenen Kurs und die Geleitzugs-Geschwindigkeit durchtastete.

Unmittelbar darauf nahmen die Funkmaaten aller angesetzten Boote den FT-Spruch der Operationsabteilung auf: „Suchstreifen ist aufgelöst. Jedes Boot greift Geleit nach eigenem Ermessen an."

U 48 lief direkt auf die Stelle zu, von der Prien sein Peilzeichen gegeben hatte. Der Kommandant blieb auf dem Turm. Der Funkmaat gab ihm die Meldung herauf, daß soeben Kapitänleutnant Lütz, Kommandant von U 138, einen Kurzspruch gemacht habe. Er hatte aus dem Konvoi OB 216 drei Schiffe herausgeschossen, darunter den modernen britischen Tanker „New Sevilla" mit 13 801 BRT.

„Lüth", sagte Heinrich Bleichrodt zum II. WO, der die Wache übernommen hatte, „diesen Namen müssen wir uns merken!"

Später sollte er erfahren, daß seine Vorausschau der kommenden Ereignisse genau richtig war, denn Wolfgang Lüth wurde einer der ganz Großen der U-Boot-Asse. Genau fünf Stunden nach seiner Dreifachversenkung binnen sechs Minuten hatte U 138 um 2.27 Uhr des 21. September den vierten Dampfer aus dem Konvoi OB 216 herausgeschossen: die 10138 BRT große „City of Simla".

Wolfgang Lüth soll, so wird von der Brückenwache bestätigt, die es mitgehört hatte, auf die Meldung aus dem Funkraum, daß der Dampfer ausgerechnet 10 138 BRT gehabt habe, folgendes gesagt haben:

„Ich fürchte, ihr Spitzbuben habt mir die 138 BRT extra untergejubelt. Bringt das schlaue Buch auf die Brücke!"

Sie hatten das Lloyds-Register auf den Turm gebracht, und Lüth konnte sich überzeugen, daß dieses Schiff wirklich 10138 BRT hatte, was für ihn deshalb wie ein Omen war, weil die drei Endziffern genau seiner Bootsnummer entsprachen.

U 99, das dem Geleitzug am nächsten stand, war in der Nacht des 20. zum 21. September so nahe an diesen herangekommen, daß vom Boot sehr gut die Schraubengeräusche gehorcht werden konnten. Etwas „Unterhaltung" gab es zwei Stunden nach Mitternacht. U 99 stieß auf U 47. Kapitänleutnant Kretschmer befahl, einen schulmäßigen Angriff auf das Kameradenboot zu fahren, als er sicher war, daß er ein deutsches Boot vor sich hatte. Erst als U 99 schon auf Rammentfernung herangekommen war, wurde es von dem backbordachteren Ausguck entdeckt.

U 47 versuchte mit AK zu entkommen, dann blinkte von der Brücke von U 47 das ES-Signal, das mit der Blaulampe gegeben wurde, und U 99 erwiderte dieses Signal mit dem Gegensignal nach dem Tagescode.

Prien ließ Luft auf das Thyphoon-Megaphon geben und rief zu Kretschmer hinüber: „Otto, dieser verdammte Streich wäre dir nicht gelungen, wenn ich selber auf der Brücke gewesen wäre."

„Sei vorsichtig, Günther, du brauchst dringend neue Ausgucks, das ist alles!" rief Kretschmer zurück.

Die Boote liefen nach kurzer Verständigung allein weiter. Ihr Ziel war der Konvoi, der unmittelbar vor ihnen stand. Prien hatte Kretschmer noch auf einen großen Tanker aufmerksam gemacht, der weit zurückhängend gelaufen war. Auf diesen operierte Kretschmer mit U 99.

Wenig später kam der Tanker in Sicht. Der Schuß fiel um 3.12 Uhr. Es war der britische Motortanker „Invershannon" mit 9154 BRT, der nach dem Treffer Notruf machte. U 99 lief etwas seitlich ab, um einem in der Nähe nach vorn preschenden Zerstörer auszuweichen. Aus dem Konvoi wurden Leuchtgranaten geschossen, aber U 99 blieb dran und kam gut eine Stunde darauf auf einen weiteren Dampfer zum Schuß. Der aus nur 800 Meter geschossene Torpedo traf die „Baron Blythswood" mittschiffs. Unmittelbar nach diesem Treffer stoben Detonationen aus dem Dampfer in den Nachthimmel empor. Das Schiff wurde von der geladenen Munition förmlich in Fetzen gerissen; noch war keine Minute nach dem Treffer vergangen, als das Schiff von der Wasseroberfläche verschwunden war.

„Da vorn raken schon welche, Herr Kaleunt!" meldete der Bootsmannsmaat der Wache dem Kommandanten von U 48, der die Brücke seit der letzten Meldung Priens nicht mehr verlassen hatte.

Heinrich Bleichrodt nickte. Er hob sein lichtstarkes Zeissglas vor die Augen und sah die Flammen, die aus dem getroffenen Tanker emporstiegen.

„Dort schwimmt das Geleit, wir müssen so schnell wie möglich 'rankommen!" Er setzte das Glas ab. „Beide Diesel AK voraus!"

Schneller wurde das Auf und Ab der Kolben, rascher schob sich U 48 durch die See, um ebenfalls auf diesen Geleitzug zum Schuß zu kommen.

Sie liefen an der Steuerbordseite des Geleitzuges entlang nach vorn, passierten eine halbe Stunde später den bereits gesunkenen Tanker. Der Platz war nur noch zu erkennen an den dort suchenden zwei Geleitfahrzeugen, um die U 48 einen Bogen machte.

Als der zweite Treffer durch die Nacht schallte und das Feuerwerk des Unterganges der „Baron Blythswood" die Nacht erhellte, waren sie schon dicht aufgeschlossen.

Wieder eine halbe Stunde darauf blitzte eine dritte Torpedodetonation durch die Nacht. Diesmal traf es die „Elmbank". Doch dieses Schiff teilte vorläufig nicht das Schicksal der unmittelbar vor ihm gewesenen „Baron Blythswood". Es lief zunächst, wenn auch langsam, weiter, um dann aber doch zu stoppen. Sekunden darauf schrie die „Elmbank" ihre Not in die Nacht hinaus: „SSS from Elmbank torpedoed, help!"

Aus dem Geleitzug stießen Raketen gen Himmel. Leuchtgranaten zogen ihre grellen Bahnen durch die Nacht. Signalhörner tuteten wild.

Die „Elmbank" sank nicht, und Kretschmer ließ dieses Schiff mit der Artillerie angreifen. Aber nachdem 88 Schüsse aus der 8.8-cm-Bugkanone hinausgejagt waren, ließ Kretschmer das Artilleriefeuer einstellen. Er lief zunächst ab, kehrte aber, nachdem er der „Invershannon" noch einen Torpedo angetragen hatte, der den Tanker in der Mitte durchbrechen ließ, zur „Elmbank" zurück, die immer noch schwamm.

Als er gerade das Feuer wieder eröffnen lassen wollte, meldete der steuerbordachtere Ausguck: „U-Boot in Sicht!" Es war U 47, das sich näherschob. Günther Prien bat den Kameraden darum, ein „paar Schüsse auf den renitenten Untersatz abgeben" zu können. (Siehe Robertson Terence: Der Wolf im Atlantik).

Kretschmer erwiderte Prien, er möge sich bedienen. Beide Boote schossen nun gemeinsam auf die „Elmbank", die lange schon von ihrer Besatzung verlassen worden war.

Als Priens Granaten für das Buggeschütz verbraucht waren, ließ dieser U 47 ablaufen. Danach wurde die „Elmbank" mit Phosphorgranaten in Brand geschossen. Bald darauf sank dieses zähe Schiff, über alles in Flammen gehüllt; die See löschte zischend und brodelnd diese Flammen.

Nun zu U 48 zurück, das mit AK inzwischen mit dem Geleitzug auf gleicher Höhe lief und rasch Vorlauf gewann.

„Auf Gefechtsstationen! – Boot greift einen Dampfer von geschätzten 5000 Tonnen an!"

Um 6.14 Uhr dieses 21. September fiel der Einzelschuß aus Rohr II. Der Torpedo lief dem Gegner entgegen und detonierte nach 71 Sekunden Laufzeit. Der britische Dampfer „Blairangus" mit 4409 BRT blieb direkt nach dem Treffer gestoppt liegen und gab Notruf. Einer der auf der Steuerbordflanke fahrenden Zerstörer kam mit hohem Schnauzbart direkt auf die Stelle zu, von der er annahm, daß das U-Boot dort laufen müsse. Und er hatte sich nicht besonders verschätzt. Mit AK ging U 48 in den Keller und versuchte den Zerstörer zu narren, der glücklicherweise kein Asdic hatte. Drei Stunden dauerte die Jagd, und einigemale rumste es sehr nahe beim Boot. Aber auch diesmal kamen sie wieder davon; nach sichernden Rundblicken tauchten sie auf, um eine halbe Stunde später – es war inzwischen taghell geworden – wieder unter Wasser gedrückt zu werden.

Schepke am HX 72

Den ganzen Tag über liefen die auf den HX 72 angesetzten Boote hinter diesem Konvoi her, um immer wieder angegriffen und unter Wasser gedrückt zu werden.

Erst am Abend konnten sie auftauchen und hinterherknüppeln. U 100 unter Kapitänleutnant Hans-Joachim Schepke kam zuerst zum Schuß. Schepke, der als Einzelschuß-Spezialist galt, wollte auch diesmal mit vier Einzelschüssen vier Dampfer zur Strecke bringen.

„Wir schießen Einzelschüsse auf vier Einheiten, darunter einen großen Tanker von geschätzten 10 000 Tonnen", berichtete Schepke ins Boot, während der TWO bereits hinter der UZO stand, die auf die Zielsäule aufgesetzt worden war.

Als der Mond hinter einer der dicken Wolken verschwunden war, steuerte Schepke das Boot dicht, sehr dicht an den Konvoi heran. Der TWO gab die einzelnen Schußwerte in den Torpedorechner, der sechs solcher Ziele auf einmal „ausrechnen" konnte.

Die Kolonne der Dampfer wanderte ein. Die vier ausgesuchten Ziele lagen günstig zum Schuß. Nacheinander wurden die Torpedos durch die Preßluft der Preßluftpatronen ausgestoßen und jagten mit schneller Fahrt den anvisierten Zielen entgegen.

Um 23.10 Uhr der erste und zweite, um 23.11 Uhr der dritte und um 23.13 Uhr der vierte Torpedo. Alle vier Aale liefen. U 100 drehte ab, und Schepke befahl das Nachladen der Rohre. Eine Minute später war an dieser Stelle der See die Hölle los. Treffer bliesen ihre Spouts in die Höhe, und unmittelbar danach hallten die Notrufe durch die Nacht; der Geleitzug-Kommodore befahl, einen Schwenk einzulegen.

Buntsternschüsse, rote Signalraketen und Leuchtgranaten wurden geschossen und durchblitzten die Nacht mit wechselndem Licht. Schreckwasserbomben wurden geworfen. Der zuerst getroffene Dampfer „Canonesa" blieb gestoppt liegen und bekam rasch Schlagseite. Er hatte stolze 8286 BRT. Der Motortanker „Torinia" mit 10364 BRT blieb ebenfalls schwer getroffen liegen und begann zu brennen. Der Dampfer „Delcairn" mit 4608 BRT stoppte ebenfalls und sank. Nur der vierte Dampfer, obwohl getroffen, drehte nach Nordwesten ab und lief beinahe quer durch die nördlicher laufende Kolonne hindurch außer Sicht.

Zwei Zerstörer drückten U 100 unter Wasser und überliefen das Boot, ohne Wasserbomben zu werfen. In 80 m Wassertiefe eingependelt, drehte U 100 eine halbe Stunde darauf wieder in die Generalrichtung. Im Bugraum schufteten die Mixer, um die vier leergeschossenen Rohre wieder nachzuladen, denn Schepke wollte wieder angreifen, sobald diese Rohre wieder bißbereit waren.

Auch diese vier Treffer sah U 48, das nun weiter rückwärts zum Angriff anlief. Die Zerstörer, die sich in der Hauptsache um jenes Boot kümmerten, das soeben geschossen hatte, liefen vom Geleitzug ab, um die Waboverfolgung des U-Bootes aufzunehmen. Dies gab U 48 die Chance heranzukommen.

Um 23.38 Uhr fiel der Einzelschuß, der die 5136 BRT große „Broompark" traf. Dieses Schiff sank nicht. Auch U 48 wurde nun gejagt und konnte mit Unterwasserschleichfahrt dem Wabo-Bombardement entgehen.

Als das Boot nach eineinhalb Stunden des Gejagtseins wieder auftauchte, kam es nicht mehr heran. Es wurde abermals unter Wasser gedrückt. U 100 aber konnte zwei weitere Schiffe aus dem HX 72 versenken und kam am 22. September noch einmal auf einen großen Tanker zum Schuß. Es war der Brite „Frederick S. Fales", der nach den beiden Torpedotreffern sank. Und Schepke blieb weiter dran, um gegen 2.14 Uhr des 22. September den norwegischen Dampfer „Simla" zu treffen. Danach hatte auch U 100 alle Torpedos verschossen und setzte sich vom HX 72 ab, aus dem Schepke binnen fünf Tagen sieben Schiffe herausgeschossen hatte.

Am 24. September 1940 erhielt Kapitänleutnant Schepke einen Funkspruch des B.d.U.: „In Anbetracht Ihrer letzten Erfolge im Geleitzugskampf verleiht der Führer Ihnen das Ritterkreuz des Eisernen Kreuzes."

Eine Stunde später hatten Mechaniker an Bord von U 100 aus Blech ein riesiges Ritterkreuz gebastelt, das Joachim Schepke überreicht wurde, als das Boot bereits auf Heimatkurs lief.

Auch U 48 hatte nach seiner letzten Meldung den Rücklaufbefehl erhalten. Es war mit einem Versenkungserfolg und einer Torpedierung am Desaster beteiligt, das der HX 72 erlitt. Insgesamt verlor dieser Konvoi 12 Schiffe mit 72 727 BRT. Drei weitere Schiffe mit insgesamt 18 022 BRT wurden torpediert.

Vizeadmiral Dönitz schrieb in sein Kriegstagebuch folgende Notiz zum Geleitzugskampf an diesem Konvoi:

„Die Kampfhandlungen am HX 72 haben gezeigt, daß die bereits im Frieden aufgestellten Grundsätze über Gebrauch der Funkentelegraphie am Feind und die Ausbildung der U-Boote im Angriff auf Geleitzüge richtig waren."

Als U 48 am 25. September nach kurzer, aber erfolgreicher Feindfahrt in den Stützpunkt einlief, flatterten neun Versenkungswimpel am Sehrohr. Die vernichtete Gesamttonnage betrug 41 334 BRT. Hinzu kam das Kanonenboot „Dundee" und die torpedierte „Broomparh", deren 5136 BRT lange Zeit nicht mehr eingesetzt werden konnten.

Auf seiner ersten Feindfahrt mit U 48 hatte Heinrich Bleichrodt sein besonderes Können als Kommandant unter Beweis gestellt.

Der Erfolg am HX 72 war groß gewesen. Dennoch sollte nur ein Monat vergehen, bis dieser gelungene Einsatz durch eine wirkliche Rudelschlacht weit in den Schatten gestellt werden würde. Es war jener U-Boot-Ansatz, der als „Nacht der langen Messer" in die U-Boot-Geschichte einging.

Um diese Nacht der langen Messer, die große Rudelschlacht, schildern zu können, muß zunächst noch jenes Ereignis dargestellt werden, das diesen Ansatz eines starken U-Boot-Rudels ermöglichte.

Der Oktober 1940 sollte mit dieser Rudelschlacht einer der bemerkenswertesten Monate der beinahe vier Jahre währenden Schlacht im Atlantik werden.

Das Duell am SC 7
Die Nacht der langen Messer

Nach einer kurzen Ausrüstung und einem Urlaub der Besatzung lief U 48 zum Ende der ersten Oktoberwoche am 6. Oktober zu seiner neuen Feindfahrt aus Lorient aus. Es war die zweite von Kapitänleutnant Bleichrodt, der sich gut in die Mannschaft eingelebt hatte und nicht zuletzt dank der hervorragenden Besatzung in der Lage war, einen „Vaddi" Schultze zu ersetzen.

Als das Boot losgemacht hatte, grüßte der Kommandant noch einmal zu den auf der Pier stehenden Kameraden hinüber, dann wandte er sich nach vorn, wie es seine Art war und blickte sich nicht mehr um. Drei Tage vorher waren bereits U 58 und U 59 ausgelaufen, am 8. Oktober folgte U 138 nach.

In schneller Fahrt schnürte U 48 durch die gefährliche Biskaya. Das Probetauchen verlief zur Zufriedenheit des LI und des Kommandanten. Eine kleine undichte Stelle am Turm konnte mit Bordmitteln behoben werden.

Ein Teil des Marsches durch die Biskaya wurde getaucht zurückgelegt. Sie kamen gut durch, wenn sie auch mehrfach von Landflugzeugen und von Sunderland-Flugbooten unter Wasser gedrückt und zweimal gebombt worden waren, wobei es einige Schäden gegeben hatte, die aber ebenfalls repariert werden konnten.

Am 9. Oktober nahm der Funkraum einen FT-Kurzspruch von U 58 unter Kapitänleutnant Schonder auf, der einen britischen Dampfer versenkt hatte. Der Obersteuermann sah auf der Karte nach und stellte fest, daß dieses Boot vor ihnen, aber bedeutend weiter südlich operierte.

Das Boot erreichte am nächsten Tag das Operationsgebiet; abermals wurde ein FT-Spruch aufgefangen. Dieser kam von Fregattenkapitän Viktor Schütze, der mit U 103 in der vergangenen Nacht direkt vor ihnen, aber auch weiter südlich stehend, zwei Dampfer versenkt hatte.

„Wir sind auf der richtigen Fährte, Herr Kaleunt", meinte der Bootsmannsmaat der Wache, als Bleichrodt ihnen den Spruch vorlas. „Wir werden bald etwas vor die Rohre bekommen, und dann nichts wie ran."

„Hoffentlich", entgegnete der Kommandant und suchte die See in der Fahrtrichtung ab.

Wenig später fingen sie auch die neuen Erfolgsmeldungen ab. Einmal war Schütze wieder dabei, und dann meldete sich auch Moehle, der U 123 führte. Er hatte die „Graigwen", die am Tage vorher von U 103 torpediert worden war, gestellt und versenkt.

„Hundertprozentiger Ausguck, Männer!" schärfte Bleichrodt den Brückenwächtern ein. „Wir sind jetzt dicht dran."

Acht Stunden darauf sichtete die Turmwache Rauchwolken. Der Kommandant wurde auf den Turm gebeten, und als Bleichrodt oben erschien, waren bereits die Aufbauten der vorderen Kolonne herausgekommen.

„Boot setzt sich nach Süden ab und dreht auf Geleitzugkurs ein!" befahl Bleichrodt.

Das Boot hängte sich am Rande der Sichtweite an. Es wurde durch den von achtern nach vorn laufenden und dabei weit nach Süden ausholenden „Feger", der die achtere Sicherung zu übernehmen hatte, noch weiter abgedrängt, aber zum Glück nicht gesichtet.

Als es dämmerte, glitt U 48 näher heran. Und um 21.15 Uhr gab Bleichrodt den Befehl: „Auf Gefechtsstationen! Boot greift den Geleitzug an!" Es wurde ein Überwasserangriff gefahren, denn inzwischen war es stockdunkel geworden. Der Mond war hinter dicken Wolkenballen verborgen. Die See ging mit Stärke 8 und stand im Rücken. Der Wind hatte Stärke 9 erreicht. Sie schoben das Boot schnell nach vorn, und als es herandrehte, war die UZO bereits auf der Zielsäule, die mit der Rechenanlage verbunden war, aufgesetzt; der Torpedowaffen-Offizier stand dahinter und suchte die Schiffe heraus.

„Da fährt ein Tanker in der zweiten Kolonne!" rief der Kommandant dem TWO zu. „Ich bringe uns näher heran!"

Das Boot glitt dichter zu der Kolonne der Fahrzeuge hinüber. Der TWO hatte den Tanker ebenfalls entdeckt. „Der hat mindestens 8000 Tonnen, Herr Kaleunt", meinte er. Bleichrodt nickte.

„Nehmen Sie auch den schräg dahinter versetzt laufenden Dampfer, der sieht noch größer aus, und den davor laufenden Eimer von geschätzten 5000 Tonnen!"

Das Boot glitt heran. Die Einzelschüsse wurden vorbereitet. Der Befehl zum Schuß des ersten Torpedos fiel um 21.50 Uhr des 11. Oktober. Der Torpedo lief vorschriftsmäßig in Richtung auf den Dampfer. Die feuerlohende Treffersäule stieg an dem Dampfer empor. Als Bleichrodt mit einer kleinen Ruderkorrektur noch näher an den Tanker herangehen wollte, zackte dieser weg, um den mit der Fahrt heruntergegangenen vor ihm liegenden torpedierten Dampfer zu umlaufen.

„Noch nicht schießen, Eins-WO!" Sie liefen wieder in die günstige Schußposition zum Tanker, und während hinter ihnen der brennende Dampfer liegenblieb und seinen Notruf tastete, während Leuchtraketen aufstiegen und rote Flammenbündel U-Boot-Gefahr anzeigten, schnürte das Boot noch dichter an den Tanker heran. Um 22.09 Uhr wurde der zweite und dritte Aal auf die Strecke geschickt. Beide trafen, und nach der „Brandanger", einem norwegischen Motorschiff von 4624 BRT, begann auch die mit 8390 BRT fast doppelt so große „Port Gisborne", ein britisches Motorschiff, um Hilfe zu rufen. Die beiden Torpedos hatten sie mittschiffs und 30 achtern getroffen. Der Tanker wurde nicht getroffen.

„Zerstörer von Backbord. Kommt rasch auf!" meldete der Backbordausguck. Es wirbelte Kapitänleutnant Bleichrodt herum, er sah den weißgischtenden Schnauzbart am Bug des schnell laufenden Bootes, das nun Leuchtgranaten schoß, die aber mindestens eine halbe Meile vor dem Boot vorbeizischten.

„Beide kleine Fahrt!" befahl Bleichrodt. „Zehn Grad Steuerbord!" – „Zehn Grad Steuerbord", wiederholte der Gefechtsrudergänger aus dem Turm.

Sie glitten leicht zur Seite, und an ihnen vorbei stieß der Zerstörer ins Leere, noch immer Leuchtgranaten schießend.

Eine Stunde später lief U 48 abermals an den Geleitzug heran. Diesmal war der Tanker an der Reihe. Sie gewannen bis Mitternacht den zum Schuß notwendigen Vorlauf, drehten ein und machten einen schulmäßigen Angriff. Der Torpedo lief um 0.14 Uhr, und nach 97 Sekunden stieß an dem Tanker die Einschlagpinie empor. Der Tanker begann sofort zu brennen. Auch sein Funker machte den Notruf: „Torpedoed by german submarine, help!"

Es war der norwegische Dampftanker „Davanger" mit 7102 BRT, der hier auf der See liegenblieb. U 48 hatte in dieser Nacht drei Schiffe mit insgesamt 20 116 BRT versenkt. Der HX 75 hatte diesen Aderlaß über sich ergehen lassen müssen.

Etwa zehn Minuten hatte Kapitänleutnant Bleichrodt Gelegenheit, den nun bereits über alles brennenden Tanker zu beobachten. Er bemerkte, daß der Tanker rasch absackte. Durch die sich im Innern des Tankers bildenden Gase wurden die Decksplanken aufgerissen, und Flammen stoben empor, um sich über dem Schiff zu vereinigen. Ein dichter und bereits eine Seemeile langer Ölteppich hatte sich gebildet, der ebenfalls in Brand geraten war. Zwei Geleitfahrzeuge bemühten sich um die in die Boote gegangene Besatzung. Ein drittes

Fahrzeug, als Zerstörer angesprochen, warf Schreckwasserbomben weiter abgesetzt, um die Boote nicht durch ihren Luftdruck zu gefährden. Dann drehte er auf einmal auf sie ein. Schneller und schneller werdend, jagte der Zerstörer mit weit aus dem Wasser emporragenden Steven auf sie zu. „Alarmtauchen!" befahl Bleichrodt.

Die Brückenwache purzelte in die Zentrale hinunter. Als letzter stieg der Kommandant ein und schlug das Luk dicht, um es sofort zu verriegeln. „Luk ist zu!" rief er in die Zentrale hinunter.

Der LI befahl zu fluten. Erst die beiden vorderen Tauchtanks, die dem Boot sofort die notwendige Vorlastigkeit gaben. Die Diesel liefen so lange mit, bis das Boot unterschnitt. Dann traten die E-Maschinen in Aktion, und ein Ruderbefehl ließ das Boot aus der Richtung hinausgelangen, in welche der Zerstörer lief.

Die ersten Wasserbomben hämmerten achtern an Backbord in die See. „Auf 100 Meter gehen!" befahl Bleichrodt.

Das Boot stieß tiefer hinunter und wurde dann eingependelt, als das Tiefenmanometer 100 Meter anzeigte.

„Schraubengeräusche näherkommend. Ein zweiter Zerstörer dreht von achtern kommend auf", meldete der Mann aus dem Horchraum.

Auf einmal erklang ein helles zirpendes Geräusch, das von Sekunde zu Sekunde lauter wurde.

„Der erste Zerstörer ortet mit Asdic, Herr Kaleunt." – „Hart Steuerbord!" befahl Bleichrodt. „Auf 120 Meter gehen!"

Das Boot drehte ab und verholte sich noch zwanzig Meter tiefer. Aber die ausgewanderten Geräusche der Zerstörerschrauben wanderten rasch wieder ein, und nun erschollen sie gleich doppelt: von achtern und von Backbord. Bleichrodt versuchte die beiden Zerstörer durch Schleichfahrt und rasch eingelegte Kurswechsel zu täuschen. Doch dann brach es über U 48 herein. Viermal in kurzen Abständen krachten Wasserbomben-Detonationen. Zweimal genau hinter dem Heck und danach jeweils ein Einzelschlag an Backbord und Steuerbord.

U 48 wurde tiefer hinuntergedrückt und vom LI auf 156 Meter abgefangen. Sekunden darauf warf auch der zweite Zerstörer, der offenbar die aufblasenden Wassersäulen überfahren und entsprechend weiter vorgehalten hatte. Die Druckwelle warf das Boot weiter hinunter und zur Seite. Bleichrodt spürte, wie sein Magen sich ruckartig hob.

„Boot hat zehn Grad Achterlastigkeit!" meldete der LI. Irgendwo rauschte Wasser, eine Preßluftleitung blies. Der Schrei eines Verletzten gellte durch das Boot. „Backbord-E-Maschine ausgefallen!" meldete der Elektro-Maschinenmaat.

Das Boot beschrieb einen Kreis und lief genau unter den Zerstörern her, deren Asdic durch die Detonationen ausgefallen war. Dröhnend laut wurden die Schraubengeräusche, als sie unter den beiden Zerstörern waren und in Schleichfahrt, nun auf 160 Meter eingependelt und wieder waagrecht liegend, passierten und zurückliefen.

Hämmern schallte von der Backbord-E-Maschine durch das Boot. „Ruhe, ihr braucht nicht beim Gegner anzuklopfen, der findet uns auch so!" sagte Bleichrodt gelassen.

„Backbord-E-Maschine wieder klar!" „Beide große Fahrt!"

Während nun beide Zerstörer warfen und die See dort, wo sie das deutsche U-Boot vermuteten, aufgewirbelt wurde, setzte sich U 48 weiter und weiter nach Südsüdwesten ab. Die Klarmeldungen gingen nacheinander in der Zentrale ein. Der Kommandant ließ auf 120 Meter zurückgehen, und gehorsam hob sich das Boot, als die Tauchzellen durch Preßluft entsprechend ausgeblasen wurden, bis das Boot die befohlene Höhe erreicht hatte.

„Das war aber eine scharfe Rasur", meinte der Zentralemaat, der die Zahl der geworfenen Wasserbomben auf einer Tafel durch Kreidestriche markiert hatte.

Als das Boot nach dreistündiger Waboverfolgung auftauchte und in Sehrohrhöhe eingependelt wurde, nahm Heinrich Bleichrodt zuerst den obligatorischen Rundblick. Doch die See war leer. Der Konvoi HX 75 war weg, aber sie hatten sich zum Auftakt ihrer Feindfahrt einen anständigen Happen herausgeschossen.

Bleichrodt ließ den FT-Spruch an den B.d.U. machen: „Aus Geleitzug, ostgehend mit starker Bewachung, herausgeschossen zwei Dampfer und einen Tanker. Insgesamt 20116 BRT. Planquadrat AL 0378 und AL 0381. Waboverfolgung, Bleichrodt."

Die Antwort des B.d.U., die zehn Minuten später einging, lautete: „Gut gepaukt! Weiter so. Sie liegen auf einer guten Verkehrsader."

Daß dies so war, konnte U 48 in den nächsten beiden Tagen nicht behaupten. Zwar nahm der Funkraum einige Erfolgsmeldungen von Schütze, Korth und Wolfgang Lüth auf, die jedoch alle westlich von U 48 zum Schuß gekommen waren. Vor dem Boot, das mit langsamer Marschfahrt nach Westen lief, war nichts zu sehen. Als U 103 am Abend des 15. Oktober abermals einen Erfolg meldete, meinte der Bootsmannsmaat der Wache: „Der ist offensichtlich Schwerterverdächtig!" Viktor Schütze, Kommandant dieses Bootes, hatte bereits am 14. Juli 1941 als 23. deutscher Soldat das Eichenlaub zum Ritterkreuz erhalten, und es sah ganz so aus, als würde der „Dicke", wie er insgeheim genannt wurde, auch noch mehr erreichen.

Als am frühen Morgen des 16. Oktober in AL 2876 U 124 unter Wilhelm Schulz die Versenkung des Dampfers „Thistlegarth" meldete, schöpfte auch die Besatzung von U 48 wieder neue Hoffnung, daß es bald zum Schießen kommen werde. Diese Hoffnung sollte sie nicht getrogen haben, denn noch am späten Nachmittag des 16. Oktober sichtete die Brückenwache herauskommende Mastspitzen. Als Heinrich Bleichrodt auf den Turm enterte, waren bereits die Aufbauten eines Konvois zu erkennen. Rauchsäulen standen in Masse über der Biegung der See. „Geleitzug, Herr Kaleunt!"

„Zehn Grad nach Backbord!" befahl Bleichrodt, damit der Konvoi und die davor laufenden Feger sie nicht sichten konnten. Langsam glitt das Boot aus dem Gegenkurs heraus und wurde dann rechtzeitig wieder eingedreht.

Inzwischen war der Konvoi ganz herausgekommen. Bleichrodt ließ einen FT-Spruch an den B.d.U. absetzen: „Konvoi gesichtet. Dreißig Schiffe westlich von Rockall Bank im Quadrat AL 3380. Noch keine Sicherung aus Osten."

Unmittelbar darauf ging der Antwortspruch des B.d.U. ein: „U 48 dranbleiben und Peilzeichen geben. U 46, U 99, U 100, U 101 und U 123 auf den Konvoi operieren."

Kurz darauf wurden von der Brückenwache noch vier Nachzügler gesichtet und dann auch die soeben aus England kommenden Einheiten der dem Konvoi entgegengeschickten Sicherung gemeldet. Es waren die Sloops „Scarborough" und „Fowey" und die Korvette „Bluebell".

Die ganze Nacht knüppelte U 48 neben dem nach England gehenden Geleitzug SC 7 (Sydney/Neuschottland – England) her. Das Boot wurde zweimal abgedrängt, ehe es am Morgen des 17. Oktober die richtige Angriffsposition erreichte.

„Auf Gefechtsstationen! – Boot greift den Konvoi an." Das Boot glitt in der Finsternis nach innen herum, und alle vier Rohre waren zum Schuß bereit. Zwei Torpedos waren für den großen Tanker ausersehen, der in der südlichen Kolonne lief und ein gutes Ziel abgab. Jeweils einen Schuß wollte Bleichrodt auf einen Frachter von geschätzten 6000 Tonnen und einen weiteren von geschätzten 5000 Tonnen schießen.

„Hartlage!" meldete wieder einmal der Zielgeber. Noch etwas näher ließ der Kommandant das Boot herangehen, dann hob der TWO die Hand zum Zeichen, daß er schießen würde.

„Rohre I bis IV – lllos!" – „Torpedos laufen!" meldete der Maat im Bugraum. Nach 87 Sekunden Laufzeit stoben die ersten beiden Treffer an dem Tanker empor. Vier Sekunden später dröhnte die dritte Torpedodetonation und abermals neun Sekunden darauf eine vierte.

„Alle vier Torpedos Treffer!" berichtete der Kommandant ins Boot. „Tanker stoppt! – Er brennt mittschiffs und achtern!"

Langsam glitt U 48 aus dem gelaufenen Kurs nach Süden heraus, als eine Sloop auf das Boot zulief. Doch die Sloop drehte wieder ab und begab sich zu jener Stelle, wo der zweite

Dampfer gestoppt liegengeblieben war und rote Signalraketen schoß.

„Tanker heißt ‚Languedoc'. Er hat nach dem Lloyds-Register 9512 BRT. – Dampfer ‚Scoresby' macht ebenfalls Notruf. Er ist 3843 BRT groß."

„Was ist mit dem dritten Dampfer?" fragte Bleichrodt. „Nichts zu hören", meldete der Funkraum zurück. „Wir haben ihn getroffen, das ist sicher, aber vielleicht buddelt er doch nicht ab."

„Flugzeug von vorn!" meldete der Bootsmannsmaat der Wache.

Heinrich Bleichrodt riß das Fernglas hoch und spähte hindurch. Trotz der Düsternis des frühen Morgens konnte er Sekunden später den mächtigen Rumpf einer sich nähernden Sunderland sehen.

„Steuerbord 20!" Das Boot drehte, und der Kommandant sah, daß das Flugboot mitdrehte. „Es hat uns gesichtet. Alarmtauchen!"

Rasch glitt U 48 in die Tiefe der See hinunter. Hinter ihnen dröhnten die Bombenabwürfe des Flugbootes. „Auf siebzig Meter gehen!" befahl der Kommandant.

Das Boot stieß tiefer hinunter und lief dann parallel zum vermeintlichen Geleitzugkurs mit AK der E-Maschinen weiter, um sobald wie möglich wieder zum Schuß zu kommen.

Im Bugraum arbeiteten die Mixer wie wild, um die Rohre nachzuladen. Dies war mit den Handflaschenzügen und per Muskelkraft kein leichtes Schaffen, aber nach eineinhalb Stunden waren die Rohre wieder nachgeladen, und Bleichrodt ließ auf Sehrohrtiefe auftauchen.

Alles war leer. Auch der Himmel schien leer zu sein, wie ein Rundblick durch das Luftzielsehrohr zeigte. „Wache sich im Turm bereithalten. Auftauchen!"

„Boot ist durch!" meldete der LI. Schon riß Bleichrodt das Turmluk auf. Eiskalt blies ihm die Morgenluft ins Gesicht. Er enterte auf den Turm und sichtete an Backbord querab einen sich schnell nähernden dunklen Punkt am

Himmel, der größer und größer wurde und Flugzeuggestalt annahm.

„Alarmtauchen!" Die Brückenwache enterte wieder in die Zentrale ab, und Bleichrodt drehte das Turmluk dicht. Die geworfenen Bomben erreichten das Boot zwar nicht, aber sie hatten ein erneutes Tauchen von U 48 erzwungen.

Unmittelbar, nachdem die Anwesenheit deutscher U-Boote am Konvoi SC 7 feststand, hatte der Geleitzug-Commander Allen U-Boot-Gefahr gemeldet, und London befahl ihm eine Ausweichbewegung nach Nordosten.

Vier Stunden nach U 48 war auch U 38 unter Kapitänleutnant Liebe auf den SC 7 zum Schuß gekommen und hatte einen griechischen Dampfer, der im Konvoi lief, versenkt. Er kam in den ersten Morgenstunden des 18. Oktober zum zweitenmal zum Schuß und torpedierte die 3670 BRT große „Carsbreck". Er gab Peilzeichen, die jedoch nicht gehört wurden.

Von der Operationsabteilung des B.d.U. wurde U 48 gerufen und um die Abgabe von Peilzeichen gebeten, doch das Boot antwortete nicht und mußte Stunden später, als es aufgetaucht war, melden, daß es die Fühlung am Geleitzug verloren hatte. Es warnte den B.d.U. und die übrigen Kommandanten vor den Flugbooten, die offenbar in Massen über dem Geleitzug flogen.

Admiral Dönitz ließ nunmehr die Boote einen weit nach Osten verlegten senkrechten Vorpostenstreifen aufbauen. Dieser mußte deshalb so weit ostwärts vom letzten Standort des Geleitzuges aufgebaut werden, damit die U-Boote alle rechtzeitig herankamen. Vor allem sollte dieser Streifen mit Sicherheit vor dem ostwärts gehenden Konvoi liegen, und zwar so, daß die Boote ihn am Morgen des 18. Oktober in Sicht bekommen mußten.

Diese Kalkulation von Admiral Dönitz ging auf. Bereits am frühen Vormittag des 18. Oktober hatten alle Boote den befohlenen Standort erreicht und hielten nach dem Konvoi Ausschau.

Lediglich U 48, das aufgetaucht war und sich wieder nach

vorn geschoben hatte, lief auf der Steuerbordflanke des Konvois mit und gab zweimal Peilzeichen und Standortangabe. Es war 9.30 Uhr, als es tauchte und sich zum Angriff auf den Geleitzug bereitmachte.

„An Torpedowaffe: Rohr I klar zum Unterwasserschuß!" kam der Befehl des Kommandanten, nachdem er wieder einmal das Sehrohr hatte ausfahren lassen und sah, daß sie sehr günstig standen.

„Rohre bewässert, Mündungsklappe auf!" meldete der Torpedomaat.

Näher und näher schnürte U 48 heran, dann kam der Befehl zum Schuß.

Der Torpedo lief seinem Ziel entgegen. Das Sehrohr kam für einige Sekunden weit heraus, dann aber hatte der LI das vorn hochgehende Boot wieder in der Gewalt.

Nach Ablauf der Laufzeit brandete an dem britischen Dampfer „Sandsend", der offenbar vom SC 7 abgehängt worden war, die Torpedodetonation auf.

Zehn Minuten später war dieses nur 3612 BRT große Schiff von der Wasseroberfläche verschwunden.

Erst am Abend dieses Tages lief der SC 7 in den Vorpostenstreifen der deutschen U-Boote hinein. Als erster kam Kapitänleutnant Moehle zum Schuß. Der Torpedo lief um 20.20 Uhr und gab das „Auftaktsignal" für alle anderen Boote des Vorpostenstreifens, nunmehr ebenfalls anzugreifen.

Der britische Dampfer „Beatus" mit 4885 BRT ging auf 57.31 Grad Nord und 13.10 Grad West auf Tiefe.

Genau 50 Minuten darauf kam auch U 46 unter Kapitänleutnant Engelbert Endraß zum Schuß. Er schoß auf drei Schiffe, die sich außerhalb der Sicherung befanden. Fast gleichzeitig mit U 46 hatte auch U 101 unter Kapitänleutnant Frauenheim diese Schiffe erreicht und schoß wenig später. Als Ergebnis dieser beiden Angriffe war lediglich der schwedische kleine Dampfer „Convallaria" gesunken. Die „Shekatika", die von Frauenheim torpediert worden war, schwamm noch und wurde zweieinhalb Stunden darauf von U 100 unter Joachim Schepke noch einmal getroffen. Aber auch nach diesem zweiten Torpedo sank das Schiff nicht. Erst nach dem Torpedo von U 123, das von Moehle dicht herangeführt wurde, sank das 5458 BRT große Schiff. Des Rätsels Lösung bot schließlich die Ladung, als das Schiff auseinanderbrach. Sie erwies sich als Holz. Auf dieser Ladung schwamm die „Shekatika" weiter.

In der Zwischenzeit waren die Schiffe des Konvois alle im Vorpostenstreifen und wurden von allen Seiten angegriffen. U 99 unter Kapitänleutnant Kretschmer schob sich mitten in den Geleitzug hinein und schoß beinahe gleichzeitig mit U 100 und U 101. Die drei Geleitschiffe waren nicht in der Lage, diese Menge an grauen Wölfen zu beherrschen. Sie liefen von einer Torpedierungsstelle zur anderen, ohne etwas ausrichten zu können. Das Wolfsrudel hatte den Geleitzug umstellt.

Möhle mit U 123 kam in den ersten Morgenstunden des 19. Oktober ebenfalls zum Schuß, und dann wechselten sie einander ab: Schepke, Kretschmer, Frauenheim, Moehle und wieder Schepke, Kretschmer und Moehle. Und bis zum Morgen des 19. Oktober hatte der Geleitzug SC 7 17 Schiffe verloren. Drei weitere waren mit Sicherheit von Torpedos getroffen worden. Insgesamt waren 33 Schiffe beschossen worden.

Am Morgen des 19. Oktober traten dann U 99, U 101 und U 123 verschossen den Rückmarsch an. Alle anderen Boote blieben in diesem Jagdgebiet, und noch am selben Morgen sichtete U 47 unter Kapitänleutnant Günther Prien während seines Marsches ins Operationsgebiet westlich der Rockall-Bank einen weiteren Geleitzug. Es war der nach England marschierende HX 79.

Die Ocean Escort dieses wichtigen Konvois war durch das vorzeitige Abdrehen der beiden Hilfskreuzer „Montclare" und „Alaunia" geschwächt. Ihre neue Escort Group war erst nachdem sie den in Richtung Westen laufenden Geleitzug OB 229 entlassen hatte, am Vormittag des 19. Oktober herangekommen. Es war eine Escort Group, von der die Briten sagten, daß sie maximal wirksam gegen die deutschen U-Boote sein würde. Sie bestand aus dem Zerstörer „Whitehall" unter dem hochbewährten Lieutenant-Commander Russell und dem Zerstörer „Sturdy" sowie dem Minensucher „Jason", den Korvetten „Hibiscus", „Heliotrope", „Coreopsis" und „Arabis" sowie den drei Trawlern „Lady Elsa", „Blackfly" und „Angle". Das U-Boot O 21 gehörte ebenfalls dazu.

Der Konvoi bestand aus 49 Schiffen, die bis unter die Lukendeckel mit Waren für England vollgepackt waren. Er war in Halifax ankerauf gegangen und hoffte nunmehr, mit dieser Sicherung und nach dem Schlag, den die deutschen U-Boote gegen den SC 7 geführt hatten, freie Bahn zu haben. Doch darin sollten sie sich getäuscht haben.

U 47 war nach nur 17 Tagen Liegezeit und Neuausrüstung am 12. Oktober 1940 ausgelaufen. Das Boot hatte auf einen am 16. Oktober von U 93, Kapitänleutnant Korth, gemeldeten Konvoi operiert, der sich als OB 228 herausstellte. Da aber Korth die Fühlung an diesem Geleit verloren hatte, konnte er auch Priens Bitte um Peilzeichen nicht erfüllen, und so mußte auch U 47 diese Jagd abblasen.

Als dann U 48 den SC 7 gesichtet und gemeldet hatte, hoffte Prien mit seinem U 47 auf der achten Feindfahrt wieder zum Schuß zu kommen. Das Boot lief mit Höchstfahrt dem Schauplatz der großen Rudelschlacht entgegen. Auf dem Turm hörten die Brückenwächter bereits die Detonationen der an den Schiffen hochgehenden Torpedos.

Als dann einige Geleitfahrzeuge an den Geleitzug heranschlossen, mußte U 47 auf Tauchstation gehen. Das Boot versuchte heranzukommen, wurde noch einmal in den Keller gezwungen, und als es am Morgen des 19. Oktober auftauchte, hatte es die Fühlung verloren.

Als U 47 am Abend des 19. Oktober auftauchte, war zwar der SC 7 weg, aber wenig später sichtete der I. Wachoffizier einen weiteren Konvoi, dessen Größe sich erst nach und nach herausstellte.

„Meldung an den B.d.U.: Im Planquadrat AL 0372 gesichtet Konvoi von mindestens 40 Schiffen. Starke Bewachung. Ich bleibe dran und gebe Peilzeichen nach Anforderung."

Admiral Dönitz setzte auf diesen neuen Konvoi noch U 46, U 48 und U 100 an. Diese Boote hatten zwar am Geleitzugkampf in den vergangenen beiden Nächten teilgenommen, verfügten aber noch über Torpedos. Außerdem beorderte er U 38 unter Kapitänleutnant Liebe und U 28 unter Kapitänleutnant Kuhnke zum Angriff gegen den neuen Konvoi, der die Bezeichnung HX 79 trug. Allerdings stand U 28 so weit ab, daß es fraglich schien, ob es überhaupt heranschließen konnte.

Am Abend das 19. Oktober hatte U 47 Anschluß an diesen neuen Geleitzug gefunden und gab einige Male Peilzeichen für die übrigen Boote. Dann hatte es den Vorlauf für den Angriff auf diesen Konvoi erhalten und drehte ein. Unmittelbar nachdem Prien „Auf Gefechtsstationen!" befohlen hatte, gingen auf der anderen Flanke des Geleitzuges zwei masthohe Torpedodetonationen hoch, und dann trug ihnen der Wind die beiden Einschläge zu.

„Da rakt schon einer, Herr Kaleunt", meinte der neue III. WO auf U 47, Oberleutnant z.S. Stephan.

Es war U 38 unter Kapitänleutnant Liebe, das mit zwei Einzelschüssen um 22.13 und 22.19 Uhr die beiden ersten Dampfer aus dem HX 79 herausschoß. Es waren dies die 7653 BRT große „Matheran" und der britische Dampfer „Uganda" mit 4966 BRT.

An Backbord tauchten Dampferschatten aus der Nacht, und Prien ließ alle Rohre zum Überwasserschuß klar machen. Der TWO, Oberleutnant von Varendorff, visierte jene Dampfer an, die ihm der Kommandant ansagte.

Um 22.27 Uhr fiel der erste Einzelschuß. Er galt dem Dampfer „Bilderdijk", der nach dem Torpedotreffer gestoppt liegenblieb und rasch Schlagseite bekam. Sein Funker setzte einen Notruf ab, aus dem der Name erkenntlich war. Im Lloyds-Register war dieser Dampfer mit 6856 BRT verzeichnet.

„Jetzt den Tanker, Varendorff!" wies Prien seinen TWO an. Er selbst gab noch eine Ruderkorrektur in den Turm hinein. U 47 erreichte die günstigste Schußposition. Der Zielgeber hatte schon seit geraumer Zeit „Hartlage" angezeigt. Dann fiel um 23.31 Uhr der Schuß. Er traf den Motortanker „Shirak" mit 6023 BRT. Dieser Tanker sank jedoch nicht, wie Prien zunächst angenommen hatte. Er blieb weiter und weiter hinter dem Geleitzug zurück und wurde schließlich am frühen Morgen des 20. Oktober von der Brückenwache von U 48 gesichtet und durch einen Torpedo-Fangschuß versenkt. Damit hatte U 48 die „Shirak" endgültig versenkt. Diese Tonnage kam auf das Konto von Bleichrodts Boot, auch wenn Prien den Tanker vorher waidwund geschossen hatte.

An den Geleitzug kam indes U 48 nicht mehr heran, sosehr das Boot auch vom Kommandanten nach vorn getrieben wurde, um die letzten beiden Torpedos loszuwerden.

U 47 hatte in der Zwischenzeit um 23.46 Uhr den britischen Dampfer „Wandby" mit 4947 BRT versenkt, und noch in derselben Minute und eine Minute danach erreichten die Torpedos von U 46 die Ziele, von denen einer allerdings ebenfalls auf die „Wandby" geschossen worden war. Der zweite vernichtete den britischen Dampfer „Ruperra" mit 4548 BRT.

U 47 kam noch viermal zum Schuß. Seinen Torpedos fielen weitere zwei Dampfer zum Opfer. Der dritte war der britische Tanker „Athelmonarch", der mit 8995 BRT ein anständiger Brocken war. Er wurde zwar ebenfalls schwer getroffen, konnte aber nach drei Stunden wieder mit eigener Kraft weiterlaufen und wurde schließlich eingeschleppt.

Mit Schepke war wieder eines der Asse dabei. Er versenkte aus dem HX 79 drei Dampfer mit insgesamt 19 900 BRT. Zwei dieser versenkten Dampfer waren Tanker.

Insgesamt wurden aus dem HX 79 12 Schiffe mit 71 069 BRT versenkt und drei Schiffe torpediert. Allerdings waren zwei der drei torpedierten Schiffe später gesunken. Nur die „Athelmonarch" kam durch.

(Siehe Anlage: Versenkungslisten der Konvois SC 7 und HX 79).

Als der Geleitzug zu nahe an die Heimatsicherung herangekommen war und die U-Boote ständig unter Wasser gedrückt wurden, brach der B.d.U. diese ebenfalls erfolgreiche Operation ab und ließ die noch mit Treibstoff und Torpedos versehenen Boote eine neue Suchlinie weiter im Westen einnehmen. U 48 und U 47 traten den Rückmarsch an. Dann wurden auch U 100 und U 99 zurückbeordert, nachdem sie verschossen gemeldet hatten.

Am 27. Oktober 1940 erreichte U 48 nach einer kurzen Feindfahrt den heimatlichen Stützpunkt. Am ausgefahrenen Sehrohr flatterten sieben Versenkungswimpel. Ein achtes Schiff war torpediert worden. Die versenkte Gesamttonnage dieser Feindfahrt belief sich auf 43 106 BRT.

Admiral Dönitz beglückwünschte auch U 48 zu seinem besonderen Erfolg. Günther Prien hatte nach seiner letzten Erfolgsmeldung noch am 20. Oktober einen Funkspruch erhalten:

„Kapitänleutnant Günther Prien wird als fünftem Soldaten der Deutschen Wehrmacht und als erstem Kommandanten der U-Boot-Waffe das Eichenlaub zum Ritterkreuz des Eisernen Kreuzes verliehen – – Adolf Hitler." Und der B.d.U. hatte noch einen Satz angehängt: „Gut gepaukt, bravo U 47! Gratulation, Prien!"

Nur wenige Tage später, am 4. November 1940, erhielt auch Kapitänleutnant Otto Kretschmer als 6. deutscher Soldat das Eichenlaub zum Ritterkreuz, und am 1. Dezember war Joachim Schepke damit an der Reihe.

Das waren stolze Erfolge für die deutsche U-Boot-Waffe, und auch U 48 erhielt für seine schneidigen Einsätze eine Reihe Auszeichnungen.

In sein Kriegstagebuch aber schrieb der Befehlshaber der deutschen U-Boote: „Innerhalb von drei Tagen wurden fast ausschließlich in Nachtangriffen von acht U-Booten aus drei Geleitzügen insgesamt 38 Schiffe vernichtet. Bei diesen Kämpfen ging kein U-Boot verloren. Aus diesen Erkenntnissen zog ich in meinem KTB die folgenden Schlüsse:

1. Die Operationen beweisen, daß das seit 1935 der Entwick-

lung der U-Boot-Taktik und der Ausbildung zugrunde gelegte Prinzip richtig ist, der Konzentration der feindlichen Schiffe in Geleitzügen eine Konzentration der U-Boot-Angriffe entgegenzusetzen. Diese Konzentration wurde ermöglicht durch die Entwicklung der Nachrichtenmittel seit dem Weltkriege.

2. Die Durchführung derartiger Angriffsoperationen ist nur möglich mit gründlich hierfür geschulten Kommandanten und Besatzungen. Hieraus ergibt sich die Notwendigkeit einer umfangreichen und langen Ausbildung, die in weiten Seeräumen erfolgen muß. Diese Ausbildung wäre nicht möglich, wenn uns nicht die Ostsee frei von Feindeinwirkungen zur Verfügung stünde.

3. Die Durchführung solcher Operationen ist nur möglich, wenn die erforderlichen Bootszahlen im Operationsgebiet stehen. Das war im bisherigen Verlauf des Krieges nur zeitweise der Fall.

4. Die Möglichkeit solcher Operationen wird sich um so häufiger ergeben, je mehr Boote im Operationsgebiet stehen und je größer die Wahrscheinlichkeit ist, mit mehr Augen, das heißt mehr Booten, mehr Geleitzüge zu erfassen.

5. Mehr Boote bedeutet ferner, daß nicht nach solchen Angriffen die Zufuhrwege nach England zunächst frei werden, weil, wie heute, fast alle Boote nach Aufbrauch der Torpedos zunächst in die Stützpunkte zurückkehren müssen.

6. Erfolge wie bei den geschilderten Operationen können nicht immer erwartet werden; Nebel, schweres Wetter und andere Verhältnisse können zeitweise die Erfolgsaussichten völlig zunichte machen.

Ausschlaggebend aber wird immer das Können der Kommandanten sein."

Und Großadmiral a. D. Karl Dönitz nannte sie alle, die in dieser Phase des Kampfes im Atlantik ihr Können unter Beweis gestellt hatten: Die Prien und Herbert Schultze, Kretschmer, Schepke und Bleichrodt, Endraß, Liebe und Lüth, Frauenheim, Wohlfahrt, Oehrn und Jenisch und noch eine Reihe weiterer, die erst in den folgenden Monaten auftrumpften und in den Rudelschlachten der langen Schlacht im Atlantik angriffen und versenkten, wie der Große Löwe dies befahl.

Eines jedoch bliebe an dieser Stelle einzubringen: der Einsatz der Gegnerseite im Kampf gegen die „Wolfs packs" – die U-Boot-Rudel des Gegners. Auch sie und später nur sie waren in der Lage, eine schon fast verlorene Schlacht wieder aus dem Feuer zu reißen, als die Britische Admiralität mit Hochdruck an die Bekämpfung der deutschen U-Boote ging und nach und nach immer bessere Methoden und Waffen für die Einsätze der Geleitzerstörer, der Flugzeugträger-Gruppen und der Luftabwehr von deutschen U-Booten gefunden, entwickelt und an die Front gebracht wurden.

Britische U-Boot-Abwehr in der Entwicklung

Als die Nachricht „War declared" am Nachmittag des 3. September 1939 durch die Straßen der britischen Hauptstadt London fegte und die britischen und für England laufenden Handelsschiffe die Meldung der Rundfunkstation „Rugby" auffingen, daß „Total Germany" bestehe und aus Whitehall, dem Nervenzentrum des Royal Navy, auch die britische Kriegsflotte mit den gleichen zwei Worten in Alarmstimmung versetzt wurde, begann das große Ringen auf See. Es bestand in einem Duell der deutschen U-Boote gegen die englischen Handelsschiffe und deren Bewacher.

Am 4. September berief Winston Churchill, mit 65 Jahren wieder zum Ersten Lord der Britischen Admiralität gewählt, jenem Platz, den er vor 24 Jahren verlassen hatte, eine Sitzung nach Whitehall ein. Der Erste Seelord und Chef des Marinestabes, Admiral Sir A. Dudley P. R. Pound, führte den Vorsitz. Gekommen waren außerdem Admiral Sir Charles J. C. Little, der als Zweiter Seelord zugleich Personalchef der Navy war. Hinzu kamen Konteradmiral B. A. Fraser als Dritter Seelord, der für die wissenschaftliche Forschung im Schiffbau verantwortlich war, Vizeadmiral Sir Alexander R. M. Ramsay und die beiden Konteradmirale G. S. Arbuthnot und T. S. V. Philipps.

In diesem Board of Admiralty, der diesmal von Winston Churchill geleitet wurde, vereinbarten die für die britische Marine verantwortlichen Admirale, die Admiralität im Admiralty Arch zwischen Great George Street, St. James Park und Whitehall unterzubringen.

Der War Room, der eine Abmessung von sechs mal fünf Meter hatte, würde von nun an jener Ort sein, an dem das Schicksal des Empire bestimmt wurde.

Die erste Sitzung nach Kriegsbeginn sah neben den genannten Admiralen noch eine Reihe weiterer Herren. So Neville Chamberlain, M. C. R. Attlee, Lord Halifax und Arthur Greenwood.

An einer der Längswände hing eine Karte der „World of Mercantile Navigation". Die Handelsschiffahrt, das wußten alle in diesem Raum Anwesenden, war der entscheidende Faktor für die Versorgung von ganz England, ja Großbritannien. Die andere Karte, die den Atlantik zeigte, war für jene Operationen vorgesehen, die nun sicher einsetzen würden: die deutschen U-Boot-Angriffe gegen britische Handelsschiffe, ob sie nun einzeln oder im Konvoi fuhren.

Eines der Nebenzimmer beherbergte den Map-Room. Hier nahmen vier Offiziere der drei Teilstreitkräfte und des Sicherheitsdienstes jene Meldungen auf, die nicht nur von den britischen Land- und Luftstreitkräften, sondern auch von den Schiffen auf See und von den Flottenstützpunkten auf dem Weltmeer einliefen. In drei verschiedenen Fächern wurden hier die eingehenden Dokumente gesammelt. In einem für die einfachen geheimen, im zweiten für die streng geheimen und im dritten mit der Aufschrift „Für den König". Hier hingen auch jene Karten, in die mittels verschiedener Stecknadeln mit bunten Köpfen die in See stehenden Schiffe gekennzeichnet wurden. Aber auch ihre Gegner, die deutschen U-Boote, waren mit Nadeln vertreten, die blaue Köpfe aufwiesen.

In unmittelbarer Nähe dieser beiden Räume war die Telefonzentrale untergebracht. An den internen Selbstwählbetrieb waren die 14 wichtigsten Telefone angeschlossen.

Winston Churchill hatte sich ein separates Zimmer einrichten lassen, in das er sich jederzeit zurückziehen konnte. Von hier aus konnte er sich über eine direkte Leitung mit dem Präsidenten der USA, Roosevelt, ebenso unterhalten, wie er mit dem sowjetischen Diktator Josef Stalin Gespräche führen konnte.

Die erste Kriegsbesprechung in der Nacht zum 4. September 1939 galt den Fragen, ob Japan in der ersten Phase dieses Krieges noch neutral bleiben würde, und jener, ob das Geleitzugsystem wieder eingeführt werden sollte.

Man war der Überzeugung, daß Japan zumindest für die nächste Zeit neutral bleiben würde und daß das Geleitzugsystem unter allen Umständen wieder eingeführt werden mußte.

Darüber schrieb Winston Churchill in sein Tagebuch: „Das Geleitzugsystem ist nur als Schutz gegen die U-Boote gedacht. Fragen, welche die Angriffe deutscher Handelsstörer und großen Kriegsschiffe betreffen, werden im vorliegenden Dokument nicht behandelt."

Damit war der Erste Lord der Britischen Admiralität zu jenem Kriegsschauplatz gekommen, der in den folgenden Jahren zum Hauptkriegsschauplatz werden sollte: dem Atlantik.

Am nächsten Morgen wurde die konsequente Befolgung der Ergebnisse dieser Kriegssitzung in Angriff genommen. Es galt, die in bestimmten Richtungen zu ganz bestimmten Häfen laufenden Konvois zusammenzufassen, Geleitzug-Kommodore zu finden und zu ernennen und Geleitfahrzeuge der Navy für diese Aufgabe zu bestimmen.

Jedes Handelsschiff, das von nun an auslief oder von irgendeinem Überseehafen nach Großbritannien fuhr, mußte vom Anfang bis zum Ende seiner Fahrt von der Britischen Admiralität geführt werden. Vor allem mußte man so rasch wie möglich alle Handelsschiffe bewaffnen, denn das hatte Churchill durchgedrückt, daß alle Handelsschiffe auf jedes deutsche U-Boot, das ihnen vor die Rohre kam, zu schiessen und es zu vernichten hatten.

Die Bedienungsmannschaften für diese Schiffe mussten gefunden werden. Die Besorgung der Waffen war Sache des Trade Depots. Rauchbomben und Gasmasken kamen hinzu, und die Defensively Equipped Merchant Ship Section übernahm die Ausführung und Überwachung dieser Bewaffnung. Viele altgediente Reservisten der Navy wurden zu diesen Geschütz-Bedienungen eingezogen. 24 000 weitere Seeleute wurden für die Verteidigung der Handelsschiffe ausgebildet. Im Laufe des Krieges stieg ihre Zahl auf 150 000 Mann an. Die Geleitzugoperationen wurden von der Plans Division durchgeführt. Ihr Leiter arbeitete eng mit dem Joint Planning Committee zusammen. Die Operations Division wiederum war für den Einsatz aller Kriegsschiffe an den Geleitzügen verantwortlich, und im Operational Intelligence Center gab es eine besondere Abteilung für die U-Boot-Abwehr.

Im Submarine Tracking Room, in dem diese Spezialabteilung arbeitete, wurden die Bewegungen der U-Boote, der Geleitzüge und der Geleitfahrzeuge auf horizontal liegenden Karten mittels kleiner Modelle angezeigt, nach jeder eintreffenden Lagemeldung korrigiert und auf den neuesten Stand gebracht.

Daß dies nicht zum Schutz der Geleitzüge genügen würde, war allen Beteiligten klar. Deshalb wurden auch das Coastal Command und das Fighter Command der Royal Air Force eingebunden.

Sie standen Tag und Nacht mit dem Admiralty Submarine Tracking Room in Verbindung. Diese Schaltzentrale wurde von Lord Roger Winn, dem Lord of Appeal, geleitet und stand unter dem Kommando von Vizeadmiral Norman Denning.

In England war man in bezug auf die Abwehr deutscher U-Boote der Überzeugung, daß das Asdic-Gerät, das mit Vorrang in Geleitfahrzeuge, vor allem zuerst in die Zerstörer eingebaut wurde, jeden Angriff eines getaucht in die Nähe des anzugreifenden Schiffes geratenden U-Bootes würde melden können und daß damit der Angriff durch Wasserbombenwerfen verhindert und das angreifende Boot versenkt werden würde.

Dies hatte jedenfalls einer der dafür verantwortlichen Admirale bereits im Jahre 1937 gesagt: „Nie wieder wird es einem U-Boot gelingen, uns vor Probleme zu stellen, die wir 1917 zu bewältigen hatten."

Allerdings verfügte die Navy bei Ausbruch des Zweiten Weltkrieges lediglich über etwa 2000 Asdic-Geräte auf Schiffen aller Art. Nur 150 Zerstörer waren mit diesem Gerät ausgestattet, jene Einheiten, die allein hundertprozentig imstande waren, U-Boote zu orten *und* zu vernichten. Dies war von den kleinen Fischdampfern, den Sloops und Korvetten nicht zu sagen.

Was die Wasserbomben anlangte, die zu Beginn des Krieges in Gebrauch waren, so bestanden diese aus einfachen Blechzylindern mit einem Gewicht von 186 Kilogramm, von dem 179 Kilogramm auf den Sprengstoff entfielen. Diese Blechzylinder sanken mit einer Geschwindigkeit von 3 Metern in der Sekunde im Wasser unter, was den U-Booten auf größerer und größter Wassertiefe eine entscheidende Chance zum Entkommen gab; außerdem waren diese Wasserbomben nicht in der Lage, in größere Tiefen als sechzig Meter zu fallen. Doch sehr rasch wurden die Wasserbomben bedeutend verbessert bis hin zu Mehrfachwerfern, den Hedgehog-Geräten, die in der Lage waren, bis zu 24 Wasserbomben gleichzeitig als Fächer zu werfen, deren Einzelbomben mit verschiedenen Tiefeneinstellungen versehen waren.

Diese Wasserbomben konnten bei aufgetauchten Booten nicht angewandt werden, weil das Asdic-Gerät – als Echogerät – über Wasser nichts anzeigte, die ersten Radargeräte des Typs 284 bei Kriegsbeginn noch nicht ausgereift waren und erst viel später Kriegsschiffe mit Radar, den Augen durch Nacht und Dunkel, ausgerüstet waren.

Dem Coastal Command, dem ein Teil der Sicherungsaufgaben für ein- und auslaufende Konvois übertragen worden war, fehlte natürlich die Erfahrung in der Bekämpfung von aufgetaucht laufenden ebenso wie jene von getaucht fahrenden U-Booten. Es verfügte zu Kriegsbeginn über 200 Anson-Flugzeuge, die nur eine Reichweite von 500 Seemeilen und eine Geschwindigkeit von 190 km/h hatten. Dabei konnten sie nur zwei 50-Kilogramm-Bomben mitnehmen.

Allerdings wurde gleich in der ersten Phase des Kampfes gegen die deutschen U-Boote erkannt, daß gerade die Aufklärungsflugzeuge, die von Land aus starteten, den deutschen U-Booten gefährlich werden konnten. Diese Flugzeuge sichteten öfter U-Boote, die über die Nordroute den offenen Atlantik und damit ihr Einsatzgebiet zu erreichen suchten.

Winston Churchill befahl deshalb bereits im November 1939, daß Flugzeugangriffe auf deutsche U-Boote gleichrangig neben der Aufklärung des Seegebietes zu stehen hätten.

Churchill war wie einige Admirale der Überzeugung, daß es einem schnell anfliegenden Flugzeug leicht gelingen mußte, ein verhältnismäßig langsames U-Boot zu erreichen und zu versenken, bevor es in der Lage war, tief genug zu tauchen. Doch sehr bald stellte sich heraus, daß dies nicht der Fall war, und wo es einem Flugzeug gelang, eine Bombe dicht am tauchenden U-Boot zu plazieren, dort mußte die Besatzung feststellen, daß die eigenen Bomben in keiner Weise zur Versenkung eines solchen Objektes geeignet waren.

So errangen Flugzeuge erst am 30. Januar 1940 den ersten Erfolg gegen ein deutsches U-Boot, als eine ihrer Sunderlands im Zusammenwirken mit Geleitfahrzeugen U 55 versenkte.

Ein Gutes hatte jedoch die nur geringe Wirksamkeit der Fliegerbomben, denn wenn sie wirklich gefährliche Waffen gewesen wären, dann hätte die Royal Air Force bereits zu diesem Zeitpunkt mindestens vier eigene U-Boote versenkt, die sie für deutsche angesprochen und angegriffen hatte.

Erst im Frühjahr 1940 wurden die ersten Wasserbomben an die Air Force ausgegeben, und es dauerte noch zwölf geschlagene Monate, ehe eine für das Flugzeug konstruierte und zur U-Boot-Bekämpfung besser geeignete an die Front gelangte.

Was nun die Bewaffnung für die Handelsschiffe anlangte, so fehlte es vor allem an Flak, obgleich England bereits seit 1937 in der Schweiz eifrig 2-cm-Oerlikon-Fla-Waffen bestellt hatte. Es dauerte bis zum März 1941, bevor die Britische Admiralität 3434 Handelsschiffe mit U-Boot-Abwehrwaffen bestückt und 4431 weitere britische und alliierte Schiffe mit einer oder mehreren Flak zur Abwehr von Tieffliegerangriffen ausgerüstet hatte.

Der erste Geleitzug des Zweiten Weltkrieges verließ am 2. September 1939 Gibraltar, um nach Kapstadt zu marschieren. Sehr rasch folgten weitere. Sie liefen von Großbritannien nach den USA oder nach Freetown in Westafrika. Solche Schiffe, die mehr als 15 Knoten Fahrt machten, wurden ebenso von der Fahrt in Geleitzügen ausgeschlossen, wie jene, die unter 8 Knoten liefen. Dies bewirkte eine gleichmäßige Fahrstufe der Konvois. Die schnellen Einzelfahrer und die langsamen Kriecher mußten sich ihren Weg allein suchen, um nicht als Hemmschuh für den Konvoi zu gelten oder denselben als Hemmschuh betrachten zu müssen.

Da man zu Kriegsbeginn auf englischer Seite zuwenig Geleitfahrzeuge hatte, um die Konvois, deren Zahl beinahe täglich größer wurde, auf dem ganzen Weg vom Auslaufhafen bis zum Ziel zu begleiten, wurden diese von den Auslaufhäfen aus zunächst nur bis 200 Seemeilen nach Westen geleitet. Dies bedeutete, daß deutsche U-Boote nur in jenen Raum westlich dieser Höchstgrenze laufen mußten, um dort auf wehrlose Geleitzüge zu stoßen.

Von jenen für England wichtigen Überseehäfen wie Halifax, Gibraltar und Freetown aus wurden die nach England laufenden Geleitzüge auf den ersten 200–300 Seemeilen von schwachen Sicherungsverbänden geleitet. Von diesen Punkten aus stand den Geleitzügen dann nur ein Flugzeugträger oder ein Hilfskreuzer zur Verfügung. Lediglich jene Geleitzüge, in denen die Commonwealth-Truppen aus Kanada, Australien oder Neuseeland nach Europa oder Nordafrika transportiert wurden, waren sehr stark bewacht. Bis zum Jahresende 1939 war die gesamte 1. kan. ID auf diesem Wege nach Europa geschafft worden. Von Bombay aus liefen weitere Truppentransporter nach Europa aus und brachten die indischen Truppen heran. Australier und Neuseeländer wurden vor allem nach Afrika geschafft. Sie „reisten" auf den Luxuslinern „Queen Mary" und „Queen Elizabeth" über das Weltmeer und kamen sicher durch.

Anfang September 1939 befanden sich einige Tausende britischer Handelsschiffe auf See. Viele von ihnen liefen die nächstgelegenen Häfen an und erhielten von der Defence of Merchant Shipping ihre Instruktionen, soweit diese noch nicht in den mitgegebenen Befehlen fixiert waren. Die in diesen Befehlen erteilten Weisungen standen – dies sei hier erklärt – eindeutig im Widerspruch zum Londoner Protokoll von 1936 und zur Prisenordnung, nach welcher die deutschen Soldaten auf den U-Booten handelten. Die Prisenordnung, bereits zu Anfang dieses Reports über U 48 erklärt, war von den U-Booten strikt befolgt worden, auch wenn es sich dabei oftmals um Fallen handelte, die für die U-Boote eine drohende Versenkungsgefahr darstellten. Erst lange nach der Erkenntnis, daß die britischen Handelsschiffe bewaffnet waren und von diesen Waffen Gebrauch machten, wurde dieser verbindliche Befehl für die U-Boot-Waffe aufgehoben.

Als britische Gegenmaßnahme gegen deutsche U-Boote *und* als Angriffsmaßnahme zur Blockade Deutschlands gehörten die englischen U-Boote zu jenen Waffen, die zusammen mit der Home Fleet und anderen Navy-Verbänden eingesetzt wurden.

Am 3. September, dem Tage der Kriegserklärung der britischen Regierung an Deutschland und der gleichzeitig damit beginnenden Blockade Deutschlands, befahl die Royal Navy den ersten Einsatz zur Durchführung der Konterbande-Kontrolle.

Britische U-Boote wurden vor dem Hornsriff ebenso wie vor

der Elbe- und Jademündung aufgestellt. Doch deutsche Schiffe konnten nicht vernichtet werden. Lediglich deutsche U-Boote wurden gesichtet. Bei Terschelling und in der Seenenge zwischen den Shetland-Inseln und Norwegen kam es zu einer Reihe britischer U-Boot-Angriffe gegen deutsche Boote. Dabei gab es ebenfalls einige Verwechslungen. Beispielsweise griff am 10. September das britische U-Boot „Triton" ein vermeintlich deutsches U-Boot an und versenkte es. Aber es war das eigene U-Boot „Oxley", das dort für immer auf Tiefe ging. Die „Sturgeon" schoß am 14. September auf ein weiteres „deutsches" Boot und verfehlte es zu ihrem Glück, denn es hatte sich um ihr Schwester-Boot, die „Swordfish", gehandelt. Am 20. September zog die Admiralität ihre Konsequenzen daraus und zog alle U-Boote aus der gefährlichen Shetland-Enge zurück.

Die Humber Force ging am 3. September 1939 ankeraufwärts. Sie bestand aus den Kreuzern „Glasgow" und „Southampton" sowie acht Zerstörern. Sie war auf das deutsche große Passagierschiff „Bremen" angesetzt, das sich auf der Rückfahrt von den USA nach Deutschland befand. Die „Bremen" war jedoch bereits in der Basis Nord bei Murmansk eingetroffen.

Eine Falschmeldung über das Auslaufen deutscher Großkampfschiffe veranlaßte die Briten, Teile der Home Fleet drei Tage lang nördlich der Orkney-Inseln kreuzen zu lassen.

Unter Admiral Forbes war die „Home Fleet" danach vom 6. bis zum 10. September vor der norwegischen Küste auf der Jagd nach deutschen Blockadebrechern. Hauptstützen dieser Jagd waren die Schlachtschiffe „Nelson" und „Rodney" sowie der Schlachtkreuzer „Hood". Hinzu kamen die Kreuzer „Sheffield" und „Aurora" sowie zehn Zerstörer.

In der Island-Färöer-Enge kreuzten vom 7. bis 12. September die Schlachtkreuzer „Hood" und „Renown" mit den Kreuzern „Edinburgh" und „Belfast", denen vier Zerstörer beigegeben waren.

Die „Northern Patrol", die am 6. September aus den Einheiten des 7. und 12. Kreuzer-Geschwaders gebildet worden war, erhielt den Befehl, ständig mit einigen Einheiten zwischen den Shetland-Inseln und den Färöer-Inseln, sowie zwischen den Färöern und Island zu operieren. Dort hielten sie im September 1939 nicht weniger als 108 Handelsschiffe an, von denen 28 zur Untersuchung nach Kirkwall beordert wurden.

In der Nordsee operierten die U-Boote der Home Fleet unter ihrem Kommandierenden Admiral, Konteradmiral Watson. Die Boote liefen bis nach Norwegen, um die deutschen Flottenbewegungen zu stören. Ein Vorstoß der britischen Home Fleet mit dem 2. Kreuzergeschwader und sechs Zerstörern in die Nordsee zur Bergung des schwer beschädigten U-Bootes „Spearfish" wurde durch zwei Schlachtschiffe, zwei Schlachtkreuzer, den Träger „Arc Royal" und drei Kreuzer mit beigegebenen Zerstörern gesichert.

Diese Gegenzüge sahen auch die ersten Begegnungen mit dem Gegner, wobei es jedoch nicht zum Schlagabtausch der Großkampfschiffe miteinander kam.

Trotz aller Maßnahmen gelang es der Britischen Admiralität nicht, die U-Boot-Gefahr zu verringern, im Gegenteil. Das Jahr 1940 sah auf dem Weltmeer einen U-Boot-Angriff nach dem anderen, und die einzige Chance zu überleben bestand nicht in der Abwehr der deutschen U-Boote, sondern in der Tatsache, daß die Deutschen zu wenige davon bauten.

Der Befehlshaber der deutschen U-Boote, Admiral Dönitz, wußte besser als jeder andere, daß Sieg oder Niederlage davon abhingen, den alliierten Handelsschiffsraum schneller zu versenken, als der Gegner in der Lage war, diesen zu ersetzen. Daß die Oberste deutsche Führung dies nicht erkannte und nicht spätestens nach der englischen Kriegserklärung U-Boote mit allen Kapazitäten der deutschen Werftindustrie baute, das wurde später als die Tragik der deutschen U-Boot-Waffe erkannt. Captain Roskill, der Historiker des britischen Seekrieges, bestätigte dies, indem er schrieb:

„Es ist keine Übertreibung, wenn man sagt, daß Sieg oder Niederlage für die Alliierten auf allen anderen Kriegsschauplätzen letztlich vom Ausgang jenes Kampfes abhing, der nun in den Weiten des Nordatlantiks ausgefochten wurde. Hätte sich Großbritannien dort den Erfolg aus den Händen reißen lassen, hätte es in sehr kurzer Zeit der endgültigen Katastrophe gegenübergestanden." (Siehe Roskill, S.W.: Royal Navy)

Die deutsche U-Boot-Waffe hatte nach 15 Monaten U-Boot-Krieg nicht einmal ihre in diesem Zeitraum verlorengegangenen insgesamt 31 U-Boote ersetzen können, und zu Ende des Jahres 1940 war die Operationsstärke der deutschen U-Boote auf den bisher niedrigsten Stand von insgesamt 21 Booten gesunken.

„Die Langsamkeit, mit der Hitler die Notwendigkeit eines großen U-Boot-Bauprogramms einsah, minderte zweifellos die Großbritannien drohende Gefahr." (Siehe Roskill, S.W.: a.a.O.)

Zu Ende des Jahres 1940 standen etwa 4–6 deutsche U-Boote gleichzeitig in See. Dies bedeutete, daß etwa 400 deutsche Seeleute den Seekrieg gegen England führten.

Das große Finale

Eine Ritterkreuzverleihung

Nach der letzten Erfolgsmeldung Bleichrodts, mit der er die Versenkung des britischen Motortankers „Shirak" über Funk weiterleitete, hatte dieser Kommandant, wenn man die beiden Dampfer hinzurechnete, die von ihm torpediert worden waren, etwa 100 000 BRT feindlichen Handelsschiffsraumes und dazu die „Dundee" versenkt. Damit hatte auch er auf U 48 jene Anforderungen erfüllt, die an jeden Kommandanten gestellt waren, der zum Ritterkreuz des Eisernen Kreuzes anstand. Bleichrodts zwei Einsätze waren, was Zahl und Tonnage der versenkten Schiffe anlangte, die erfolgreichsten des Bootes, und so wurde er von Admiral Dönitz zum Ritterkreuz eingereicht.

Am 24. Oktober, unmittelbar nach Bekanntwerden der Verleihung durch Hitler, ließ der B.d.U. einen Funkspruch an U 48 aufsetzen und diesen tasten. Als der Spruch auf U 48 einging und man ihn dem Kommandanten brachte, schüttelte Bleichrodt verwundert den Kopf. Dann ließ er einen FT-Spruch aufsetzen, der wiederum im Stabe des B.d.U. Verwunderung auslöste: „Für wen ist das Ritterkreuz denn?"

Nach der Heimkehr des Bootes erhielt Bleichrodt diese Auszeichnung aus der Hand seines Befehlshabers. Dönitz war verblüfft über die Reaktion dieses Kommandanten, der ihm rundheraus sagte, daß er diese Auszeichnung nicht annehmen könne. Er führte weiter aus:

„Entweder kriegt der Eins-WO Suhren als Torpedoschütze ebenfalls diese Auszeichnung, dann trage ich mein Ritterkreuz, sonst aber nicht."

Dönitz wandte sich an Kapitänleutnant Endraß, der zur gleichen Zeit von der Feindfahrt zurückgekehrt war, und fragte diesen: „Na, Bertel, was sagst du denn dazu?"

Endraß, der immer noch Dialekt sprach, entgegnete: „Des werd i Ehna sag'n, Herr Admiral. Weshalb gebn's dem Suhren denn net das Ritterkreiz? I find a, daß er's habn sollt." (Siehe Brustat-Naval Fritz und Suhren Teddy: a.a.O.)

„Aber er ist doch nur Wachoffizier auf dem Boot und sollte diese Auszeichnung erst nach seiner ersten Reise als Kommandant haben!" lautete Dönitz' Entgegnung.

Und wieder Endraß: „Jo mei, und bis dahin fällt er halt aufs Maul, und aus is mit's Ritterkreiz, dann hat er gor nix!" – „Also gut", ließ sich Dönitz vernehmen, „er soll es haben!"

Karl Dönitz ließ nachfragen, an wie vielen Versenkungen auf U 48 der Erste Wachoffizier, der zugleich als Torpedo-Waffen-Offizier eingesetzt war, beteiligt war. Es stellte sich heraus, daß zwar drei Kommandanten das Boot in der Zwischenzeit gefahren hatten, daß aber TWO immer Suhren gewesen war, auf dessen Konto insgesamt 200000 BRT der versenkten Tonnage kamen, die er im Überwasserangriff, hinter der UZO stehend, anvisiert und abgeschossen hatte.

Am 3. November, U 48 befand sich in der Überholung und Reparatur, wurde die Verleihung des Ritterkreuzes an Reinhard „Teddy" Suhren ausgesprochen, und am nächsten Tage erhielt es Suhren aus der Hand des Großen Löwen, „weil er an der Versenkung von 200000 BRT feindlichen Schiffsraumes entscheidenden Anteil hatte".

So wurde Reinhard Suhren der erste Wachoffizier der U-Boot-Waffe, dem das Ritterkreuz verliehen wurde. Nach ihm erhielt nur noch ein Wachoffizier diese hohe Auszeichnung. Es war dies der III. WO von U 181, Lt.z.S. Johann Limbach.

Allerdings war Suhrens Bruder Gerd als Leitender Ingenieur des ebenfalls bereits legendär gewordenen U 37 als erster Ingenieur-Offizier der U-Boot-Waffe mit dem Ritterkreuz ausgezeichnet worden. Geben wir an dieser Stelle Reinhard Suhren das Wort:

„Alles in allem fielen uns diese Auszeichnungen nicht in den Schoß. Wir hatten zu tun, zum Schuß zu kommen. Viele Hunde sind des Hasen Tod; seit Kriegsbeginn war eine ganze Menge unserer Boote auf der Strecke geblieben." (Siehe Brustat-Naval, Fritz und Teddy Suhren: a.a.O.)

Das Ritterkreuz wurde dem noch nicht 25jährigen U-Boot-Offizier nach dessen Ablösung von U 48 vom 2. Admiral der U-Boote, Hans-Georg von Friedeburg, an Bord des Wohnschiffes „Erwin Wassner" in Kiel umgehängt.

Gerhard Suhren war als Kommandant für den Neubau U 564 vorgesehen. Mit diesem Boot des Typs VII-C sollte der junge Kommandant in der Folgezeit viel von sich reden machen. Doch nun zurück zu U 48!

Wieder mit „Vaddi"

Nach der Fertigstellung von U 48, das seit dem 1. Dezember in der Kieler Germaniawerft zur Generalüberholung lag, verlegte das Boot am 16. Januar 1941 zu einigen Probefahrten und dem obligatorischen Prüfungstauchen nach Helgoland. Wieder stand ein neuer Kommandant auf dem Turm des Bootes, als es durch den Kaiser-Wilhelm-Kanal nach Südwesten ging: Herbert Schultze.

Wiedergenesen hatte Kapitänleutnant Schultze um die Wiedereinsetzung als Kommandant von U 48 gebeten, und Admiral Dönitz hatte dieser Bitte sofort entsprochen.

Von Helgoland aus lief das Boot gemeinsam mit U 107 unter Kapitänleutnant Hessler am 20. Januar 1941 zu seiner zehnten Feindfahrt aus. Zunächst ging es mit Eisbrecherhilfe in die Nordsee. Auf dem Turm stand, mit seiner alten hohen Fellmütze angetan, „Vaddi" und dirigierte das Boot wie immer. Der neue I. WO war Oblt.z.S. Schrewe, II. WO Oblt.z.S. Atzinger, denn auch Otto Ites sollte sein neues Boot erhalten.

Unterwegs wurde das Boot am 29. Januar in den Angriffsraum AM 15 und 16 befohlen. Ein Blick auf die Seekarte zeigte dem Kommandanten, daß dies das Gebiet des westlichen Nordkanals war. Dort stand das Boot am 1. Februar. Es herrschte grobe See und Wind bis zu Sturmstärke, als der erste Dampfer in Sicht kam.

„Boot greift den Dampfer an!" befahl Schultze. Der neue I. WO nahm seine Position hinter der UZO ein, aber die beiden ersten Anläufe waren vergeblich. Erst am Abend, als sich U 48 sehr nahe an den Gegner heranschieben konnte, fiel der erste Torpedoschuß. Es war ein Fehlschuß. Bei der hochgehenden See war es beinahe unmöglich, den Gegner zu treffen. Dennoch blieb Schultze dran. Um 21.25 Uhr fiel jener Torpedoschuß, der die 4351 BRT große „Nicolaos Angelos", einen griechischen Frachter, traf. Das Schiff ging im Quadrat AL 3616 auf Tiefe.

Herbert Schultze hatte den Angriff und das Schießen noch nicht verlernt, auch nach einem Jahr Pause brachte er sein Boot wie immer an den Feind, und selbst in dieser fürchterlichen Wintersee gelang es ihm, Erfolge zu erzielen.

Danach jedoch blieb ihm das Glück versagt. Immer wieder versuchte er in den nächsten Tagen, zum Erfolg zu gelangen. Drei Dampfer wurden in der hochgehenden See bei Windstärken bis zu 10 gesichtet, aber eine Waffenwirkung war nicht mehr möglich. Das Boot mußte immer wieder unter Wasser verholen, um nicht durch die See vernichtet zu werden.

Am 4. Februar befand sich U 48 zusammen mit einer Reihe von Booten im Operationsgebiet des westlichen Nordkanals. Neben ihm waren dies noch U 52, U 93, U 94, U 96, U 101, U 103, U 107 und U 123. Alles Boote also, die bereits Erfolge erzielt hatten, mit den ausgebufftesten Kommandanten auf den Türmen.

In dieser Phase des U-Boot-Einsatzes zeichnete sich Kapitänleutnant Günter Hessler besonders aus. Auch er kam nicht aus der U-Boot-Waffe, hatte aber als Wachoffizier auf dem Torpedoboot „Greif" und später als Kommandant des Torpedobootes „Falke" das Torpedoschießen gelernt, eine wichtige Voraussetzung für die Position eines U-Boot-Kommandanten.

Mit U 107 war Kapitänleutnant Hessler am 24. Januar zu seiner ersten Feindfahrt ausgelaufen. In See stehend hatte das

Boot mit U 48 einige Funksprüche ausgetauscht, und Schultze hatte mit seinem Rat nicht zurückgehalten, wenn der junge U-Boot-Kommandant diesen brauchte. Ebenso wie U 48 hatte U 107 am 31. Januar 1941 mit Windstärken bis zu 10 zu kämpfen. Die sehr hohe Dünung machte einen Waffeneinsatz unmöglich, aber am 3. Februar hatte U 107 nach zwei vergeblichen Anläufen den ersten Torpedo aus nur 500 m Distanz ins Ziel gebracht. Der Aal traf die „Empire Citizen" mit 4683 BRT, die nach einem Fangschuß aus dem Heckrohr schnell über den Achtersteven sank.

Am selben Abend sichtete der Kommandant einen kleinen Geleitzug und davon abgesetzt die „Crispin", die als „Ocean Boarding Vessel" von einem Zerstörer begleitet wurde. Auch dieser Dampfer wurde angegriffen und versenkt.

Als U 107 am 4. Februar die Erfolgsmeldungen an den B.d.U. durchgab, wurden diese auch von dem Funkmaaten von U 48 gehört und mitgeschrieben.

„Alle Achtung, der Hessler!" bemerkte Schultze dazu. „Nicht daß er sich auch gleich die Tochter des Großen Löwen schnappt, der schießt sogar sehr gut seine Aale."

Am 6. Februar war der dritte Dampfer für U 107 fällig. Drei Tage später verlegte U 48 sein Operationsgebiet in das Planquadrat AE 8896. Dort angekommen, wurde es von einem Gegner gesichtet und war damit kompromittiert. Der B-Dienst faßte glücklicherweise die Feindmeldung darüber auf, und so konnte der B.d.U. dem Boot einen neuen Angriffsraum zuweisen und damit die Gefahr vermeiden, daß es von einigen U-Jagd-Gruppen gestellt und vernichtet wurde.

Der 16. Februar sah U 48 dann in dem neuen Operationsgebiet AE 85-94. Dieser Sektor, den das Boot nunmehr überwachen sollte, hatte etwa 39 Seemeilen Tiefe und lag im Quadrat 7932 AE. Hier nahm der Funkmaat des Bootes am 19. Februar einen FT-Spruch des B.d.U. auf:

„Geleitzug. – U 73, U 107, U 48, U 96, U 69, U 103 am 20.2., 12.00 Uhr, Vorpostenstreifen im Quadrat AM 2111 bis Quadrat AM 2377 einnehmen. Tiefe sechs Seemeilen, B.d.U."

Mit allen übrigen Booten preschte auch U 48, so gut dies gehen mochte, durch die grobe See. Aber die meisten Boote kamen nicht rechtzeitig heran, weil der Geleitzug etwa 60 Seemeilen nördlicher stand, als man dies erwartet hatte. Lediglich U 96 und U 95 kamen am Abend des 23. Februar zum Schuß. Während U 96 unter Kapitänleutnant Lehmann-Willenbrock den 10946 BRT großen Dampfer „Huntingdon" versenkte, gelang es U 95 unter Kptlt. Schreiber, drei Dampfer zu torpedieren, von denen zwei sanken.

Dies war bereits in den frühen Morgenstunden des 24. Februar. Der Konvoi OB 288, dem diese Jagd galt, verlor auch noch durch U 69 unter Kptlt. Metzler ein Schiff.

Als die Positionen durchgegeben wurden, war es Herbert Schultze klar, daß er nicht mehr herankommen würde, weil er viel zu weit südlich stand und außerdem zu dicht unter Land.

Das Boot stieß am Abend des 24. Februar südwestlich von Fastenet auf der 60-Meter-Marke auf einen Dampfer. Mit aller Kraft kämpfte Schultze gegen die grobe See an. Es gelang ihm, sich vorzusetzen. Doch die ersten Torpedos, die er schoß, gingen vorbei. Dann fiel um 21.43 Uhr der dritte Torpedoschuß. Er traf die aus knapp 450 m anvisierte „Nailsea Lass", einen britischen Dampfer mit 4289 BRT. Das Schiff wurde von dem Torpedo aufgerissen und brach wenig später unter dem Ansturm der groben See auseinander.

Und während U 47 unter Günther Prien in den nächsten Tagen noch auf fünf Schiffe zum Schuß kam und vier davon versenkte, mußte U 48 mit einigen schweren Sturmschäden den Rückmarsch antreten, denn es erhielt am 25. Februar den Befehl zum Rückmarsch. Mit ihm traten auch U 46, U 69, U 96, U 107 und U 123 den Rückmarsch an.

Am 28. Februar lief U 48 nach seiner härtesten Feindfahrt in Lorient ein. Als Kapitänleutnant Schultze am anderen Morgen dem Großen Löwen zur Berichterstattung gegenüberstand, sah Dönitz, daß dieser Einsatz den Kommandanten einiges gekostet hatte. Er fragte ihn, ob er denn nicht jetzt endlich als Chef einer Ausbildungs-Flottille in die Ostsee gehen wolle, nachdem er auch auf dieser Feindfahrt gezeigt hatte, daß er wieder der alte war.

Herbert Schultze lehnte entschieden ab. „Ich möchte mein Boot noch auf einigen Fahrten führen, Herr Admiral", sagte er. „Die nächste Fahrt wird wieder besser werden", versicherte er nach einer kleinen Pause.

„Davon bin ich überzeugt", erwiderte Dönitz, „aber ich möchte nicht, daß Sie sich wieder herunterwirtschaften. Ihre Könnerschaft und Ihr Wissen werden für die jüngeren Kommandanten gebraucht. Sie haben das Zeug dazu, den jungen Schülern die Führung eines Bootes begreiflich zu machen und sie zu guten Kommandanten auszubilden. Sie könnten aber auch eine Kampf-Flottille führen. – Überlegen Sie es sich gut! Nach Ihrer nächsten Feindfahrt werden wir uns wieder darüber unterhalten."

Dabei beließen es die beiden Männer, die sich aus vielen Jahren der Ausbildung und des Kampfes der U-Boote kannten.

Die 11. Feindfahrt – Schnelle Schüsse

Nach rascher Ausrüstung und Verproviantierung sowie der Übernahme neuer Torpedos lief U 48 bereits am 17. März 1941 wieder aus Lorient aus. Gemeinsam mit U 46, U 98, U 69 und U 551 marschierte das Boot in das befohlene Kampfgebiet. U 48 meldete am 20. März durch Kurz-FT, daß es den Operationsraum im Quadrat AE 74–75 und 77–78 erreicht habe und auf den Gegner warte, um ihn anzugreifen und zu versenken.

Unterwegs war das Boot mehrfach von Flugzeugen angegriffen worden, konnte sich aber stets rechtzeitig in Sicherheit bringen. Es zeigte sich, daß „Vaddi" Schultze der alte geblieben war mit dem sicheren Instinkt für Gefahren und den blitzartigen Reaktionen darauf. Die neuen Wachoffiziere waren eingefahren, und nunmehr klappte alles wie am Schnürchen.

Am 21. März meldete U 69 unter Jost Metzler um 12.01 Uhr

auf dem Ausmarsch einen Geleitzug im Quadrat AL 8822, der mit Ostkurs, also Richtung England lief.

U 48, das noch herankommen konnte, weil es sich ebenfalls in erreichbarer Nähe befand, wurde auf diesen Geleitzug angesetzt. Ebenso die auf dem Rückmarsch befindlichen italienischen Boote „Emo" unter Rosselli-Lorenzini und „Veniero" unter Petroni.

Die Fühlung von U 69 am Geleitzug ging verloren, als das Boot von einem Geleitzerstörer unter Wasser gedrückt und gebombt wurde.

Am 22. März erhielten U 69 und U 48 Weisung zum Weitermarsch. Der nunmehr vom B.d.U. befohlene Streifen auf AE 78, den es zu überwachen galt, wurde von beiden Booten am 25. März erreicht. An diesem Tage teilte der B.d.U. die vorhandenen Kampfboote in die Gruppe der Nordboote mit U 46, U 48, U 69, U 74, U 98 und U 551 sowie in die Gruppe der Südboote mit U 105, U 106 und U 124 ein.

In einem kurzen Satz berichtete das KTB des B.d.U. an diesem Tage, daß die Boote U 47, U 70, U 99 und U 100 sich nicht mehr gemeldet hätten. Was war dort geschehen? Hatte es die so bekannten Kommandanten doch einmal gepackt? Oder was sonst konnte der Grund für ihr Schweigen sein? Hier die Aufklärung dieses besorgniserregenden Satzes.

Killer Group – 5th Escort Group am Werk

Aus dem Werk von Donald Macintyre mit dem Titel „U-Boat-Killer" wissen wir, was sich in der Mitte des März 1941 in jenem Seegebiet zutrug, in dem die am 24. und 25. März als „nicht gemeldet" genannten U-Boote im Einsatz gestanden hatten. Geben wir Captain Macintyre dazu das Wort:

„Wir liefen am 14. März zu unserem Rendezvous mit dem Konvoi HX 112. Das Treffen mitten im Atlantik war immer ein besonderes navigatorisches Experiment, denn in dem üblicherweise schlechten Atlantikwetter war es schwierig, selbst einen großen Konvoi rasch zu finden.

Neben meinem eigenen Schiff, der ‚Walker', bestand meine Geleitgruppe aus den Zerstörern ‚Vanoc', ‚Volunteer', ‚Sardonyx' und ‚Scimitar' sowie den Korvetten ‚Bluebell' und ‚Hydrangea'.

Wir trafen den Konvoi und dampften mit ihm ostwärts auf Heimatkurs. Mit Einbruch der Dunkelheit des 15. März warnte ich meine Geleitfahrzeuge, sie sollten sich auf einen Angriff der deutschen U-Boote nach Einbruch der Finsternis vorbereiten. Wir hatten auch nicht lange zu warten.

Kurz vor Mitternacht am 15. März zeigte sich das erste U-Boot auf der Steuerbordseite des Konvois. Es griff an und schoß einen Viererfächer auf eine lange Reihe einander überlappender Dampfer. Zwei Minuten später wurde der Tanker ‚Erodona' getroffen und stand sofort in hellen Flammen.

Ich hatte niemals vorher dieses entsetzliche Unglück gesehen. Auf der Brücke der ‚Walker' herrschte entsetztes Schweigen. Dann schrillten die Alarmglocken und schickten die Männer auf ihre Stationen. - - - Nichts war vom Gegner zu sehen, und auch unser Asdic zeigte keinen Feind an."

Es war U 110 unter Kapitänleutnant Fritz-Julius Lemp, der die „Erodona" getroffen hatte.

Macintyre beorderte die Korvette „Bluebell" zu dem sinkenden Tanker, und der Group Commander war froh, daß es in dieser Nacht bei der einen Versenkung geblieben war. U 110 wurde durch die Geleitsicherung zum Schnelltauchen und Ablaufen gezwungen.

Inzwischen war aber U 100 unter Kptlt. Kretschmer herangeschlossen. Das Boot wurde von der „Scimitar" gesichtet und gemeldet. Captain Macintyre lief sofort mit „Walker" und „Vanoc" zu der angegebenen Sichtungsstelle, aber U 100 tauchte weg.

Am späten Vormittag des 16. März aber war Kretschmer wieder herangekommen. U 99 stieß zwischen den beiden Zerstörern der Außensicherung durch mitten in den Konvoi hinein und torpedierte einen Tanker. Es war der Norweger „Ferm" mit 6593 BRT. Der Motortanker stand Sekunden nach den Treffern über alles in Flammen. Ein Zerstörer tauchte auf und jagte U 99 in den Keller.

Als die „Walker" nach der Torpedodetonation in eine leichte Kurve ging, sichtete Captain Macintyre ein U-Boot. Es war U 100 unter Kptlt. Schepke, das inzwischen auch herangekommen war. Die „Walker" lief mit AK auf die Tauchstelle zu und warf einen Zehnerfächer Wasserbomben in den großen Flekken hell phosphoreszierenden Wassers, das die Tauchstelle markierte. Doch U 100 entkam und wurde nun von den Geleitfahrzeugen des HX 112 gejagt.

Dies gab Kretschmer die Chance, wieder aufzutauchen und zum nächsten Angriff heranzuschließen. Er suchte sich einen weiteren Tanker aus. Die „Bedouin", mit ihren 8136 BRT ein großer Tanker, stand ebenfalls kurz nach dem Treffer in hellen Flammen. Gut eine Viertelstunde darauf sichtete der eiskalt agierende Kommandant von U 99 einen dritten Tanker. Es war die „Franche Comté", die nach dem Torpedo, der sie getroffen hatte, brennend auf der See liegenblieb.

Mitten im Konvoi HX 112 lief U 99 weiter. Es war längst Nacht geworden. Wasserbomben krachten allerorten auseinander. Signalsternschüsse zogen über den Himmel, Seenotraketen flackerten auf. U 99 lief schnell nach vorn und erreichte die Spitze des Geleitzuges. Hier liefen einige gute Frachter. Auf diese kam das Boot nacheinander mit drei gezielten Einzelschüssen zum Schuß und versenkte alle drei. Allerdings mußte der „J. B. White" erst noch ein Fangschuß angetragen werden.

U 99 ließ sich wieder nach achtern aus dem Konvoi heraussacken und lief, völlig leergeschossen, zwischen zwei Bewachern hindurch in Richtung der Läuse-Bänke ab.

U 100, das bei der Waboverfolgung durch „Walker" schwere Schäden erlitten hatte, konnte sich am frühen Morgen des 17. März nicht länger unter Wasser halten und mußte auftauchen. Das Boot kam unmittelbar vor der „Vanoc" heraus. Der englische Zerstörer lief mit AK auf das deutsche U-Boot zu und rammte es. Kapitänleutnant Schepke wurde durch die Wucht des Zerstörerstevens auf der Brücke des Bootes eingeklemmt. Er verlor beide Beine und wurde dann, als die „Vanoc" mit AK zurücksetzte, um sich von dem wrackgeschlagenen Boot zu lösen, über Bord geschleudert. Er versank, wild um sich schlagend, in der See. U 100 sank unmittelbar darauf. Nur fünf Männer der Besatzung konnten von der „Vanoc" gefischt werden.

In dieser kritischen Situation fing der Asdic-Mann auf der „Walker" weitere Geräusche auf, die auf ein U-Boot hindeuteten. Commander Macintyre wollte dies zunächst nicht glauben, doch dann gab Oberleutnant Langton, der Wasserbomben-Offizier, den Befehl, einen Sechserfächer zu werfen. Als die „Walker" drehte, um den nächsten Angriff einzuleiten, erhielt sie von der „Vanoc" das Signal: „U-Boot hinter Ihnen aufgetaucht!"

U 99 war an die Wasseroberfläche emporgekommen, es war von den Wabos der „Walker" schwer beschädigt, und Kretschmer hatte den Befehl zum Auftauchen geben müssen.

Die Geschützbedienung der „Walker" eröffnete das Feuer. Dann blitzte auf dem Turm des U-Bootes eine Signallampe auf: „We are sinking!" Gleichzeitig ging die Besatzung des U-Bootes von Bord.

Die „Walker" ging auf die Leeseite der schiffbrüchigen Deutschen und begann mit deren Bergung. Der letzte, der von Bord ging, war Kapitänleutnant Kretschmer.

Als drittes vermißtes Boot war U 70 bereits am 7. März südostwärts von Island durch zwei britische Korvetten versenkt worden. Es entstand Totalverlust.

Am 23. März wurde dann noch U 551 unter Kapitänleutnant Schrott südlich von Island durch die britische Korvette „Visenda" versenkt. Auch hier entstand Totalverlust. Was aber war mit dem vermißten U 47?

Dieses Boot war ebenfalls bereits am 8. März 1941 durch den Zerstörer „Wolverine" versenkt worden, der als Geleitsicherung am Konvoi OB 293 mitlief.

Erst am 23. Mai 1941 wurde der Verlust von U 47 bekanntgegeben, als feststand, daß das Boot nicht mehr heimkehren konnte. Der Wehrmachtsbericht dieses Tages teilte mit:

„Das von Korvettenkapitän Prien geführte Unterseeboot ist von seiner letzten Unternehmung nicht zurückgekehrt."

In einem Tagesbefehl würdigte der B.d.U. diesen tapferen Kommandanten, den „Helden von Scapa Flow", in eindrucksvollen Worten und schloß diesen Tagesbefehl mit den Worten:

„Der Kampf geht weiter in seinem Geiste!"

U 48, das mit den genannten Booten seiner Gruppe später ausgelaufen war, sichtete am frühen Morgen des 29. März den Geleitzug HX 115 und gab sofort Standortmeldung und Peilzeichen durch. Kurz nach 6.00 Uhr glitt das Boot zum Angriff heran. Um 6.19 Uhr fiel der erste Torpedoschuß, ihm folgten drei weitere in dieser Stunde, und um 8.07 Uhr kam das Boot ein fünftes Mal zum Schuß.

Am Geleitzug HX 115 war die Hölle los. Die Dampfer „Germanic", „Limbourg" und „Eastlea" sanken nach diesen Schüssen. Der große Motortanker „Athelprince" mit 8900 BRT wurde schwer getroffen. Er konnte allerdings eingeschleppt werden.

In einem furiosen Wasserbombenangriff versuchten alle Geleitfahrzeuge des HX 115 das deutsche U-Boot zu stellen und zu vernichten, und da keine weiteren U-Boote an diesem Geleitzug angriffen, konnten sie sich ganz auf U 48 konzentrieren.

Kptlt. Schultze zeigte sich wieder von seiner überlegtesten Seite. Immer wieder gelang es ihm, sich durch Fahrstufenänderungen und Hartruderlegen sowie durch immerwährendes Tiefergehen den Angriffen zu entziehen.

Acht Geleitfahrzeuge galt es auszutricksen, mit Kommandanten, die ebenfalls keine Neulinge in diesem „Geschäft" waren. Herbert Schultze wuchs hier weit über sich hinaus. Wäre dies nicht der Fall gewesen, hätte der B.d.U. ein weiteres erfolgreiches U-Boot zu den gravierenden Verlusten seiner Asse hinzuzählen müssen.

Die gesamte Besatzung zollte ihrem Kommandanten die verdiente Hochachtung. Er konnte nunmehr alles von ihnen verlangen, und selbst die neu auf das Boot gekommenen Männer ahnten, daß sie ihr Leben diesem Kommandanten verdankten.

U 98 hatte derweilen fieberhaft versucht heranzukommen, doch dieses Boot wurde von Flugzeugen gebombt und unter Wasser gedrückt.

Am Abend des 1. April 1941, als der Gegner von U 48 abgelassen hatte, lief der Kommandant mit seinem Boot in das Quadrat AD 87 hinein. Es hatte durch FT-Spruch den neuen Angriffsraum AK 23–33 erhalten, aber noch ehe er diesen Raum erreichte, wurde ein großer Tanker gemeldet, der sehr schnell und einzeln lief.

„Boot greift wieder an!" Dieser Befehl des Kommandanten elektrisierte die Mannschaft. In der groben See gelang es U 48, sich vorzusetzen. Kapitänleutnant Schultze starrte durch sein Glas auf den Tanker. „Das ist ein riesiger Brocken, auf den legen wir einen Zweierfächer an."

Der I. WO stand bereits hinter der Zieloptik. Der Tanker lief ins Visier. Dann erfolgte der Schuß aus den Rohren I und II. Die Aale liefen und trafen den Tanker 20 vorn und etwa mittschiffs. Der Tanker verlor an Fahrt, und aus seinem Innern stoben die Flammen empor.

„Riecht nach fetter Beute, Herr Kaleunt", meinte der I. WO, der geschossen hatte. „Er stoppt schon!"

„Dampfer macht Notruf. Sein Name ist ‚Beaverdale', ein Engländer. Hat nach Lloydsregister 9957 BRT."

„Zerstörer achtern hinter dem Tanker hervorkommend!" meldete der Backbordachtere Ausguck.

„Der sieht uns nicht. Will offenbar die Besatzung retten. Für alle Fälle noch einen Torpedo, Eins-WO!"

Der dritte Aal lief, und als er achtern direkt vor den Aufbauten einschlug, stiegen aus dem Innern des Tankers haushohe Flammen durch die losgesprengten Decksplanken in die erste Stunde des 2. April empor. „Er brennt jetzt über alles! – Der ist hin!"

Herbert Schultze ließ ablaufen, und das war gut so, denn plötzlich kamen zwei weitere Geleitfahrzeuge in Sicht; sie näherten sich bedrohlich rasch dem Standort des Bootes, das sich nun mit Alarmtauchen von der Wasseroberfläche entfernte und mit AK beider E-Maschinen ablief.

Schreck-Wasserbomben wurden geworfen, ohne das Boot gefährden zu können. U 48 setzte sich ab.

Die Trimmgewichtsrechnung wenige Stunden später zeigte auf, daß U 48 an Brennstoffschwäche litt und daß es Zeit wurde, den Rückmarsch anzutreten.

Fünf Dampfer waren von U 48 versenkt worden, der sechste wurde schwer torpediert. U 48 lief mit einer diesmal versenkten Tonnage von 27 256 BRT am 8. April in St. Nazaire ein. Ein weiterer Dampfer, von dem der Kommandant ebenfalls annahm, daß er gesunken sei (die „Athelprince") war für lange Zeit außer Gefecht gesetzt. Hinzu kam ein weiterer torpedierter Dampfer, der aber offenbar nicht getroffen worden war, obgleich die Brückenwache eine Torpedodetonation gehorcht hatte.

Am nächsten Morgen hielt Herbert Schultze dem Großen Löwen und seinem Stab anhand des KTB Vortrag. Dönitz war von Schultzes Kaltschnäuzigkeit angetan, als dieser berichtete, daß er allein am HX 115 mit seinen acht Geleitfahrzeugen gerakt und Erfolge errungen hatte.

„Wie sieht es nun aus, Schultze?" fragte er den Kommandanten.

„Ich möchte noch eine Fahrt machen, Herr Admiral, weil ich auf eine 200 mit drei Nullen hoffe." Damit meinte der Kommandant, daß er die 200 000-Tonnen-Grenze von ihm versenkter Handelsschiffe zu erreichen hoffte.

„Ich bin besorgt, Schultze. Das gleiche hat Prienchen auch

gesagt, und nun ist er nicht mehr." – „Ich bin zuversichtlich, Herr Admiral!"

„Also gut, noch eine Fahrt, dann gehen Sie zu einer Front-Flottille, *und* das Boot in die Ostsee, abgemacht?" – „Abgemacht, Herr Admiral!"

Damit war es beschlossene Sache, daß das erfolgreichste U-Boot mit einem der erfolgreichsten Kommandanten nach der nächsten Fahrt nicht mehr auf Feindfahrt gehen würde.

In das KTB des B.d.U. schrieb Dönitz den Eintrag: „Der alte Kommandant hat wieder eine ausgezeichnete Unternehmung durchgeführt, deren Ergebnis sechs Dampfer mit 40350 BRT sind. – Dönitz." (Die Differenz zwischen der angegebenen versenkten Tonnage und der wirklich vernichteten erklärt sich aus der Tatsache, daß einer der großen Dampfer eingeschleppt werden konnte und daß ein Treffer auf einem größeren Schiff angenommen wurde, das ebenfalls „SSS" gefunkt hatte.)

Die letzten Tankereinsätze

Am 22. Mai 1941 lief U 48 nach einer gründlichen Untersuchung des Bootes und Umbesetzung in den Wachoffiziersstellen zu seiner 13. und letzten Feindfahrt aus St. Nazaire aus.

Der I. WO, Oblt.z.S. Peter Schrewe, hatte das Boot verlassen, um als „Konfirmand", lies Kommandantenschüler, auf ein anderes Boot überzusteigen und danach ein eigenes Boot zu übernehmen. An seine Stelle trat Oblt.z.S. Atzinger als I. WO; die Position des II. WO wurde von Lt.z.S. Knackfuß eingenommen und, nach wie vor und schon zum „alten Inventar wie ich" gehörend (so Kptlt. Schultze), war Kptlt. (Ing.) Zürn Leitender Ingenieur.

Auf Wunsch der Marinegruppe West wurden dem Boot Angriffsräume in der Biskaya in den Quadraten BE 6420 bis BE 6620 zugewiesen. Gleichzeitig damit wurden noch U 97 und U 98 in dieses Seegebiet entsandt.

Zu dieser „Biskayagruppe" stießen U 556 (das keine Torpedos mehr hatte, aber noch als Späher mitlaufen sollte) und U 73 hinzu, das sich allerdings noch auf dem Anmarsch befand. Der Grund dieser weit abgesetzten Aufstellung lag in der Tatsache begründet, daß das deutsche Schlachtschiff „Bismarck" mit einer weiteren Schweren Einheit in See stand und geschützt werden sollte. Wenig später kamen dann noch U 108 und U 552 hinzu.

Am 25. Mai erhielt U 48 neben einigen anderen Booten folgenden Befehl des B.d.U.: „U 73, U 97, U 98, U 48 Vorpostenstreifen bilden, von BE 6155 nach BF 7155. Tiefe 20 Seemeilen. Alle Boote sind zur Unterstützung der ‚Bismarck‘ bereitzuhalten."

„Es sieht so aus, als hätte der Gegner die ‚Bismarck‘ geschnappt", sagte Herbert Schultze, als ihm dieser Funkspruch vorgelegt wurde.

„Ich denke, daß es sich um eine Vorsichtsmaßregel handelt", warf der Erste Wachoffizier ein.

„Hoffentlich, Atzinger!" schloß Schultze diese Überlegungen ab und ging hinunter in seine Kammer, um einige Dinge ins KTB nachzutragen.

Tatsache war, daß die „Bismarck" in einer großen Flottenunternehmung mit dem Codenamen „Rheinübung" im Nordatlantik im Einsatz stand, um „die durch dieses Seegebiet laufende Zufuhr des Gegners durch ihren Angriff zu verhindern". Mit ihr nahmen der Schwere Kreuzer „Prinz Eugen", zwei Spähschiffe, zwei Troßschiffe und fünf Begleittanker an dieser Unternehmung teil; dafür also sollten die U-Boote die Fernsicherung bilden.

In einem ersten Gefecht mit dem Gegner im Seeraum bei Island wurde der englische Schlachtkreuzer „Hood" durch Treffer der „Prinz Eugen", dann aber auch durch eine deckend im Ziel liegende Salve schwer getroffen und flog nach der fünften Salve der „Bismarck" mit einer mächtigen Explosion in die Luft. Das englische Schlachtschiff „Prince of Wales" wurde ebenfalls schwer getroffen; wie schwer diese Treffer waren, das wußte man allerdings auf deutscher Seite nicht. Zwar schlug der Kommandant der „Bismarck", Kpt.z.S. Lindemann, dem an Bord eingeschifften Flottenchef, Vizeadmiral Lütjens, vor, den fliehenden Gegner zu verfolgen und ihn zu vernichten. Vizeadmiral Lütjens aber lehnte dies ab. Wahrscheinlich fürchtete er, bei dieser Verfolgungsfahrt auf die anderen, inzwischen ausgelaufenen Großkampfschiffe der Briten gezogen zu werden.

Die „Prince of Wales" war schwer gezeichnet und hatte 60 Prozent ihrer Schweren Artillerie durch Ausfälle verloren. Auf deutscher Seite aber konnte niemand ahnen, *wie* schwer dieses Schlachtschiff getroffen war.

Und die deutschen Kriegsschiffe? Während die „Prinz Eugen" in diesem Schlagabtausch keinen Treffer erhalten hatte, mußte die „Bismarck" drei Treffer hinnehmen, die eine Reihe Schäden verursachten. Einer davon ließ bei großer Fahrt durch den Ein- und Ausschuß Wasser ins Schiff eindringen, wodurch die „Bismarck" eine Vorlastigkeit von zwei Grad erhielt.

Weder der Chef des Stabes der Skl noch der Ob.d.M. riefen die „Bismarck" zurück, weil sie nicht erfuhren, welche Schäden das Schlachtschiff erlitten hatte. Einer davon hatte zur Folge, daß die „Bismarck" eine Ölspur hinter sich herzog, wie die in deren Kielwasser laufende „Prinz Eugen" feststellen mußte.

Die „Bismarck" setzte sich in den atlantischen Seeraum ab, verfolgt von den als „Fühlunghalter" mitlaufenden beiden britischen Kreuzern „Norfolk" und „Suffolk". Deutscherseits wurden, wie bereits angerissen, die in den entsprechenden Seeräumen stehenden U-Boote und zusätzlich noch die 6. Zerstörer-Flottille als Fernsicherung eingesetzt. Die „Prinz Eugen" erhielt Weisung, auf dem alten Kurs weiterzulaufen, während die „Bismarck" mit Westkurs ablief, aber infolge der erlittenen Schäden nur 24 Knoten Fahrt machen konnte. An und für sich mußte diese Behinderung den Rückruf des deutschen Schlachtschiffes nach sich ziehen, denn mit dieser Fahrtstufe konnte es keinem seiner Gegner davonlaufen. Wegen der inzwischen eingetretenen Brennstoffknappheit entschloß sich

Vizeadmiral Lütjens schließlich dazu, direkt den Hafen Brest anzulaufen, und nachdem der Gegner zunächst am Morgen des 25. Mai den Anschluß verloren hatte, schien einem ungestörten Einlaufen in diesen Hafen nichts mehr im Wege zu stehen. Doch am 26. Mai um 10.00 Uhr wurde das Schlachtschiff von einem britischen Aufklärungsflugzeug gesichtet.

Nun war es bis zu dem in drei Anflügen durchgeführten Angriff englischer Torpedoflugzeuge nicht mehr weit. Die zweite Welle dieser Angreifer erzielte einen Treffer in der Backbord-Ruderanlage der „Bismarck". Beim dritten Angriff wurde das Schlachtschiff von zwei Lufttorpedos getroffen. Das deutsche Schlachtschiff war manövrierunfähig geworden, denn abermals war einer der Treffer in die Ruderanlage gegangen.

In dieser Situation sichtete U 556 unter Oblt.z.S. Wohlfahrt sowohl ein englisches Schlachtschiff als auch den Träger „Arc Royal", von dem die Torpedoflugzeuge gestartet waren. Aber U 556 hatte keine Torpedos mehr. Ein Treffer auf die „Arc Royal" hätte möglicherweise die Rettungsarbeiten für die „Bismarck" erfolgreich werden lassen.

In letzten Nachtgefechten gegen Feindzerstörer, die ebenfalls zum Torpedoangriff vorpreschten, konnte die „Bismarck" noch einige Gegner beschädigen. Am 27. Mai um 7.10 Uhr setzte der Funkraum des deutschen Schlachtschiffes einen Funkspruch ab: „U-Boot schicken zur Wahrnehmung Kriegstagebuch."

Dies war der letzte Funkspruch der „Bismarck". Das deutsche Schlachtschiff sank nach Hunderten schwerer Treffer der feindlichen Schiffsartillerie und der Torpedoflieger- und Torpedoträger. Zuletzt versetzte die „Dorsetshire" dem waidwunden Schiff mit drei weiteren Torpedos den Todesstoß. Um 10.40 Uhr des 27. Mai 1941 sank die „Bismarck".

Rettungsaktionen für die „Bismarck"

U 74 unter Kapitänleutnant Eitel Friedrich Kentrat rettete am Abend des 27. Mai drei in einem Schlauchboot treibende Seesoldaten des Schlachtschiffes. Dies sollte für die ebenfalls auf Suchkurs stehenden U-Boote der Befehl zum Weitersuchen sein.

Um 14.00 Uhr des 27. Mai brachte der britische Rundfunk die Meldung von der Vernichtung der „Bismarck". Daraufhin erhielten die deutschen U-Boote in dem betreffenden Seeraum um 14.16 Uhr vom B.d.U. den Befehl, aus dem Suchquadrat BE 6150 nach Nordwesten zu laufen und nach Überlebenden zu suchen.

Nachdem bis 19.54 Uhr kein Ergebnis gemeldet wurde, erfolgte der neue Befehl, der für U 48 lautete: „U 48 folgenden Suchraum gewinnen: BE 6120."

„Alles hundertprozentigen Ausguck halten, es geht um unsere Kameraden!" schärfte Schultze der wachegehenden Brückenbesatzung ein. Doch es hätte dieser Aufforderung nicht erst bedurft. Jeder strengte sich an und versuchte, etwas zu entdecken, das weiterhalf.

Nachdem U 74 seine FT-Meldung vom Auffischen der drei Überlebenden der „Bismarck" mit der Positionsangabe durchgegeben hatte, befahl Admiral Dönitz:

„Alle Boote, U 48, U 108, U 97, U 73 in die Nähe von U 74 gehen und dort in Richtung BE 5330 suchen."

Wieder begann die Suche. U 48 sichtete in diesem Seegebiet am 28. Mai um 13.20 Uhr ein Trümmerfeld in der Südhälfte des Quadrates BE 6141.

„Jetzt aufmerken, Männer! Jetzt geht es um alles!" rief Schultze. Aber auch diese Suche war vergebens, und als sie ein weiteres Trümmerfeld in 6142 sichteten, kam noch einmal die Hoffnung auf, schiffbrüchige Kameraden der „Bismarck" finden zu können. Doch auch hier wurde kein einziger Überlebender gefunden.

Vaddi Schultze nahm seine Mütze ab. Er wußte es vielleicht

gar nicht, aber Tränen rannen ihm zu beiden Seiten über die straff angespannten Backenknochen hinunter, und mancher der Brückenwächter war gleich ihm gebeutelt von dem Schicksal, das die 103 Offiziere und 1962 Männer der Besatzung sowie weitere 27 Soldaten des Flottenstabes und Prisenkommandos, die an Bord waren, getroffen hatte. Erst viel später sollten sie erfahren, daß ganze 87 Männer der „Bismarck" den Untergang ihres Schiffes überlebt hatten.

Bei Dunkelwerden des 28. Mai wurde die Suche nach Überlebenden auf Befehl des OKM nach Rücksprache mit der Marinegruppe West abgebrochen. Alle U-Boote, so auch U 48, setzten den Marsch in die befohlenen Seeräume fort. Doch noch einmal gab es neue Hoffnung, als ein Fischdampfer, es war die „Sachsenwald", nach Mitternacht des 29. Mai im Quadrat BE 6150 zwei weitere Überlebende fand und an Bord nahm.

Auf Anordnung des OKM erbat die Marinegruppe West vom B.d.U. noch einmal den Rückmarsch der Boote in das Quadrat 61 zur Fortsetzung der Suche.

Mit neuem Elan stießen die Boote in das Suchgebiet hinein. „Und wenn wir nur einen finden, hat es sich gelohnt, Kameraden!" feuerte Vaddi Schultze seine Besatzung an. Und so suchte U 48, suchten alle anderen Boote weitere 72 Stunden nach Überlebenden.

Dadurch war auf den Booten, die bereits länger in See standen, wie beispielsweise U 48 und U 73, der Treibstoff knapp geworden. Für sie beantragte Admiral Dönitz die Versorgung in See durch einen Flottentanker.

„Wir waren ohne Erfolg geblieben, aber wir haben das Mögliche versucht", sagte Schultze nach dieser Feindfahrt einem Manne der Marine-Kriegsberichterstaffel West. „Für einen einzigen Kameraden hätten wir gern alle uns vor den Bug laufenden Schiffe sausen lassen."

Der große Schlag der zehn Tage

Am 1. Juni 1941 befand sich U 48 auf seinem Anmarsch in dem soeben neu befohlenen Vorpostenstreifen, der vom Quadrat BE nach BD ging. Das Boot lief mit kleiner Fahrt auf Suchschlag durch die nur leicht bewegte See. Einmal mußte es vor einem Zerstörer in den Keller gehen.

Am Abend des 2. Juni hörten die Brückenwächter weit voraus im Westen eine dumpfe Torpedodetonation. U 108 unter Kapitänleutnant Klaus Scholtz hatte dort geschossen und den britischen Dampfer „Michael E." versenkt. Wenig später wurde Herbert Schultze auf die Brücke gerufen. Im Aufentern nickte er dem alten Leitenden Ingenieur Zürn zu und schwang sich durch das Turmluk ins Freie.

„Zehn Grad Backbord voraus, Herr Kaleunt!" meldete der II. Wachoffizier, Lt.z.S. Knackfuß.

Dem Kommandanten entfuhr ein anerkennender Pfiff. „Das sieht aber sehr gut aus, scheint ein Tanker zu sein."

Wenig später war es klar, daß sie einen Tanker vor sich hatten. Im Überwassermarsch setzte sich das Boot vor, und als es die richtige Schußposition erreicht hatte, fiel der Zweierfächer. Er traf den 9456 BRT großen Dampftanker „Inversuir", der gestoppt liegenblieb und seinen „SSS"-Ruf in die Nacht hinausheulte. SSS, das stand für das dreimal wiederholte Wort „Submarine".

Auf 48.28 Grad Nord und 28.20 Grad West loderten nunmehr die Flammen aus dem lahmgeschlagenen Tanker in die Höhe. „Der sinkt nicht, Herr Kaleunt!" bemerkte der II. WO. „Artillerie bereit machen!"

Die Besatzung des Buggeschützes enterte auf Deck ab und eröffnete genau 120 Sekunden nach dem Befehl das Feuer auf den Tanker. Granate nach Granate schlug unterhalb der Wasserlinie in den Tanker hinein, der tiefer und tiefer sank. Das ausgelaufene Erdöl stand wenig später in Flammen und bildete einen tanzenden, zuckenden roten Teppich aus Glut.

Die Besatzung, die nach den Treffern der Torpedos in die

Boote gegangen war, hatte sich weit vom Schiff abgesetzt und war nicht gefährdet.

Die „Inversuir" sank, und U 48 setzte seinen Marsch nach Westen fort. Es sollte weitere 48 Stunden dauern, bevor das Boot wieder zum Angriff auf ein Schiff anlief. Und wieder war es ein Tanker, die 6054 BRT große „Wellfield", ein britischer Motortanker. Dieser Tanker ging auf 48.34 Grad Nord und 31.34 Grad West auf Tiefe.

In den nächsten Stunden wurde weiterer starker Einzelverkehr festgestellt und dies in einem FT-Spruch am Morgen des Tages mit der Versenkungsmeldung zweier Tanker mit insgesamt runden 15 000 BRT dem B.d.U. gemeldet, der daraufhin weitere Boote in dieses Gebiet abdrehen ließ.

Auch U 48 machte sich an die Verfolgung eines sehr schnell laufenden Dampfers, der von einem Zerstörer geleitet wurde. Doch dieser konnte nicht erreicht werden, so daß Schultze auch infolge der prekären Brennstofflage die Verfolgung abbrechen ließ, die das Boot nach Westen geführt hatte, so daß der Rückmarsch wieder um einige hundert Seemeilen länger wurde.

Am Nachmittag des 6. Juni wurde ein schneller Einzelfahrer gesichtet. „Diesen kriegen wir!" meinte Schultze zuversichtlich, als er auf den Turm gerufen wurde und sich die Fahrt des Gegners ansah. Das Boot drehte mit 10-Grad-Backbordruder nach Süden ein und stand am Abend für einen Angriff in günstiger Position. Doch plötzlich schien der Dampfer Wind bekommen zu haben, denn er legte einen Zack ein, der ihn von dem lauernden und zum Angriff eindrehenden U-Boot fortbrachte.

„Neuer Anlauf! Der entgeht uns nicht!" feuerte Schultze die Besatzung und sich selber an.

U 48 drehte ein, erlangte den zum Schuß nötigen Vorlauf, schwenkte nach innen, und um 23.35 Uhr fiel der Schuß, der von Oblt.z.S. Atzinger als Torpedoschützen gut ins Ziel gebracht wurde. Der britische Dampfer „Tregarthen" mit 5201 BRT blieb gestoppt liegen, ein zweiter Torpedo besiegelte sein

Schicksal, nachdem die Besatzung in die Boote gegangen war. Auf 46.17 Grad Nord und 36.20 Grad West ging dieses neue Schiff für immer auf Tiefe.

Inzwischen war U 108 unter Kptlt. Scholtz sehr weit nach Westen vorgestoßen und konnte sechs Minuten nach Mitternacht des 8. Juni auf 39.02 Grad West den britischen Dampfer „Baron Nairn" versenken. Knapp sechs Stunden später kam das Boot auf den griechischen Dampfer „Dirphys" zum Schuß, der ebenfalls sank.

Nachdem U 46 unter Engelbert Endraß am frühen Nachmittag des 8. Juni ganz in der Nähe von U 48 einen Motortanker torpedierte und einen Dampfer versenkte, machte U 48 bereits Jagd auf einen großen Tanker, der in der südlichen Kolonne des Konvois OB 329d lief. Das Boot hatte den Geleitzug, einen Liverpool-outward-Konvoi, bereits gemeldet und gab Peilzeichen. Nun schnürte es am Rande des Sichtkreises zum Vorlauf heran, drehte ein und ging auf Sehrohrtiefe.

Wieder saß Herbert Schultze im Sattelsitz des Sehrohrs, er ließ dieses sparsam ausfahren, und beobachtete diesen großen Gegner. Er sah einen Zerstörer, der von achtern aufdampfte und mit großer Fahrt an die Konvoispitze zu gelangen trachtete.

Dann war es soweit. Die beiden Torpedos des geplanten Zweierfächers lagen schußbereit in den Rohren, die bewässert waren. Die Mündungsklappen waren aufgedreht. Dann gab Schultze den Feuerbefehl, und die Nummer Eins, die am Kartentisch in der Zentrale lehnte, drückte den Knopf der Stoppuhr herein.

Sekunden vertickten in die Vergangenheit. Die atemlose Stille, die jeden Mann im Boot gepackt hatte, löste sich in einem befreiten Aufschrei, als der Kommandant „Treffer mittschiffs und 30 achtern" meldete. Schultze hob die Hand, sofort trat Ruhe ein.

„Dampfer liegt gestoppt, beginnt aus den beiden Einschußlöchern zu spouten. Eine Flamme schlägt mittschiffs heraus. Der Tanker beginnt zu brennen."

Nacheinander machte Schultze diese Angaben, um der Besatzung den Stand der Dinge darzulegen.

„Auf siebzig Meter gehen!" befahl er, als er einen Zerstörer auf sie andrehen sah. Das Boot stieß in die bergende Tiefe hinunter. Eine Ruderkorrektur ließ den Zerstörer, dessen Schraubengeräusche gehorcht wurden, auswandern. Schultze war aus dem Turm in die Zentrale abgeentert. Er ließ sich die Meldungen aus dem Horchraum durchgeben und befahl eine neue Kursänderung.

„Schraubengeräusche werden leiser! – – – Sind verstummt! Auf Sehrohrtiefe auftauchen!"

Der Leitende Ingenieur meldete den Vollzug, und zu einem Rundblick ließ sich „Vaddi" um den Sehrohrblock herumdrehen. Er sah die himmelhoch auflodernden Flammen und sonst nichts. Nachdem sie noch weiter abgelaufen waren, ließ der Kommandant auftauchen.

„Tanker macht Notruf!" meldete der Mann am Funkgerät. „Es ist die ‚Pendrecht', ein Niederländer. Hat nach dem Lloyds-Register 10746 BRT."

„Das ist das Eichenlaub für den Alten", meinte der Torpedomixer im Bugraum, denn nach seiner Rechnung hatte Schultze nunmehr die 200000-Tonnen-Grenze überschritten. Doch offenbar war dies noch nicht der Fall, denn auch nach der Meldung dieses großen Erfolges zeigte der B.d.U. keine Reaktion.

Nunmehr mußte U 48 den Rückmarsch antreten, denn die Brennstofflage erlaubte keinen Tag länger, auf Suchschlag zu stehen.

„Das Boot tritt den Rückmarsch an", gab Schultze über die Bordsprechanlage bekannt. Jubel brandete auf. Die Männer wußten, daß ihnen noch ein sehr langer Weg bevorstand, aber sie waren sicher, daß ihr „Vaddi" auch dies schaffen würde.

„Hoffentlich können wir noch die beiden Aale anlegen, die noch in den Rohren stecken", meinte der Torpedowaffen-Offizier, als er sich in der Zentrale mit dem LI unterhielt, nachdem er durch Lt.z.S. Knackfuß abgelöst worden war.

„Irgend etwas wird uns schon noch über den Weg laufen", zeigte sich Zürn zuversichtlich.

Und so war es auch. In der Nacht zum 12. Juni lief ihnen ein schneller Einzelfahrer entgegen. Es war die „Empire Dew", ein britischer Dampfer mit 7005 BRT, der von Schultze als 10000-Tonner angesprochen wurde.

Um 2.52 Uhr fielen die beiden Schüsse des Zweierfächers in fünf Sekunden Zeitabstand zueinander. Der Bug des Bootes glitt in die Höhe. Die Ausgleichtanks, deren Lüfter der Zentralemaat gerissen hatte, liefen voll und brachten U 48 wieder in Trimm.

„Treffer Mitte und zwanzig achtern!" sagte Schultze ein wenig verwundert, denn nach der Berechnung mußten die Torpedos erst 15 Sekunden später ihr Ziel erreicht haben. Doch diese Differenz wurde durch die Tatsache verursacht, daß sie den Dampfer für größer gehalten und demzufolge weiter entfernt stehend angenommen hatten.

Die „Empire Dew" sank auf 51.09 Grad Nord und 30.16 Grad West. Damit hatte das Boot auf dieser Feindfahrt binnen zehn Tagen fünf Schiffe versenkt, darunter drei wertvolle Tanker.

„Auf Rückmarsch Einzelfahrer von 7005 BRT versenkt!" meldete Schultze. „Bravo, U 48!" ließ der Große Löwe zurückfunken.

Wenig später ging ein weiterer FT-Spruch auf U 48 ein: „An Kommandant U 48: Der Führer hat Sie als 15. Soldaten der Deutschen Wehrmacht mit dem Eichenlaub zum Ritterkreuz des Eisernen Kreuzes ausgezeichnet. Gratuliere, B.d.U."

Als das Boot nach dieser Feindfahrt einlief, flatterten fünf Versenkungswimpel am ausgefahrenen Sehrohr. U 48 war von seiner letzten Feindfahrt heimgekehrt und hatte die Besatzung wohlbehalten zurückgebracht.

Da Schultze vorher versprochen hatte, nunmehr mit den Feindfahrten aufzuhören, blieb ihm keine andere Wahl, als zuzustimmen, als Admiral Dönitz ihm nun eröffnete, daß seine Kraft bei einer Kampf-Flottille benötigt werde und daß sein

Boot, U 48, erhalten bleiben müsse als erfolgreichstes U-Boot des Zweiten Weltkrieges.

Herbert Schultze nahm Abschied von seinem Boot und von seiner Besatzung. U 48 ging noch einmal in die Werft, um am 1. August 1941 aus der Front genommen zu werden. Es trat zur 26. U-Flottille unter KKpt. von Stockhausen. Kommandant wurde und blieb für lange Zeit Oblt.z.S., dann Kptlt. Atzinger.

Nachdem der Empfangsrummel u. a. auch in der Kieler Germaniawerft zu Ende gegangen war und Herbert Schultze seinen wohlverdienten Urlaub angetreten hatte, aus dem er am 1. September zurückkehrte, übernahm er zu seiner eigenen Freude die 3. U-Flottille als Flottillenchef. Damit hatte der Große Löwe seiner Bitte um Verbleib bei den Front-Flottillen stattgegeben. In seiner Flottille waren Kommandanten, die mit ihm gemeinsam an Rudelschlachten und Einzelverfolgungen teilgenommen hatten. Hier fand er seine alten Kameraden Rollmann und Reschke und auch seinen Namensvetter, Oblt.z.S. Heinz-Otto Schultze, wieder, dem er das ihm zum 9. Juli 1942 verliehene Ritterkreuz zum Eisernen Kreuz anlegen konnte.

Nachzutragen bliebe nur noch, daß am 23. April 1941 auch seinem Leitenden Ingenieur, Oblt.z.S. Erich Zürn, das Ritterkreuz verliehen worden war. Schultze hatte es bereits zweimal für diesen verdienten Offizier von U 48 beantragt, ehe der Große Löwe seine Zustimmung dazu gab, denn eines war auch ihm bekannt, daß bei weniger erfahrenen Leitenden Ingenieuren ein Durchkommen von U 48 aus einer Reihe kritischer Situationen wahrscheinlich nicht möglich gewesen wäre.

Im Juni 1942 übergab Schultze seinem Nachfolger, KKpt. Zapp, die Flottille.

Als Korvettenkapitän diente Herbert Schultze zuletzt als Kommandeur der II. Abteilung der Marineschule Schleswig, wo er sein Wissen und Können an junge U-Boot-Offiziere und Fähnriche weitergab.

Sein Boot, U 48, hat er noch mehrfach besucht. Es wurde am 3. Mai 1945 von seinem letzten Kommandanten, Oblt.z.S. Todenhagen, in der Neustädter Bucht selbst versenkt.

Anlagen

U 48 – *Technische Daten*

Das Boot gehörte wie alle Boote der Baureihe von U 45 bis U 55 zum Typ VII B und wurde auf der Krupp Germaniawerft in Kiel gebaut. Dieses „Mittlere Hochseeboot" wurde als Einhüllenboot gebaut. Die Serien waren:

1. Serie: U 45 bis U 55 – Krupp Germaniawerft, Kiel.
2. Serie: U 73 bis U 76 – Vulkanwerft, Bremen.
3. Serie: U 83 bis U 87 – Flenderwerft, Lübeck.
4. Serie: U 99 bis U 102 – Krupp Germaniawerft, Kiel.

Größe: 753/857/1040 t
Offiziell: 517 t Deplacement
Länge: 66,50/48,80 m
Durchmesser: 6,20/4,70 m
Tiefgang: 4,74/9,50 m
Leistung: 2800–3200/700 PS
Geschwindigkeit: 17,2–17,9/8,0 Knoten
Tauchtiefe: 100 (200) m/30''''
Treiböl: 108,3/99,7 t
Bewaffnung: 4 Bugtorpedorohre, 1 Heckrohr mit 14 Torpedos oder 39 Minen
Artillerie: 1–8,8 cm Buggeschütz, 1–2 cm FlaMW, später 1–3,7 cm FlaMW/2–2 cm FlaMW (1195/4380)
Besatzung: 4 Offiziere und 40, später bis zu 56 Mann

Die Erfolgsliste von U 48

1. Feindfahrt: Kptlt. Schultze
5. Sept. 1939	12.25 Uhr	BE 6473 „Royal Sceptre"	4853 BRT
8. Sept. 1939	08.30 Uhr	BE 2888 „Winkleigh"	5055 BRT
11. Sept. 1939	13.35 Uhr	AM 1366 „Firby"	4869 BRT

2. Feindfahrt: Kptlt. Schultze
12. Okt. 1939	18.08 Uhr	BE 3246 „Emile Miguet"	14115 BRT
12. Okt. 1939	20.24 Uhr	BE 3194 „Heronspool"	5202 BRT
13. Okt. 1939	08.14 Uhr	BE 3544 „Louisiane"	6903 BRT
14. Okt. 1939	12.13 Uhr	BE 3836 „Sneaton"	3677 BRT
17. Okt. 1939	20.35 Uhr	BE 3835 „Clan Chisolm"	7256 BRT

3. Feindfahrt: Kptlt. Schultze
26. Nov. 1939	23.32 Uhr	AM 1400 „Gustav E. Reuter"	6336 BRT
8. Dez. 1939	11.55 Uhr	BF 1532 „Brandon"	6668 BRT
9. Dez. 1939	06.44 Uhr	BE 3933 „San Alberto"	7397 BRT
15. Dez. 1939	17.40 Uhr	BE 3334 „Germaine"	5217 BRT

4. Feindfahrt: Kptlt. Schultze
10. Febr. 1940	08.45 Uhr	BE 2400 „Burgerdijk"	6853 BRT
14. Febr. 1940	16.55 Uhr	BE 1800 „Sultan Star"	12306 BRT
15. Febr. 1940	14.00 Uhr	BF 4300 „Den Haag"	8971 BRT
17. Febr. 1940	20.40 Uhr	BF 1600 „Wilja"	3396 BRT

5. Feindfahrt: Kptlt. Schultze
(Norwegeneinsatz kein Versenkungserfolg)

6. Feindfahrt: KKpt. Rösing
6. Juni 1940	… … Uhr	AM 3338 „Stancor"	798 BRT
7. Juni 1940	02.13 Uhr	AM 5299 „Frances Massey"	4219 BRT
7. Juni 1940	03.22 Uhr	AM 5296 „Eros" (torp).	5888 BRT
11. Juni 1940	01.10 Uhr	BE 9397 „Violando N. Goulandris"	3598 BRT
19. Juni 1940	01.25 Uhr	BE 9359 „Tudor"	6607 BRT
19. Juni 1940	02.56 Uhr	BE 9369 „Baron Loudoun"	3164 BRT
19. Juni 1940	03.46 Uhr	BE 7171 „British Monarch"	5661 BRT
20. Juni 1940	17.30 Uhr	BE 9574 „Moerdrecht"	7493 BRT

7. Feindfahrt: KKpt. Rösing
16. Aug. 1940	12.03 Uhr	AL 3888 „Hedrun"	2325 BRT
19. Aug. 1940	00.05 Uhr	AM 4424 „Ville de Gand"	7590 BRT
21. Aug. 1940	00.26 Uhr	AM 4621 … (torp.)	…
21. Aug. 1940	00.27 Uhr	AM 4621 … (torp.)	…
24. Aug. 1940	14.24 Uhr	AM 2743 „La Brea"	6666 BRT
25. Aug. 1940	02.45 Uhr	AM 2583 „Athelcrest"	6825 BRT
25. Aug. 1940	02.46 Uhr	AM 2583 „Empire Merlin"	5763 BRT

8. Feindfahrt: Kptlt. Bleichrodt
15. Sept. 1940	00.24 Uhr	AM 1998 „Alexandros"	4343 BRT
15. Sept. 1940	00.25 Uhr	AM 1998 „Dundee" (KS)	1060 BRT
15. Sept. 1940	01.23 Uhr	AM 1998 „Empire Volunteer"	5319 BRT
15. Sept. 1940	03.00 Uhr	AM 1998 „Kenordoc"	1780 BRT
18. Sept. 1940	00.01 Uhr	AL 2966 „City of Benares"	11081 BRT
18. Sept. 1940	00.07 Uhr	AL 2966 „Marina"	5088 BRT

18. Sept. 1940	18.49 Uhr AL 2881 „Magdalena"	3118 BRT
21. Sept. 1940	06.14 Uhr AL 5436 „Blairangus"	4409 BRT
21. Sept. 1940	23.38 Uhr AL 6554 „Broompark" (torp.)	...

9. Feindfahrt: Kptlt. Bleichrodt

11. Okt. 1940	21.50 Uhr AL 0378 „Brandanger"	4624 BRT
11. Okt. 1940	22.09 Uhr AL 0378 „Port Gisborne"	8390 BRT
12. Okt. 1940	00.14 Uhr AL 0381 „Davanger"	7102 BRT
17. Okt. 1940	05.53 Uhr AL 3388 „Languedoc"	9512 BRT
17. Okt. 1940	05.53 Uhr AL 3388 „Socresby"	3843 BRT
17. Okt. 1940	05.53 Uhr AL 3388 . . . (torp.)	...
18. Okt. 1940	10.25 Uhr AL 2593 „Sandsend"	3612 BRT
20. Okt. 1940	00.24 Uhr AL 0355 „Shirak"	6023 BRT

10. Feindfahrt: Kptlt. Schultze

1. Febr. 1941	21.25 Uhr AL 3616 „Nicolais Angelos"	4351 BRT
24. Febr. 1941	21.43 Uhr BF 1185 „Nailsea Lass"	4289 BRT

11. Feindfahrt: Kptlt. Schultze

29. März 1941	06.19 Uhr AE 7844 „Germanic"	5352 BRT
29. März 1941	06.24 Uhr AE 7844 „Limbourg"	2483 BRT
29. März 1941	06.27 Uhr AE 7844 „Athelprince" (torp.)	...
29. März 1941	06.55 Uhr AE 7844 „Eastlea"	4267 BRT
29. März 1941	08.06 Uhr AE 7844 „Hylton"	5197 BRT
2. April 1941	01.00 Uhr AD 8789 „Beaverdale"	9957 BRT

12. Feindfahrt: Kptlt. Schultze

3. Juni 1941	01.01 Uhr BD 6131 „Inversuir"	9456 BRT
5. Juni 1941	01.31 Uhr BD 5185 „Wellfield"	6054 BRT
6. Juni 1941	23.25 Uhr BD 4827 „Tregarthen"	5201 BRT
8. Juni 1941	15.45 Uhr BD 7212 „Pendrecht"	10746 BRT
12. Juni 1941	02.52 Uhr AK 9784 „Empire Dew"	7005 BRT

Gesamtzahl der versenkten Schiffe: 56 Handelsschiffe und
                                                 1 Kriegsschiff
Versenkte Tonnage: 322 478 BRT und
                                                 1060 BRT
Torpediert wurden: 6 Schiffe mit ca. 35 000 BRT

Im Zuge der vierten Feindfahrt des Bootes wurde eine Minenoperation durchgeführt.

Taktische Gliederung der Unterseeboot-Flottillen vom 1. 9. 1939–1942

1. September 1939:

1. U-Flottille, Chef:	Kptlt. Looff
U 9	Kptlt. Mathes
U 13	Kptlt. Daublebsky von Eichhain
U 15	Kptlt. Buchholz
U 17	Kptlt. Reiche
U 19	Kptlt. Meckel
U 21	Kptlt. Frauenheim
U 23	Kptlt. Kretschmer
2. U-Flottille, Chef:	Kptlt. Ibbeken
U 26	Kptlt. Ewerth
U 27	Kptlt. Franz
U 28	Oblt.z.S. Kuhnke
U 29	Kptlt. Schuhart
U 30	Oblt.z.S. Lemp
U 31	Kptlt. Habekost
U 32	Kptlt. Büchel
U 33	Kptlt. von Dresky
U 34	Kptlt. Rollmann
U 35	Kptlt. Lott
U-Boot-Begleitschiff „Saar"	Kptlt. Bartsch
T 158	Oblt.z.S. Gotzmann
3. U-Flottille, Chef:	Kptlt. Eckermann
U 12	Kapitänleutnant von der Ropp
U 14	Kptlt. Wellner
U 16	Kptlt. Weingaertner
U 18	Kptlt. Bauer
U 20	Kptlt. Moehle
U 22	Kptlt. Winter
U 24	Kptlt. Behrens

U-Boot-Begleitschiff "Weichsel"	Kptlt. Rapp
U-Tender "Mosel"	ObStrm. Fischer
5. U-Flottille, Chef:	KKpt. Rösing
U 56	Kptlt. Zahn
U 57	Oblt.z.S. Korth
U 58	Oblt.z.S. Kuppisch
U 59	Oblt.z.S. Jürst
U 60	Oblt.z.S. Schewe
U 61	Oblt.z.S. Oesten
U-Boot-Begleitschiff "Lech"	Oblt.z.S. Brodda
6. U-Flottille, Chef:	KKpt. Hartmann
U 37	Kptlt. Schuch
U 38	Kptlt. Liebe
U 39	Kptlt. Glattes
U 40	Kptlt. von Schmidt
U 41	Oblt.z.S. Mugler
U 42	Kptlt. Dau
U 43	Kptlt. Ambrosius
U 25	Kptlt. Schütze
U 26	Kptlt. Ewerth
U-Boot-Begleitschiff "Isar"	Kptlt. Neumann
7. U-Flottille, Chef:	KKpt. Sobe
U 45	Kptlt. Gelhaar
U 46	Kptlt. Sohler
U 47	Kptlt. Prien
U 48	Kptlt. Schultze (Herbert)
U 51	Oblt.z.S. Knorr
U 52	Kptlt. Barten
U 53	Kptlt. Heinicke
U 49	Kptlt. von Goßler
U 54 (ab 15. 9. 39)	Oblt.z.S. Michel
U.A. (ab 1. 10. 39)	Kptlt. Cohausz

Taktische Gliederung der U-Boot-Schulflottille vom 1. Oktober 1939

U-Boot-Begleitschiff
„Saar" Kptlt. Bartsch
U 5 Kptlt. Kutschmann
U 10 Kptlt. Schulz
U 1 Kptlt. Deecke
U 6 Oblt.z.S. Matz
U 3 Kptlt. Schepke
U 2 Oblt.z.S. Rosenbaum
U 4 Kptlt. von Klot
U 7 Oblt.z.S. Heidel
U 8 Kptlt. Stiebler
U 11 Kptlt. Peters
Fangboot T 123 Oblt.z.S. Meyer
Fangboot T 155 Kptlt. Langner
Fangboot T 156 Kptlt. Koch
Fangboot T 157 Kptlt. Hänig
Fangboot T 158 Oblt.z.S. Gotzmann

Taktische Gliederung des B.d.U.-Verbandes Stichtag 1. November 1939

Taktischer Verband: Führer:
Befehlshaber der U-Boote KAdm. Dönitz
B.d.U. Organisationsabt. (Kiel): Kpt.z.S. von Friedeburg
B.d.U. Operationsabt. (Wilhelmshaven) KKpt. Godt

1. U-Flottille, Chef: KKpt. Hartmann
U 28 Kptlt. Kuhnke
U 29 Kptlt. Schuhart
U 30 Kptlt. Lemp
U 31 Kptlt. Habekost
U 32 Kptlt. Büchel

U 33 Kptlt. von Dresky
U 34 Kptlt. Rollmann
U 35 Kptlt. Lott (Werner)
U 36 Kptlt. Fröhlich

3. U-Flottille, Chef: Kptlt. Eckermann
U 18 Kptlt. Bauer (Max-Hermann)
U 20 Kptlt. Moehle
U 22 Kptlt. Jenisch
U 24 Kptlt. Jeppener-Haltenhoff
U-Boot-Begleitschiff „Lech": Kptlt. Rapp

5. U-Flottille, Chef: KKpt. Rösing
U 56 Kptlt. Zahn
U 57 Oblt.z.S. Korth
U 58 Oblt.z.S. Kuppisch
U 59 Oblt.z.S. Jurst
U 60 Kptlt. Schewe
U 61 Oblt.z.S. Oesten
U-Boot-Tender „Lech" Oblt.z.S. Brodda

6. U-Flottille, Chef: KKpt. Hartmann
U 37 KKpt. Hartmann
U 38 Kptlt. Liebe
U 40 Kptlt. Barten
U 41 Kptlt. Mugler
U 42 Kptlt. Dau
U 43 Kptlt. Ambrosius
U 25 Kptlt. Schütze
U 26 Kptlt. Ewerth
U-Tender „Isar" Kptlt. Neumann

7. U-Flottille, Chef: KKpt. Sobe
U 45 Kptlt. Gelhaar
U 46 Kptlt. Sohler
U 47 Kptlt. Prien

U 48	Kptlt. Schultze (Herbert)
U 49	Kptlt. von Goßler
U 51	Kptlt. Knorr
U 52	Kptlt. Barten
U 53	Kptlt. Heinicke
U 54	Kptlt. Michel
U.A.	Kptlt. Cohausz

U-Boot-Schulflottille

Chef: Kptlt. Beduhn
U 1   Kptlt. Deecke
U 2   Oblt.z.S. Rosenbaum
U 3   Kptlt. Schepke
U 4   Kptlt. von Klot
U 5   Kptlt. Kutschmann
U 6   Oblt.z.S. Matz
U 7   Oblt.z.S. Schrott
U 8   Kptlt. Lehmann
U 10   Oblt.z.S. Lorentz
U 11   Kptlt. Peters
T 123   Oblt.z.S. Meyer
T 155   Kptlt. Langner
T 156   Kptlt. Koch
T 158   Oblt.z.S. Gotzmann

U-Boot-Begleitschiff
„Saar"   Kptlt. Bartsch

U-Boot-Ausbildungsflottille

Chef: Kptlt. Weingaertner
U 9   Oblt.z.S. Schultye (Max)
U 14   Oblt.z.S. Wohlfahrt
U 17   Kptlt. Behrens (Udo)
T 139   Kptlt. Schwarte
T 151   Kptlt. Bachmann
T 153   Kptlt. Reinke
Torpedo-Klarmach-Fahrzeug
„Mosel"   ObStrm. Fischer
Stützpunktleiter Kiel:
           Kptlt. Eckermann
Stützpunktleiter Wilhelmshaven:
           Kptlt. Fischer (Heinz)

Die 7. U.-Flottille
Stand vom 15. April 1940

Chef i.V.	KKpt. Eckermann (ab 1.10.40)
	Kptlt. Sohler
U 46	Kptlt. Endraß
U 47	Kptlt. Prien
U 48	KKpt. Rösing (später
	Kptlt. Bleichrodt)
U 51	Kptlt. Knorr
U 52	Kptlt. Salman
U 93	Kptlt. Korth
U 95	Kptlt. Schreiber, Gerd (ab 1.9.40)
U 96	Kptlt. Lehmann (ab 1.10.40)
U 97	Oblt.z.S. Heilmann (ab 1.10.40)
U 73	Kptlt. Rosenbaum (ab 15.10.40)
U 98	Kptlt. Gysae (ab 15.10.40)
U 74	Kptlt. Kentrat (ab 1.11.40)
U 69	Kptlt. Metzler (ab 15.11.40)
U 551	Kptlt. Schrott (ab 15.11.40)
U.A.	KKpt. Eckermann (ab 15.11.40)
U 70	Kptlt. Matz (ab 1.12.40)
U 96	Kptlt. Lehmann-Willenbrock (ab 1.12.40)
U 71	Kptlt. Flachsenberg (ab 15.12.40)
U 76	Oblt.z.S. von Hippel (ab 15.12.40)
U 552	Oblt.z.S. Topp (ab 15.12.40)

Die 7. U.-Flottille
Stand vom 1. 1. 1941

Chef:	Kptlt. Sohler
U 46	Oblt.z.S. Endraß
U 47	Kptlt. Prien
U 48	Kptlt. Schultze (Herbert)
U 52	Kptlt. Salman

U 69	Kptlt. Metzler
U 70	Kptlt. Matz
U 71	Kptlt. Flachsenberg
U 73	Kptlt. Rosenbaum
U 74	Kptlt. Kentrat
U 75	Kptlt. Ringelmann
U 76	Oblt.z.S. von Hippel
U 93	Kptlt. Korth
U 94	Kptlt. Kuppisch
U 95	Kptlt. Schreiber
U 96	Kptlt. Lehmann
U 97	Oblt.z.S. Heilmann
U 98	Kptlt. Gysae
U 99	Kptlt. Kretschmer
U 100	Kptlt. Schepke
U 101	Kptlt. Mengersen
U 551	Kptlt. Schrott
U 552	Kptlt. Topp
U 553	Kptlt. Thurmann
U.A.	KKpt. Eckermann

Torpedo-Klarmach-Fahrzeug
St.ObStrm. Etterich

Gliederung der U-Boot-Führung am 1./5. Januar 1941

Befehlshaber der U-Boote (B.d.U):	VAdmiral Dönitz
B.d.U. OrgAbt. (Chef):	Kpt.z.S. von Friedeburg
B.d.U. OpAbt. (Chef):	FKpt. Godt
U-Boots-Begleitschiff „Erwin Wassner"	Kptlt. d.Res. Pies
1. U-Boot-Lehrdivision (Kdr.):	FKpt. Ibbeken
Werkstattschiff „Kamerun" (Kdt.):	KKpt. (S) Krüger
2. U-Boot-Lehrdivision (Kdr.):	KKpt. W. Hartmann
U-Boot-Ausbildungs-Abt. Plön:	FKpt. Schmidt, A.
1. U-Flottille:	KKpt. Cohausz
2. U-Flottille:	KKpt. Fischer (i.V.)
3. U-Flottille:	KKpt. Rösing
5. U-Flottille:	Kptlt. Eckermann
6. U-Flottille:	Kptlt. Frauenheim
7. U-Flottille:	KKpt. Schler

Offiziers-Stellenbesetzung von U 48
am 1. Mai 1941

Kommandant: Kptlt. Schultze (Herbert)
I. WO: Oblt.z.S. Schrewe
II. WO: Oblt.z.S. Atzinger
L.I.: Oblt. (Ing.) Zürn

am 2. Juni 1941

Kommandant: Kptlt. Schultze (Herbert)
I. WO: Oblt.z.S. Atzinger
II. WO: Lt.z.S. Knackfuß
L.I.: Oblt. (Ing.) Zürn

Die versenkten und torpedierten Schiffe des Geleitzuges SC 7

16.10.1940	U 124	Kptlt. Schulz	„Trevisa"	1813 BRT	+
17.10.1940	U 48	Kptlt. Bleichrodt	„Languedoc"	9512 BRT	+
17.10.1940	U 48	Kptlt. Bleichrodt	„Scoresby"	3843 BRT	+
17.10.1940	U 38	Kptlt. Liebe	„Aenos"	3554 BRT	+
18.10.1940	U 38	Kptlt. Liebe	„Carsbreck"	3670 BRT	=
18.10.1940	U 123	Kptlt. Moehle	„Beatus"	4885 BRT	+
18.10.1940	U 46	Kptlt. Endraß	„Convallaria"	1996 BRT	+
18.10.1940	U 101	Kptlt. Frauenheim	„Shekatika"	5458 BRT	=
18.10.1940	U 99	Kptlt. Kretschmer	„Empire Miniver"	6055 BRT	+
18.10.1940	U 46	Kptlt. Endraß	„Creekirk"	3917 BRT	+
18.10.1940	U 101	Kptlt. Frauenheim	„Blairspey"	4155 BRT	=
18.10.1940	U 100	Kptlt. Schepke	„Shekatika"	5458 BRT	=
18.10.1940	U 99	Kptlt. Kretschmer	„Niritos"	3854 BRT	+
19.10.1940	U 101	Kptlt. Frauenheim	„Assyrian"	2962 BRT	+
19.10.1940	U 101	Kptlt. Frauenheim	„Soesterberg"	1904 BRT	+
19.10.1940	U 123	Kptlt. Moehle	„Snefjeld"	1643 BRT	+
19.10.1940	U 123	Kptlt. Moehle	„Boekolo"	2118 BRT	+
19.10.1940	U 99	Kptlt. Kretschmer	„Empire Brigade"	5154 BRT	+
19.10.1940	U 99	Kptlt. Kretschmer	„Sedgepool"	5556 BRT	+
19.10.1940	U 100	Kptlt. Schepke	„Blairspey"	4155 BRT	=
19.10.1940	U 99	Kptlt. Kretschmer	„Thalia"	5875 BRT	+
19.10.1940	U 123	Kptlt. Moehle	„Shekatika"	5458 BRT	+
19.10.1940	U 99	Kptlt. Kretschmer	„Clintonia"	3106 BRT	=
19.10.1940	U 123	Kptlt. Moehle	„Clintonia"	3106 BRT	+

Gesamtzahl der angegriffenen Schiffe: 24
davon die „Shekatika" dreimal und
die „Blairspey" und die „Clintonia" jeweils zweimal.
Gesamtzahl der versenkten Schiffe: 20
Gesamttonnage, die am SC 7 versenkt wurde: 82030 BRT
+ = versenkt   = = torpediert

Versenkungserfolge am HX 79 vom 19. bis 20. Oktober 1940

19.10.1940:	U 38	Kptlt. Liebe	„Matheran"	7653 BRT	+
19.10.1940:	U 38	Kptlt. Liebe	„Uganda"	4966 BRT	+
19.10.1940:	U 47	Kptlt. Prien	„Bilderdijk"	6856 BRT	+
19.10.1940:	U 47	Kptlt. Prien	„Shirak"	6023 BRT	=
19.10.1940:	U 48	Kptlt. Bleichrodt	„Shirak"	6023 BRT	+
19.10.1940:	U 47	Kptlt. Prien	„Wandby"	4947 BRT	=
19.10.1940:	U 46	Kptlt. Endraß	„Wandby"	4947 BRT	+

(Die „Wandby" wurde von beiden Booten gleichzeitig angegriffen)

19.10.1940:	U 46	Kptlt. Endraß	„Ruperra"	4548 BRT	+
20.10.1940:	U 100	Kptlt. Schepke	„Caprella"	8230 BRT	+
20.10.1940:	U 100	Kptlt. Schepke	„Sitala"	6218 BRT	+
20.10.1940:	U 47	Kptlt. Prien	„La Estancia"	5185 BRT	+
20.10.1940:	U 47	Kptlt. Prien	„Whitford Point"	5026 BRT	+
20.10.1940:	U 47	Kptlt. Prien	„Athelmonarch"	8995 BRT	=
20.10.1940:	U 46	Kptlt. Endraß	„Janus"	9965 BRT	+
20.10.1940:	U 100	Kptlt. Schepke	„Loch Lomond"	5452 BRT	+

Gesamtzahl der Torpedierungen: 15 Schiffe
davon zwei Schiffe zweimal.
Gesamtzahl der versenkten Schiffe: 12 Schiffe mit 75069 BRT
Torpediert: 1 Schiff mit 8995 BRT
(Die torpedierten Schiffe „Shirak" und „Wandby"
sind unter den versenkten Einheiten gezählt)

Die Kommandanten von U 48
(In der Reihenfolge ihrer Einsätze)

Korvettenkapitän Herbert *Schultze*
geb. am 24. Juli 1909 in Kiel
Ritterkreuz des Eisernen Kreuzes am 1. März 1940
Eichenlaub zum Ritterkreuz (15.) am 12. Juni 1941
Letzte Dienststellung: Kdr. II. Abt.
Marineschule Schleswig

Kapitän zur See Hans-Rudolf *Rösing*
geb. am 28. September 1905 in Wilhelmshaven
Ritterkreuz des Eisernen Kreuzes am 29. August 1940
Letzte Dienststellung: Führer der U-Boote West

Korvettenkapitän Heinrich *Bleichrodt*
geb. am 21. Oktober 1909 in Berga/Kyffhäuser
Ritterkreuz des Eisernen Kreuzes am 24. Oktober 1940
125. Eichenlaub zum Ritterkreuz am 23. September 1942
Letzte Dienststellung: Chef der 22. U-Flottille

Die Ritterkreuzträger der U-Boot-Waffe

Das *Eichenlaub mit Schwertern und Brillanten* zum Ritterkreuz
1. (7.) Korvettenkapitän Wolfgang *Lüth* 11. 8.1943
(Kommandant U 9, U 138, U 181)
2. (22.) Korvettenkapitän Albrecht *Brandi* 24.11.1944
(Kommandant U 617, U 380, U 967)

Das *Eichenlaub mit Schwertern* zum Ritterkreuz
1. (5.) Korvettenkapitän Otto *Kretschmer* 26.12.1941
(Kommandant U 23, U 99)
2. (17.) Korvettenkapitän Erich *Topp* 17. 8.1942
(Kommandant U 57, U 552)
3. (18.) Kapitänleutnant Reinhard *Suhren* 2. 9.1942
(Wachoffz. auf U 48, Kdt. U 564)
4. (29.) Korvettenkapitän Wolfgang *Lüth* 15. 4.1943
(Kommandant U 9, U 138, U 43, U 181)
5. (66.) Korvettenkapitän Albrecht *Brandi* 13. 5.1944
(Kommandant U 167, U 380, U 967)

Das *Eichenlaub* zum Ritterkreuz
1. (5.) Kapitänleutnant Günther *Prien* 20.10.1940
(Kommandant U 47)
2. (6.) Kapitänleutnant Otto *Kretschmer* 4.11.1940
(Kommandant U 99)
3. (7.) Kapitänleutnant Joachim *Schepke* 1.12.1940
(Kommandant U 100)
4. (13.) Korvettenkapitän Heinrich *Liebe* 10. 6.1941
(Kommandant U 38)
5. (14.) Oberleutnant z.S. Engelbert *Endraß* 10. 6.1941
(Kommandant U 46, U 567, WO U 47)
6. (15.) Kapitänleutnant Herbert *Schultze* 12. 6.1941
(Kommandant U 48)
7. (23.) Korvettenkapitän Viktor *Schütze* 4. 7.1941
(Kommandant U 25, U 103)
8. (51.) Kapitänleutnant Heinrich *Lehmann-Willenbrock* 2. 1.1942
(Kdt. U 5, U 96)
9. (56.) Kapitänleutnant Reinhard *Suhren* 3. 1.1942
(WO U 48, Kommandant U 564)
10. (87.) Kapitänleutnant Erich *Topp* 11. 4.1942
(Kommandant U 57, U 552)
11. (89.) Kapitänleutnant Reinhard *Hardegen* 23. 4.1942
(Kommandant U 147, U 123)
12. (104.) Kapitänleutnant Rolf *Mützelburg* 15. 7.1942
(Kommandant U 203)
13. (105.) Kapitänleutnant Adalbert *Schnee* 15. 7.1942
(Kommandant U 60, U 203)
14. (123.) Korvettenkapitän Klaus *Scholtz* 10. 9.1942
(Kommandant U 108)

15. (125.)	Kapitänleutnant Heinrich *Bleichrodt* U 48, U 109)	23. 9.1942
16. (142.)	Kapitänleutnant Wolfgang *Lüth* (Kommandant U 9, U 138, U 43, U 181)	13.11.1942
17. (147.)	Korvettenkapitän Karl-Friedrich *Merten* (Kommandant U 68)	16.11.1942
18. (171.)	Kapitänleutnant Friedrich *Guggenberger* (Kommandant U 81)	8. 1.1943
19. (177).	Kapitänleutnant Johann *Mohr* (Kommandant U 124)	17. 1.1943
20. (208.)	Kapitänleutnant Georg *Lassen* (Kommandant U 160)	7. 3.1943
21. (223.)	Großadmiral Karl *Dönitz* (B.d.U. und Ob.d.M.)	7. 4.1943
22. (224.)	Kapitänleutnant Albrecht *Brandi* (Kommandant U 617)	11. 4.1943
23. (234.)	Kapitänleutnant Otto von *Bülow* (Kommandant U 404)	25. 4.1943
24. (250.)	Kapitänleutnant Robert *Gysae* (Kommandant U 98, U 177)	31. 5.1943
25. (256.)	Kapitänleutnant Carl *Emmermann* (Kommandant U 172)	4. 7.1943
26. (257.)	Kapitänleutnant Werner *Henke* (Kommandant U 515)	4. 7.1943
27. (645.)	Kapitän zur See Werner *Hartmann* (Kommandant U 37, U 198, F.d.U. Mittelmeer)	5.11.1944
28. (845.)	Kapitänleutnant Rolf *Thomsen* (Kommandant U 1202)	29. 4.1945
29. (846.)	Kapitänleutnant Hans-Günther *Lange* (Kommandant U 711)	29. 4.1945

Das *Ritterkreuz* zum Eisernen Kreuz
 1. Kapitänleutnant Günther *Prien* (gef. 7. 3.41)   18.10.1939
 2. Kapitänleutnant Herbert *Schultze*   1. 3.1940
 3. Konteradmiral Karl *Dönitz* (gest. 24.12.80)   21. 4.1940
 4. Korvettenkapitän Werner *Hartmann* (gest. 26.4.63)   9. 5.1940
 5. Kapitänleutnant Otto *Schuhart*   16. 5.1940
 6. Kapitänleutnant Wilhelm *Rollmann* (gef. 6.11.43)   31. 7.1940
 7. Kapitänleutnant Otto *Kretschmer*   4. 8.1940
 8. Kapitänleutnant Heinrich *Liebe*   14. 8.1940
 9. Kapitänleutnant Fritz-Julius *Lemp* (gef. 9.5.41)   14. 8.1940
10. Korvettenkapitän Hans *Rösing*   29. 8.1940
11. Kapitänleutnant Fritz *Frauenheim*   29. 8.1940
12. Oberleutnant z.S. Engelbert *Endraß* (gef. 21.12.41)   5. 9.1940
13. Kapitänleutnant Günter *Kuhnke*   19. 9.1940
14. Kapitänleutnant Joachim *Schepke* (gef. 17.3.41)   24. 9.1940
15. Oberleutnant z.S. Hans *Jenisch*   7.10.1940
16. Korvettenkapitän Viktor *Oehrn*   21.10.1940
17. Oberleutnant (Ing.) Gerd *Suhren*   21.10.1940

18.	Kapitänleutnant Heinrich *Bleichrodt* (gest.)	24.10.1940
19.	Oberleutnant z.S. Wolfgang *Lüth* (gef. 14.5.45)	24.10.1940
20.	Oberleutnant z.S. Reinhard *Suhren* (gest.)	3.11.1940
21.	Stabsobersteuermann Heinrich *Petersen*	5.11.1940
22.	Korvettenkapitän Viktor *Schütze* (gest. 23.9.50)	11.12.1940
23.	Korv.-Kap. Hans-Gerrit *von Stockhausen* (verungl. 14.1.43)	14.1.1941
24.	Kapitänleutnant Karl-Heinz *Moehle*	26.2.1941
25.	Kapitänleutnant Heinrich *Lehmann-Willenbrock*	26.2.1941
26.	Kapitänleutnant Jürgen *Oesten*	26.3.1941
27.	Kapitänleutnant Wilhelm *Schulz*	4.4.1941
28.	Oberleutnant (Ing.) Erich *Zürn* (gest. 1965)	23.4.1941
29.	Kapitänleutnant Herbert *Kuppisch* (gef. 30.8.43)	14.5.1941
30.	Kapitänleutnant Herbert *Wohlfahrt*	15.5.1941
31.	Kapitänleutnant Georg *Schewe*	23.5.1941
32.	Kapitänleutnant Klaus *Korth*	29.5.1941
33.	Oberleutnant z.S. Erich *Topp*	20.6.1941
34.	Kapitänleutnant Günther *Hessler* (gest.)	24.6.1941
35.	Kapitänleutnant Jost *Metzler* (gest.)	28.7.1941
36.	Kapitänleutnant Adalbert *Schnee* (gest.)	30.8.1941
37.	Kapitänleutnant Rolf *Mützelburg* (verungl. 11.9.41)	17.11.1941
38.	Kapitänleutnant Ernst *Mengersen*	18.11.1941
39.	Kapitänleutnant Friedrich *Guggenberger*	10.12.1941
40.	Korvettenkapitän Klaus *Scholtz*	26.12.1941
41.	Kapitänleutnant Gerhard *Bigalk* (gef. 18.7.42)	26.12.1941
42.	Kapitänleutnant Eitel-Friedrich *Kentrat* (gest. 1974)	31.12.1941
43.	Kapitänleutnant Robert *Gysae*	31.12.1941
44.	Kapitänleutnant Reinhard *Hardegen*	23.1.1942
45.	Kapitänleutnant Hans-Diedrich *von Tiesenhausen*	27.1.1942
46.	Kapitänleutnant Nikolai *Clausen* (gef. 15.5.43)	13.3.1942
47.	Kapitänleutnant Ernst *Bauer*	16.3.1942
48.	Kapitänleutnant Johann *Mohr* (gef. 3.4.43)	27.3.1942
49.	Oberleutnant z.S. Otto *Ites*	27.3.1942
50.	Korvettenkapitän Robert *Zapp*	23.4.1942
51.	Kapitänleutnant Werner *Winter*	5.6.1942
52.	Kapitänleutnant Peter-Erich *Cremer*	5.6.1942
53.	Korvettenkapitän Karl-Friedrich *Merten*	13.6.1942
54.	Kapitänleutnant Hans-Werner *Kraus*	19.6.1942
55.	Korvettenkapitän Erwin *Rostin* (gef. 1.7.42)	28.6.1942
56.	Kapitänleutnant Heinz-Otto *Schultze* (gef. 25.11.43)	9.7.1942
57.	Kapitänleutnant Georg *Lassen*	10.8.1942
58.	Kapitänleutnant Hellmut *Rosenbaum* (verungl. 10.5.44)	12.8.1942
59.	Kapitänleutnant Adolf *Piening*	13.8.1942
60.	Kapitänleutnant Heinrich *Schonder* (gef. 28.6.43)	19.8.1942
61.	Korvettenkapitän Karl *Thurmann* (gef. 28.1.43)	24.8.1942
62.	Korvettenkapitän Ernst *Kals*	1.9.1942
63.	Korvettenkapitän Werner *Hartenstein* (gef. 8.3.43)	17.9.1942
64.	Kapitänleutnant Günther *Krech*	17.9.1942
65.	Kapitänleutnant Otto *von Bülow*	20.10.1942
66.	Kapitänleutnant Helmut *Witte*	22.10.1942

67.	Kapitänleutnant Siegfried *Strehlow* (gef. 15. 7. 43)	27. 10. 1942
68.	Korvettenkapitän Fritz *Poske*	6. 11. 1942
69.	Kapitänleutnant Günther *Müller-Stöckheim* (gef. 16. 7. 43)	27. 11. 1942
70.	Kapitänleutnant Carl *Emmermann*	27. 11. 1942
71.	Kapitänleutnant Wilhelm *Dommes*	2. 12. 1942
72.	Kapitänleutnant Heinz *Witt*	17. 12. 1942
73.	Kapitänleutnant Werner *Henke* (ersch. in den USA 15. 6. 44)	17. 12. 1942
74.	Kapitänleutnant Hermann *Rasch*	29. 12. 1942
75.	Korvettenkapitän Harro *Schacht* (gef. 14. 1. 43)	9. 1. 1943
76.	Kapitänleutnant Albrecht *Achilles* (gef. 27. 9. 43)	16. 1. 1943
77.	Kapitänleutnant Herbert *Schneider* (gef. 24. 2. 43)	16. 1. 1943
78.	Kapitänleutnant Ulrich *Heyse*	21. 1. 1943
79.	Oberleutnant z.See Albrecht *Brandi* (gest. 6. 1. 1966)	21. 1. 1943
80.	Kapitänleutnant Siegfried Frhr. *von Forstner* (gef. 22. 10. 43)	9. 2. 1943
81.	Kapitänleutnant (Ing.) Gerhard *Bielig*	10. 2. 1943
82.	Kapitänleutnant Erich *Würdemann* (gef. 14. 7. 43)	14. 3. 1943
83.	Kapitänleutnant Reinhard *Reche*	17. 3. 1943
84.	Oberleutnant z. See Hans *Trojer* (gef. 2. 10. 43)	24. 3. 1943
85.	Kapitänleutnant Harald *Gelhaus*	26. 3. 1943
86.	Korvettenkapitän Karl *Neitzel* (gest. 13. 11. 66)	27. 3. 1943
87.	Kapitänleutnant Günther *Seibicke* (gef. 3. 6. 43)	27. 3. 1943
88.	Kapitänleutnant Ulrich *Folkers* (gef. 6. 5. 43)	27. 3. 1943
89.	Kapitänleutnant Hans *Heidtmann*	12. . 4. 1943
90.	Kapitänleutnant Helmut *Möhlmann*	16. 4. 1943
91.	Kapitänleutnant Gunter *Jahn*	30. 4. 1943
92.	Kapitänleutnant Wilhelm *Franken* (verungl. 13. 1. 45)	30. 4. 1943
93.	Kapitänleutnant Klaus *Bargsten*	30. 4. 1943
94.	Kapitänleutnant Günther *Heydemann*	3. 7. 1943
95.	Kapitänleutnant Friedrich *Markworth*	8. 7. 1943
96.	Kapitänleutnant Georg *Staats* (gef. 20. 11. 43)	14. 8. 1943
97.	Kapitänleutnant Gerd *Kelbling*	19. 8. 1943
98.	Oblt. (Ing.) *Dipl.-Ing. Willi Lechtenbörger* (gef. 30. 8. 43)	4. 9. 1943
99.	Kapitänleutnant (Ing.) Herbert *Panknin*	4. 9. 1943
100.	Leutnant (Ing.) Heinz *Krey* (gef. 23. 5. 43)	4. 9. 1943
101.	Kapitänleutnant August *Maus*	21. 9. 1943
102.	Oberleutnant z.See Dietrich *Schöneboom* (gef. 23. 10. 43)	20. 10. 1943
103.	Oberleutnant (Ing.) Carl-August *Landfehrmann*	27. 10. 1943
104.	Kapitänleutnant (Ing.) Hellmut *Rohweder*	14. 11. 1943
105.	Kapitänleutnant Egon Frhr. *von Schlippenbach*	19. 11. 1943
106.	Oberleutnant z.See Horst-Arno *Fenski* (gest. 10. 2. 65)	26. 11. 1943
107.	Kapitänleutnant Heinz *Franke*	30. 11. 1943
108.	Kapitänleutnant Max-Martin *Teichert* (gef. 12. 5. 43)	19. 12. 1943
109.	Oberleutnant z.See Siegfried *Koitschka*	27. 1. 1944
110.	Kapitänleutnant Hans-Jürgen *Hellriegel*	3. 2. 1944
111.	Kapitänleutnant Siegfried *Lüdden* (verungl. 13. 1. 45)	11. 2. 1944
112.	Kapitänleutnant (Ing.) Hans *Wessels*	9. 3. 1944
113.	Kapitänleutnant Gustav *Poel*	21. 3. 1944
114.	Kapitänleutnant Waldemar *Mehl*	28. 3. 1944
115.	Kapitänleutnant Alfred *Eick*	31. 3. 1944

116.	Oberleutnant (Ing.) Georg *Olschewski*	23. 4.1944
117.	Obersteuermann Walter *Käding*	15. 5.1944
118.	Obersteuermann Horst *Hoffmann*	20. 5.1944
119.	Kapitänleutnant (Ing.) Karl-Heinz *Wiebe*	22. 5.1944
120.	Oberleutnant z.See Horst *von Schroeter*	1. 6.1944
121.	Oberleutnant (Ing.) Reinhard *König*	8. 7.1944
122.	Oberleutnant z.See Heinz *Sieder* (gef. 26.8.44)	8. 7.1944
123.	Oberleutnant z.See Karl *Fleige*	18. 7.1944
124.	Oberleutnant z.See Karl-Heinz *Marbach*	22. 7.1944
125.	Oberleutnant z.See Hermann *Stuckmann* (gef. 23.8.44)	11. 8.1944
126.	Stabsobermaschinist Heinrich *Dammeier*	12. 8.1944
127.	Kapitänleutnant Hans-Günther *Lange*	26. 8.1944
128.	Korvettenkapitän Heinrich *Timm*	17. 9.1944
129.	Oberleutnant z.See Gerhard *Schaar*	1.10.1944
130.	Oberleutnant z.See Hans-Joachim *Förster* (gef. 24.2.45)	18.10.1944
131.	Kapitänleutnant Paul *Brasack*	31.10.1944
132.	Oberbootsmaat Rudolph *Mühlbauer*	10.12.1944
133.	Oberleutnant z.See Günter *Pulst*	21.12.1944
134.	Kapitänleutnant Rolf *Thomsen*	4. 1.1945
135.	Korvettenkapitän Ernst *Hechler*	21. 1.1945
136.	Kapitän z.See Kurt *Dobratz*	23. 1.1945
137.	Leutnant z.See Johann *Limbach*	6. 2.1945
138.	Oberleutnant z.See Hans-Georg *Heß*	11. 2.1945
139.	Oberleutnant z.See Otto *Westphalen*	23. 3.1945
140.	Kapitänleutnant (Ing.) Philipp *Lichtenberg*	31. 3.1945
141.	Oberleutnant (Ing.) Hans *Johannsen*	31. 3.1945
142.	Obermaschinist Heinz *Praßdorf*	21. 4.1945
143.	Kapitänleutnant Heinrich *Schroeteler*	2. 5.1945
144.	Obersteuermann Karl *Jäckel*	28. 5.1945
145.	Kapitänleutnant Hans *Lehmann*	6. 6.1945

Einzelkämpfer der Kriegsmarine mit dem Ritterkreuz

1. Kapitänleutnant Helmut *Bastian*   3. 11. 1944
   (Führer eines Einmann-Kampfverbandes)
2. Matrosengefreiter Horst *Berger*   8. 7. 1944
   (Einmann-Torpedo-Fahrer)
3. Ober-Fernschreiber-Matrose Herbert *Berrer*   5. 8. 1944
   (Einzelkämpfer der Kriegsmarine)
4. Schreiber-Obergefreiter Walter *Gerhold*   6. 7. 1944
   (Einmann-Torpedo-Fahrer)
5. Oberleutnant z.See Johann *Krieg*   8. 7. 1944
   (Chef der Kleinkampf-Flottille 361)
6. Leutnant Alfred *Vetter*   12. 8. 1944
   (Gruppenführer in einer Kleinkampf-Flottille)

Mit dem Ritterkreuz ausgezeichnete italienische U-Boot-Kommandanten

1. Capitano di Fregate Enzo *Grossi*   7. 11. 1942
   (Kommandant des Bootes „Barbarigo")
2. Capitano di Corvetta Carlo *Fecia di Cossato*   20. 3. 1943
   (Kommandant des Bootes „Tazzoli")
3. Tenente di Vascello Gianfranco *Gazzano-Priaroggia*   5. 1943
   (Kommandant der Boote „Da Vinci" und „Archimede")

Die gegnerischen Handelsschiffsverluste im Zweiten Weltkrieg

Insgesamt versenkt: 5150 Handelsschiffe mit 21 570 720 BRT
davon 2828 Handelsschiffe mit 14 687 231 BRT
durch deutsche *U-Boote.*

820 Handelsschiffe mit 2 889 883 BRT
durch *Flugzeuge.*

534 Handelsschiffe mit 1 406 037 BRT
durch *Minen.*

104 Handelsschiffe mit 498 447 BRT
durch *Überwasser-Kriegsschiffe.*

133 Handelsschiffe mit 829 644 BRT
durch *Handelsstörkreuzer.*

99 Handelsschiffe mit 229 676 BRT
durch *Schnellboote.*

632 Handelsschiffe mit 1 029 802 BRT
durch *andere Ursachen* (Prisen, Selbstversenkung nach Torpedierungen oder Minenschäden etc.).

U-Boot-Erfolge gegen Kriegsschiffe 1939–1945

Schlachtschiffe: (Schlachtkreuzer)	2 versenkt und 3 beschädigt.
Flugzeugträger: (Geleit- und Hilfsträger)	5 versenkt und 2 beschädigt.
Kreuzer:	6 versenkt und 7 beschädigt.
Zerstörer:	34 versenkt und 11 beschädigt.
Geleitzerstörer:	18 versenkt und 13 beschädigt.
Fregatten:	2 versenkt und 4 beschädigt.
Korvetten:	26 versenkt und 3 beschädigt.
Sloops:	13 versenkt und 4 beschädigt.
Minensucher:	10 versenkt.
U-Boote:	9 versenkt.
U-Boot-Jäger:	3 versenkt.
Kanonenboote:	1 versenkt.
Räumboote:	3 versenkt und 1 beschädigt.
Landungsfahrzeuge:	13 versenkt.
Depotschiffe:	2 versenkt.
Flugzeugtender:	1 versenkt.
Insgesamt versenkt:	1148 versenkt und 48 beschädigt.

Die deutschen U-Boot-Verluste im Zweiten Weltkrieg

Insgesamt vernichtet:	785 Boote
Davon durch feindliche Überwasserschiffe:	246 Boote
Von Landflugzeugen (ohne Bombenangriffe):	245 Boote
Von Seeflugzeugen und Trägermaschinen:	43 Boote
Von Überwasserschiffen gemeinsam mit Flugzeugen:	50 Boote
Von Unterseebooten:	21 Boote
Durch Bombenangriffe auf Häfen etc.:	61 Boote
Durch Minen:	26 Boote
Durch Unfälle, Selbstversenkungen etc.:	57 Boote
Durch russische Einsätze aller Art:	7 Boote (9)
Aus unbekannter Ursache verlorengegangen:	29 Boote (27)
(Dies ist die englische U-Boot-Liste)	

Die deutschen Unterlagen über U-Boot-Verluste

Insgesamt in Dienst gestellt:	1170 Boote
(Darunter 10 Beute-Boote)	
Zum *Fronteinsatz* gelangten:	863 Boote
Verluste durch Feindeinwirkung:	603 Boote
Verluste aus unbekannter Ursache:	20 Boote
Verluste aus Unfällen:	7 Boote
Im Heimatgebiet durch Minen und Bomben verl.:	81 Boote
Durch Unfälle im Heimatgebiet verlorengegangen:	42 Boote
Bei Räumung der Stützpunkte bei Kriegsende versenkt oder gesprengt:	215 Boote
Außer Dienst gestellt:	38 Boote
An fremde Marinen abgegeben:	11 Boote
Bei Kriegsende in alliierte Häfen überführt:	153 Boote

Quellen- und Literaturverzeichnis

Alman, Karl:	Ritter der sieben Meere, Rastatt 1964
ders.:	Angriff, ran, versenken!, Rastatt 1965
ders.:	Graue Wölfe in blauer See, Herrsching 1985
ders.:	Günther Prien – der Wolf und sein Admiral, Leoni 1981
ders.:	U-Boot-Asse, Wien 1981
ders.:	Großadmiral Karl Dönitz: Vom U-Boot-Kommandant zum Staatsoberhaupt, Leoni 1983
Antier, Jean-Jacques:	Histoire mondiale du sous-marin, Paris 1965
Auphan und Mordal Jacques:	La marine française dans la seconde Guerre mondiale, Paris 1959
Bekker, Cajus:	Kampf und Untergang der Kriegsmarine, Hannover 1953
Brandi, Albrecht:	Meine U-Boot-Einsätze, i.Ms.
Brennecke, Jochen:	Jäger – Gejagte, Biberach/Riß 1956
Brustat-Naval, Fritz, und Teddy Suhren:	Nasses Eichenlaub – Als Kommandant und F.d.U. im U-Boot-Krieg, Herford 1983
Buchheit, Gert:	Der U-Boot-Krieg in der deutschen Strategie, 1939–1945, ZS 1972
Busch, Dr. Harald:	So war der U-Boot-Krieg, Bielefeld 1957
Chatterton, Edward Keble:	Fighting the U-Boats, London 1963
Cocchia, Aldo:	Sommergibili all' attacco, Rom 1955
Cope, H.F., und Karig, Walter:	Battle submerged, New York 1951
Creswell, John:	Sea warfare 1939–1945, London 1950
Cunningham, Lord Andrew B.:	A saylors' odyssee, London 1951
Dönitz, Karl:	Zehn Jahre und 20 Tage, Bonn 1958
ders.:	Die U-Boot-Waffe, Berlin 1939
ders.:	Mein wechselvolles Leben, Göttingen, Zürich, Berlin, Frankfurt 1968
ders.::	Der Krieg in 40 Fragen, Paris 1970
ders.:	Bedeutung der Seestrategie im 2. Weltkrieg
ders.:	Befehle, KTB-Auszüge, Abschriften des Marine-Nachrichtendienstes alle i. MS. 1962–1979
ders.:	Wie ich Günther Prien sah, i.M.
ders.:	Skl Ib 1321/41 gKados, Chefs. (Abschrift)
ders.:	KTB 2. Halbjahr 1941
Frank, Wolfgang:	Prien greift an!, Hamburg 1942
ders.:	Die Wölfe und der Admiral, Oldenburg 1953
Frank, Walter:	Dokumentation zur Zeitgeschichte: Großadmiral Karl Dönitz, Wilhelmshaven 1981
Fraschka, Günter:	Mit Schwertern und Brillanten, Rastatt 1961

Godt, Erhard:	Der U-Boot-Krieg, in: Bilanz des Zweiten Weltkrieges, Oldenburg 1953
Gretton, Sir Peter:	Convoy Escort Commander, London 1964
Gröner, Erich:	Die deutschen Schiffe der Kriegsmarine und der Luftwaffe 1939–1945, München 1954
Hardegen, Reinhard:	Auf Gefechtsstationen, Leipzig 1943
Hartmann, Werner:	U-Boote westwärts!, Berlin 1940
Hessler, Günter:	Meine Feindfahrten, i.Ms. 1962
Herzog, Bodo:	Die deutschen U-Boote 1904–1945, München 1959
Hillgruber-Hümmelchen:	Chronik des Zweiten Weltkriegs, Frankfurt am Main 1966
Hirschfeld, Wolfgang:	Feindfahrten, Wien 1982
Jacobsen, Hans-Adolf, und Rohwer, Dr. J.:	Entscheidungsschlachten des Zweiten Weltkrieges, Frankfurt 1960
Klepsch, Peter:	Die fremden Flotten im 2. Weltkrieg und ihr Schicksal, München 1968
Kühn, Volkmar:	Torpedoboote und Zerstörer im Einsatz, Stuttgart 1984 (4. Aufl.)
ders.:	Schnellboote im Einsatz 1939–1945, Stuttgart 1975
Kuenne, Robert:	The Attack Submarines. A Study in Strategy, Newhaven and London 1965
Kurowski, Frank:	Zu Lande zu Wasser in der Luft, Bochum 1976
ders.:	Krieg unter Wasser, Düsseldorf 1979
ders.:	Mit Eichenlaub und Schwertern, Herrsching 1985
ders.:	Tondokumente – Gespräche mit U-Boot-Kommandanten 1962–1985
Lenton, H. T.:	Navies of the Second World War, London 1966
Lüth, Wolfgang, und Korth, Klaus:	Boot greift wieder an!, Berlin 1944
Lusar, Rudolf:	Die deutschen Waffen und Geheimwaffen des Zweiten Weltkriegs, München 1960
Macintyre, Donald:	U-Boat-Killer, London 1956
Mars, Alastair:	Unbroken, true story of a submarine, Edinburgh 1962
Metzler, Jost:	Sehrohr südwärts!, Berlin 1943
ders.:	U 69, die lachende Kuh, Ravensburg 1954
Mielke, Otto:	Die deutschen U-Boote 1939–1945, München 1959
ders.:	Paukenschlag vor Kapstadt, München 1959
Murawski, Dr. Erich:	Der deutsche Wehrmachtsbericht 1939–1945, Boppard 1967
Morison, Samuel, E.:	United States Naval Operations in World War II Vol. I–XV, Boston 1950–57
Morison, Samuel, E.:	The two Ocean War, Boston-Toronto 1963
Murat, S.:	La guerre sous-marine en atlantique, Paris 1946
OKM 3. Skl.:	Marine-Dienstvorschrift Nr. 135: Die Handelsflotten der Welt, München-Berlin 1942
Peillard, Leonce:	Geschichte des U-Boot-Krieges, 1939–1945, Wien-Berlin 1970

ders.:	Die Schlacht im Atlantik, Wien-Berlin 1974
Pollina, Paolo:	I sommergibili italiani, Roma 1963
Prien, Günther:	Mein Weg nach Scapa Flow, Berlin 1940
Raeder, Erich:	Mein Leben, Bd. II, Tübingen 1957
Range, Clemens:	Die Ritterkreuzträger der Kriegsmarine, Stuttgart 1974
Robertson, Terence:	Jagd auf die Wölfe, Oldenburg 1960
ders.:	Wolf im Atlantik, Wels 1961
Rohwer, Dr. Jürgen:	U-Boote, Oldenburg 1962
ders.:	Die U-Boot-Erfolge der Achsenmächte 1939–1945, München 1968
ders.:	Der U-Boot-Krieg und sein Zusammenbruch 1943, Frankfurt a. Main 1960
Rohwer, Dr. Jürgen, u. Hümmelchen, G.:	Chronik des Seekrieges 1939–1945, Oldenburg 1968
Roskill, S.W.:	The war at Sea, Vol. I–III–IV, London 1954–1956
ders.:	Royal Navy, Oldenburg 1961
Ruge, Friedrich:	Der Seekrieg 1939–1945, Stuttgart 1954
Schramm, Percy E., Hrgb.:	Kriegstagebuch des Oberkommandos der Wehrmacht 1940–1945, Herrsching 1982
Schulz, Joh.:	Tödlicher Atlantik, Wuppertal 1962
Turner, John Frayn:	Periscope Patrol, London 1957
Wagner, Gerhard, Hrgb.:	Lagevorträge des Oberbefehlshabers der Kriegsmarine vor Hitler, 1939–1945, München 1972
Warlimont, Walter:	Im Hauptquartier der Deutschen Wehrmacht, Frankfurt a. Main 1962

Unterlagen aus dem Bundesarchiv/Militärarchiv in Freiburg i. Brg.:

RM 7/84:	Überblick über die Lage im Atlantik vom 15.8.39–5.9.39.
RM 87/3	KTB des Führers der U-Boote bzw. des Befehlshabers der U-Boote vom 15.8.39–31.1.1940
RM 87/13	KTB des Befehlshabers der U-Boote vom 15. August 1939 bis 31. Dezember 1939
RM 87/2	Führer der U-Boote West: KTB vom 23. August 1939 bis 31. Juli 1940
RM 87/1	KTB des Führers der U-Boote Ost vom 22. August 1939 bis 19. September 1939
RM 7/891	Seekrieg 1939, Heft 4 – 1 B.d.U.: Befehle und Absichten August 1939–Juli 1940
RM 7/91	1. Skl Teil B V: Anlagen allgemeinen Inhalts zum Teil A. Sept. 1939–Dez. 1939
RM 98/51	Kriegstagebuch des Unterseebootes U 48, Kom-

	mandant Kptlt. Schultze; begonnen am 21.12.1939. Abgeschlossen am 26. Februar 1940
RM 87/14	KTB des Befehlshabers der U-Boote vom 1. Jan. 1940–31. März 1940
RM 87/13, 14, 15	KTB des Befehlshabers der U-Boote vom 1. Jan. 1940 bis 30. Juni 1940
RM 7/84/85:	KTB 1. Abt. Skl, Teil B Heft I – Atlantik, Überblick über die Lage im Atlantik. Überblick über die außerheimische Kriegführung 31. Dez. 1940–31. März 1944
RM 98/50	Schultze, Herbert: Erfahrungen und Gedanken nach drei Feindfahrten. Im Auftrage des Befehlshabers der U-Boote erstellt.
RM 87/50	Taktische Gliederung der Unterseeboot-Flottillen vom 1. Sept. 1939–1942
	Taktische Gliederung der Unterseeboot-Schulflottillen vom 1. Oktober 1939
	Taktische Gliederung des B.d.U.-Verbandes Stichtag 1. November 1939
	Die U-Boot-Schulflottille
	Die U-Boot-Ausbildungsflottille
	Die 7. U-Boot-Flottille, Stand 15. August 1940
	Die 7. U-Boot-Flottille, Stand 1. Januar 1941
	Gliederung der U-Boot-Führung am 15. Jan. 1941
	Offiziersstellenbesetzung auf U 48 am 1. Mai 1941

Der Dank des Autors gilt allen Institutionen und Stellen sowie allen ehemaligen U-Boot-Fahrern, die sich in dankenswerter Weise an der Bestgestaltung dieses Werkes beteiligt haben.
Im Winter 1985
Karl Alman

Abkürzungsverzeichnis

a.a.O.	am angegebenen Ort
AK	äußerste Kraft
Asdic	Allied Submarine Derices Investigation Committee = Aktives, ultrasonore Schallwellen ausstrahlendes Gerät
Asto	Admiralstabsoffizier
B-Meldung	Beobachter-Meldung
B (x)-Meldung	Beobachtermeldung von größter Dringlichkeit
B.d.H.	Befehlshaber der Handelskriegsführung
B.d.U.	Befehlshaber der U-Boote
E-Maschine	Elektro-Maschine
ETO	Elektro-Torpedo
F.d.U.	Führer der U-Boote
FKpt.	Fregattenkapitän
FlaMW	Flak-Maschinenwaffen
FT	Funktelegraphie
GA	Großadmiral
GHG	Gruppenhorchgerät
gF	große Fahrt
G 7a	Torpedo mit Aufschlagzündung
G 7e	Torpedo mit elektrischer Zündung
Hrgb.	Herausgeber
i. Ms.	im Manuskript
Jumbos	Dieselmaschinen
Ing.	Ingenieur
KAdm.	Konteradmiral
Kdt.	Kommandant
kF	kleine Fahrt
KKpt.	Korvettenkapitän
km	Kilometer
Konvoi	Geleitzug
Kptlt.	Kapitänleutnant
Kpt.z.S.	Kapitän zur See
KTB	Kriegstagebuch
lF	langsame Fahrt
L.I.	Leitender Ingenieur
LUT	lagenunabhängiger Torpedo
M.G.	Maschinengewehr
Ob.d.M.	Oberbefehlshaber der Kriegsmarine
Oblt.z.S.	Oberleutnant zur See
OKM	Oberkommando der Kriegsmarine
raken	angreifen
rw	rechtweisend
Skl	Seekriegsleitung
Spargel	Sehrohr

SOS	save our souls – Notruf auf See
SSS	submarine
TEK	Torpedoerprobungskommando
TI	Torpedoinspektion
TMC	Minenart
TVA	Torpedoversuchsanstalt
TWO	Torpedo-Waffenoffizier
u.a.	unter anderem
U.-S.-Flot.	U-Boots-Schulflottille
V-Ing.	Verwaltungsingenieur
(x) und 40	höchste Tauchtiefe und 40 m
ZS	Zeitschriften